外国语言文学与社会文化研究

袁凤识　主编

南开大学出版社

天　津

图书在版编目(CIP)数据

外国语言文学与社会文化研究 / 袁凤识主编. 一天
津:南开大学出版社,2022.1
　　ISBN 978-7-310-06202-7

　　Ⅰ.①外… Ⅱ.①袁… Ⅲ.①语言学－国外－文集②
外国文学－文学研究－文集③文化研究－世界－文集
Ⅳ.①H0－53②I106－53③G0－53

中国版本图书馆 CIP 数据核字(2021)第 242790 号

外国语言文学与社会文化研究
WAIGUO YUYAN WENXUE YU SHEHUI WENHUA YANJIU

南开大学出版社出版发行
出版人:陈　敬
地址:天津市南开区卫津路 94 号　　邮政编码:300071
营销部电话:(022)23508339　营销部传真:(022)23508542
https://nkup.nankai.edu.cn

河北文曲印刷有限公司印刷　全国各地新华书店经销
2022 年 1 月第 1 版　　2022 年 1 月第 1 次印刷
230×155 毫米　16 开本　23 印张　2 插页　320 千字
定价:115.00 元

如遇图书印装质量问题,请与本社营销部联系调换,电话:(022)23508339

前　言

北方工业大学外国语言文学一级学科下设英语语言文学、日语语言文学、外国语言学及应用语言学 3 个二级学科，涉及的研究领域包括语言学、文学、语言与文化、外语教育与教学、翻译理论与实践。学科现有导师 20 人、教授 9 人、副教授 12 人，还聘任了日本大阪大学古川裕教授、美国密西西比大学陈卫星教授、美国东田纳西州立大学罗兹·甘恩（Roz Gann）教授等兼职教授 5 名。

该学科近年来科研成果显著，2015—2021 年共承担了国家、省、市各类科学研究课题 40 余项，出版专著和教材 54 本，在各类学术杂志上发表论文 268 篇，一批优秀专著、论文和教材获国家、省部级奖励。一级学科与学院中文专业、法律专业相互融合、相互支撑，已形成以法庭同传研究为特色的翻译研究，以文艺批评为特色的中西方文艺理论研究，以中国学生外语习得研究为特色的外语教学理论与实践研究，以句式、隐喻研究为特色的中外语言研究团队。其中文艺理论研究团队和翻译研究团队的学术成果在国内外产生了一定影响，获得了鲁迅文学奖和国家社科基金资助。外语教学理论与实践团队获得了北京市创新团队奖，中外语言研究团队也发表了不少高水平论文，形成了自己的特色。

本学科每年招收 10—15 名硕士研究生，和国外大学联合培养，设有优厚的奖助学金；遵循因材施教、个性化培养的原则，根据每一名学生的特点制定个性化的培养方案，培养德、智、体全面发展，具有扎实的基础理论和系统的专门知识，严谨、求实的学风，综合素质较高的，能胜任学校外语教学与研究的研究型人才，或综合能力较强的，能胜任外事、旅游、新闻、出版、翻译等行业工作的应用型人才。

此次编辑出版的《外国语言文学与社会文化研究》论文集，得到了北方工业大学文法学院领导的大力支持，同时也得到了外国语言文学学科广大教师、研究生的积极响应。论文集内容涉及语言、文学、社会、文化以及教育等方面，论文作者既有教师，也有研究生。该论文集的出版，既是对我校外国语言文学学科建设和教学改革成果的检阅，也是对我校外国语言文学学科建设和发展的促进。

《外国语言文学与社会文化研究》编委会
2021 年 3 月

目　录

明治时代日本学校体操的发展变迁

北方工业大学　吴明伟

摘　要：日本最初的近代教育法令《学制》，立足于"知育·德育·体育"的三育思想，以保持身心健康为目的导入了体操科，规定寻常上等小学校每天有 1—2 小时的体操时间，但并没有说明具体的实施办法。《教育令》首次规定了体操科的内容，要求根据各地区具体情况，学校每天安排 20 分钟的体操时间。但这一时期依然是既没有授课的教师也没有相应的设施，而且在以考试为中心的日常教学当中，最多以课间操的形式进行。《学校令》首次把体操科列为必修科目，由文部大臣森有礼主导，在初等、中等、师范学校确立了普通体操、兵式体操两系列并存的体育教育政策。

关键词：明治时代　体操　兵式体操　森有礼

1 引言

　　被美国武力威胁打开国门后的日本，由于对欧美列强的恐惧而产生了国家存亡的危机意识。面对在思想、政治制度、科学科技、产业，甚至体格等方面有着巨大差异的欧美人，日本人出现了强烈的自卑感与卑屈意识，江户时期产生的优越意识一时消失殆尽。为了在最短的时间内缩小与欧美强国之间的差距，在"和魂洋才"的理念下，明治政府的首要目标是富国强兵和军事的近代化。明治初期的日本军队除了人员不是舶来品，在组织、武器、战术，甚至军服等领域全面欧化，当时的日本人"短躯瘦身"，平均身高只有151.5cm，而"伟躯长身"的西洋人平均身高是 181.8cm（木下秀明，2015：33）。1875 年（明治 8 年）征兵时步兵的最低身高标准定为 154.5cm，但因合格人数不足，最低身高标准只能降为148.5cm（木下秀明，2015：35）。面对与欧美人之间巨大的形体差异，明治政府试图通过体操——在当时被讽刺为"一人相扑"——来改善军人在体格、体力方面的不足。19 世纪，欧洲体操形成以德国为代表的西欧派和以瑞典、丹麦为代表的北欧派。日本陆军初期导入法国体操、海军导入英国体操作为军事训练的手段，学校导入美国化的德国体操作为体操科的教授内容，由此进入了日本近代体育的开国时代。随着废藩置县、武士阶层解体，作为武士教育最高理想的"文武两道"理念及传统武术被当作旧时代的遗物而被否定、抛弃。

本论文利用先行研究及相关资料，根据明治时代三个教育行政令即《学制》《教育令》《学校令》，分三个阶段对明治时代的近代学校教育将来自欧美的体操导入到教科内容的时代背景、理念及要达到的目标进行分析和探讨。

2 《学制》时期的体操

2.1 近代教育制度《学制》的公布

为确立近代国家建设的基础，日本政府以个人主义、实学主义的教育理念，以"四民平等、国民皆学"为原则，于 1872 年（明治 5 年）8 月公布了首部近代教育法令《学制》，将欧美的近代教育制度和内容直接移植到国力、民情、历史文化传统、社会习俗等完全不同的日本。

《学制》以初等教育和高等教育为重点，以期使日本社会从身份阶级社会变为学历阶级社会。《学制》实行法国的学区制，全国分为 8 个大学区，各大学区分为 32 个中学区，各中学区又分为210 个小学区。采取由大学校、中学校、小学校构成，各级学校互相衔接的单轨学制。小学校由四年制的下等和上等寻常小学为主，原有的乡学、寺子屋成为小学校的母体。中学校由三年制的下等和上等中学为主，原来的藩校成为中等、高等学校的基础。私塾变成私立学校。师范学校分为高等和寻常两种，东京设置一所高等师范学校，毕业生担任寻常师范学校的教师。各府县均设置一所寻常师范学校，毕业生担任寻常小学校的教师。

草创期的小学校，教师由藩校、寺子屋等原有初等教育机构的师匠、地域文化人僧侣、神官担任。校舍多借用寺院、神社、藩校、寺子屋、私塾等原有的各类学校。所需费用采取受益者负担原则。当时，人们熟悉的德川幕府崩溃，不明政体的新政府使普通民众处于茫然若失的状态。国民皆学的学制、国民皆兵的征兵制以及地租改革等一系列改革措施，极大地加重了民众的经济负担，各地不断发生武士及农民的武装暴动，很多学校被烧毁。

面对严峻的现状，政府一再强调就学的重要性，各府县发布就学劝谕，各级教育行政人员担任就学督促员，付出了极大的努力。但是由于教育内容严重脱离现实、学费昂贵，学校难以被山村、渔村、农村的民众接受。《学制》发布的第二年，小学校就学率不足30%，到 1879 年（明治 12 年）小学校就学率上升至 40%左右。从1872 年至 1879 年，《学制》颁布的七年间基础教育发展缓慢。

2.2 学校体操的诞生

根据教育史的基本文献和先行研究，学校体育教育最早出现在18 世纪的德国泛爱学校。

日本体育教育在 1872 年颁布的《学制》中首次以"体术"的形式出现，第二年改称"体操"，从此沿用了 70 年。《学制》时期的中学校课程中没有设置体操科。

福泽渝吉最早将西欧近代学校的体育教育介绍到日本。1868

年（明治元年）12 月，静冈藩（原德川将军家）设立的日本第一所近代小学校即沼津兵学校附属小学，是初等教育机构中最早将"体操"纳入学科内容的学校。1873 年文部省的《改正小学教则》中首次规定上等小学校每级每天设 1—2 小时的体操时间，指定将南校（东京大学）的《榭中体操法图》和《东京师范学校体操图》作为教材。虽然政府官员和知识分子都强烈地意识到身体运动对于国民教育的重要性，立足于"知育·德育·体育"三育思想的《学制》，也以保持身体、精神健康为目的导入了体操科，但在当时的国情下既没有授课教师也没有相应设施，《小学教则》中也没有写明具体的实施办法，现有的文献也没发现和学校体育课相关的资料。在"偏重知育、轻视体育"的教育现场，除了东京、京都、大阪等城市的学校外，"体操"在其他地区很可能完全没有实施起来。

2.3 国立师范学校的设立

为了在最短时间内赶超欧美，明治政府从英、法、德、美等国聘请来各领域的专家。初期来自美国的学者主要活跃在教育领域。在《学制》公布之前，日本模仿欧美教育制度在东京设立了培养小学校教师的模范校公立师范学校（后来的高等师范学校、战后的东京教育大学、现在的筑波大学）。创立之初，学校由美国教育学者玛丽恩·麦卡雷尔·斯科特（Marion McCarrell Scott）进行指导，他将美国公立小学的教育理论、教授法、教育形态原封不动地移植到日本，从美国订购教材、教具，翻译美国教科书来编撰师范学校、小学校的教科书，模仿美国公立学校的教则制定师范学校附属小学教则，明确了教科课程及教授法的基本方针，踏出了师范教育的第一步。这样，不仅教则和教科书开始在全日本普及，而且随着毕业生前往各府县的师范学校任职，美式实物教授法、班级授课方式开始传播。毕业生天野皎对《东京师范学校体操图》进行研究后，编辑出版了《体操图解》。东京及各府县的师范学校相关人员，还根据玛丽恩·麦卡雷尔·斯科特的教育理论与实践出版了教授法书籍。玛丽恩·麦卡雷尔·斯科特在日 10 年，为日本初等教育的近代化打下了基础，成为日本近代教育的开拓者。

3《教育令》时期的体操

3.1《教育令》《改正教育令》

明治政府于 1873 年（明治 6 年）聘请美国学者大卫·穆雷（David Murray）作为草创期文部省的最高顾问——"学监"，协助"文部大辅"田中不二麿对过于理想化的《学制》进行改革。大卫·穆雷对伴随欧美教育制度传入日本的欧美教育思想进行介绍和解说，使"知育·德育·体育"的三育主义思想开始在日本传播，在日本教育界也形成了"体育＝身体的教育"的概念。他还参与创建了教育博物馆、东京大学、东京学士会、女子师范学校，建议对公立学校的教师进行严格管理，重视考试制度，对教育实施中央集权式管理。他在受聘的 5 年半内，为明治初期的日本教育行政制度打下了基础。

"文部大辅"田中不二麿参照美国的教育制度，对日本的教育行政制度进行改革，1879 年（明治 12 年）公布《教育令》，废除学区制，改变《学制》时期在文部省主导下强制推行的统一的小学校建设方针，实施了将学校的设置、管理交由地方行政单位町村管理等多项改革措施，体操科变成加设科目，各地区可根据不同的实际情况酌情处理。但《教育令》实施后多地出现了就学儿童减少、学校建设中止甚至废校等衰退、混乱的情况，被称为"自由教育令"的改革受到了激烈的批判，田中不二麿也因此被调离文部省。1880 年（明治 13 年）日本发布标榜为干涉主义的《改正教育令》，再度强化了国家对教育行政的统一管理。《教育令》时期中等教育、师范教育依然处于草创期，师范学校的毕业生对于末端的村里小学校完全是无缘的存在，只能由无资格的"代用教员"授课。所以改革重点依然集中在初等教育。

　　1881 年（明治 14 年）文部省根据《改正教育令》制定了《小学校教则纲领》，将小学校分为初等科（3 年）、中等科（3 年）和高等科（2 年），分别指定了教授科目，第一次统一了全日本小学校的教育课程。初等、中等、高等科的课程都设有体操科，并首次规定了体操科的内容。初等科的体操由起初可安排适当的游戏，逐步升级为徒手运动，中等科的体操由徒手运动和器械运动构成，高等科的体操为器械运动。学校根据各地具体情况，每天可安排 20 分钟的体操时间。

　　19 世纪七八十年代出现了复古思想，激进的文明开化主义思潮开始衰退，日本社会从全面醉心于欧化恢复到尊重传统。制定《教育令》的同一年，日本政府以天皇的名义发布了由元田永孚起草的、鼓吹仁义忠孝是日本自古以来德育教育中心内容的《教学圣旨》，提出了基于皇国思想的忠君爱国的教育观。《改正教育令》设置修身科，将其列为所有科目之首，并基于《教学圣旨》的精神，编撰发行了修身教科书。

3.2 以考试为中心的学校教育

　　文部省公布的小学校就学率在《学制》末期的 1879 年（明治 12 年）上升至 40%左右，在《教育令》末期的 1885 年（明治 18 年）达到 50%左右，但大量长期缺课的人数没有计算在内，实际数据比公布的要少。《学制》规定了严格的进级和毕业考试制度，例如寻常小学校下等、上等各 4 年共 8 年，每半年 1 级共 16 级；升级考试 16 次加上毕业考试 2 次，18 次考试全部及格才能毕业。各府县为了振兴教育，激起学生及家长的竞争心理，设置了日课考试、月次考试、期末考试、学年（进级）考试、毕业考试等"定期考试"，另外增加了临时考试、巡回考试、比较考试等"不定期考试"。考试不仅涉及班级间、学年间的学校内部竞争，还出现了学校间、地区间的竞争。像毕业等重要的考试，不只是教师监考，县长、各级教育行政官员、师范学校和小学校校长、家长等都会出现在考场，学生在"战栗畏缩"的环境中参加考试。考试成绩公布在校门口，根据成绩安排学生座位以及排队时的顺序等，并以各种形式对成绩优秀者进行经济与荣誉上的奖励。这种严苛的考试制度不仅使学生对学校产生恐怖与厌恶心理，也导致大量学生旷课、留级、退学、无法毕业。考试、分数、名次是竞争的根本目的，这些成了学校工作的全部。可以想象在明治前半期小学校这种以考试为中心的日常教学中，即使有体育教员和相关设施，体操科如果不在学校的评价体系内也不会得到重视。

3.3 体操传习所

1878 年（明治 11 年）文部省设立体操传习所，其目的是研究体育和为各府县师范学校、中等学校培养体育学教师。被后人称为"日本学校体育之父"的美国医学博士、教育者乔治·亚当斯·利兰（George Adams Leland）受聘来此指导，其教学理念、内容、方法来自于美国的教育学。为了让学生理解体操的生理学、医学效用，他的课程设有生理学、解剖学、卫生学、健全学等医学理论，还设有便于学习理论知识的教养科目，如英语、汉学、数学、理学、图画等课程。他在初期否定了以军事为目的的体操，遵循三育（知育·德育·体育）主义的体育思想，教授以保健为目的的轻体操。根据身材短小的日本人的体格特征，除了徒手体操之外，选择了哑铃、球竿、棍棒、木环、豆囊等体操。学生在学期限为 2 年。乔治·亚当斯·利兰在日期间除了体操传习所的工作外，还去东京师范学校、东京女子师范学校等其他学校进行体操的指导，1881年（明治 14 年）任期结束离开日本。乔治·亚当斯·利兰在体操传习所期间的讲义被整理成《李兰士氏讲义·体育论》（人们推测该讲义的翻译和整理工作是由担任翻译的坪井玄道完成的）。随着乔治·亚当斯·利兰的离日，体操传习所的课程设置由 2 年变成了6 个月的短期培训，以训练体操技能为主，培养目标由体育学教师改为体操教师。早在 1880 年（明治 13 年）文部省决定加设"步兵操练"科目，体操传习所招聘陆军教导团士官作为步兵操练教习，第二年步兵操练正式成为教科内容。此后体操传习所从以培养普通体操教员为主转变成以培养兵士体操教员为主，募集陆军下士、上等兵作为教员候补要员，开设了为期仅四个月的"短期讲习型教员养成课程"。

征兵令实施后，日本民众一直反对这个国民皆兵的征兵政策。为了应对严重的"兵役忌避"状况，作为一种对策，政府官员和知识分子提出在学校导入初步的军事训练作为兵役的预备教育，从幼时养成"尚武之气象"，不仅可以缩短兵役年限，减轻兵役负担，还能消除人们对兵役的厌恶之情。也有人为了追求道德教育，为了锻炼学生"勇武刚毅忍耐威重"的精神气质而提倡进行步兵操练。在这样的背景下，文部省要求体操传习所增加了"步兵操练课程"。

1882 年（明治 15 年）体操传习所的坪井玄道根据乔治·亚当斯·利兰提倡的新体操的内容，出版了《新撰体操书》《新制体操法》两本体育理论书。1884 年（明治 17 年）坪井玄道和田中盛业（传习所第一批毕业生）共同出版了《小学普通体操法》，这是第一本小学体操指导书。1885 年（明治 18 年）二人又共同编撰了《户外游戏法 一名户外运动法》，这是第一本由日本人编写的运动竞技解说书，主要参考了欧美的体育运动相关书籍，内容包括唱歌游戏、行进游戏、竞争游戏、球类游戏等。

通过这些教科书、参考书的发行，以及约 300 名毕业生在各地的师范学校的任教，体操传习所的轻体操确立了学校体操的地位。1885 年（明治 18 年）体操传习所附属于东京师范学校，1886 年（明治 19 年）规模缩小，改称为高等师范学校的体操专修科，第二年结束了它的历史使命。

4《学校令》时期的学校体操

4.1 普通体操、兵式体操两个系列并存

1885 年（明治 18 年）森有礼就任首位文部大臣，1886 年（明

治 19 年）废除《教育令》，分别制定了《小学校令》《中学校令》《帝国大学令》和《师范学校令》。在《小学校令》实施规则《小学校学科及其程度》中，他把体操科列为必修科目，规定幼年、儿童的体操课内容是游戏，稍长儿童的体操课内容为轻体操，男儿体操是轻体操和队列运动。

《中学校令》规定，寻常中学体操科包括轻体操和兵式体操，1—3 年级每周授课 3 小时，4—5 年级每周授课 5 小时（后改为 3 小时）。高等中学校（旧制高等学校）的体操科没有轻体操，每周进行 3 小时的兵式体操训练，但是计划继续攻读高等教育的工学、理学志愿者免修兵式体操。免除理工学部大学生的兵役是近代日本为保存人才采取的一贯政策。

寻常师范学校的体操科教师由高等师范学校体操专修科的毕业生担任。《师范学校令》规定，寻常师范学校 1—4 年级男子每周学 6 小时的普通体操和兵式体操，女子每周学 3 小时的普通体操。高等师范学校每周学 6 小时的普通体操和兵式体操。教育内容不仅有生兵学、中队学和行军演习，还开设了兵学大意和测图。教科书不仅有松石安治编撰的小学校用《普通体操队列运动》，还指定陆军的《体操教范》《步兵操典》《射的教范》《野外演习轨典》作为教材使用。当日往返的行军演习作为军队式"远足"固定下来，需要住宿的长途行军演习发展成实地研修和"修学旅行"。

1890 年（明治 23 年）公布第二次《小学校令》，再次规定寻常小学校的体操科可以根据当地情况改回加设科目。1891 年（明治 24 年）11 月公布的《小学校教则大纲》强调体操科的目的是使儿童均衡成长、身体健康、精神快活，养成刚毅的性格和遵守规律的习惯。小学校体操科包括游戏、普通体操、兵式体操。将轻体操改称为普通体操，队列运动改称为兵式体操。《小学校学科及其程度》中，儿童体操科只有轻体操，但《学校令》时期的寻常小学校是普通体操、兵式体操并存。男子体操由轻体操和队列运动变更为高等小学校男子主要学兵式体操。以集团训练为中心的队列运动和陆军《体操教范》的部分内容也加到兵式体操中，体现出比以往更加重视小学校的兵式体操训练。

1900 年（明治 33 年）日本颁布了第三次《小学校令》，随着教育法令的变化，体操科的内容、要求也随之改变。体操科又恢复成必修科目，而且要求每个学校必须设置操场。同时制定了《小学校令施行规则》，强调体操科的目的是使学童身体各部均衡发育、四肢动作灵敏，保护、增进全身的健康，使精神快活、性格刚毅，养成遵守规律、协同合作的习惯。至此，将兵式体操视为兵役预备教育已成为共识。寻常小学校的教授内容为游戏、普通体操，教授时间是每周 4 小时。高等小学校为普通体操、男子增加兵式体操，每周 3 小时。

1907 年（明治 40 年）文部省又对《小学校令》进行部分修改，将原来的寻常小学校 4 年，高等小学校 2、3、4 年的修业年限改成寻常小学校 6 年，高等小学校 2 年或 3 年。《小学校令施行规则》也随之进行修改，体操科的教授内容也发生了变化。寻常小学校的男子也增加了兵式体操。寻常小学校的修业年限改成 6 年，原来属于高等小学校的第 5、6 学年已成为寻常小学校的 5、6 学年，但依然保留兵式体操。寻常小学校体操科的时间减少 1 小时成为 3 小时。这主要是根据学校操场的情况做出的调整。

根据 1901 年（明治 34 年）的《小学校体操科课程及教授时间割》（松浪稔，1995：331）可以了解到法令下体操科的内容，寻常小学校体操科的普通体操包括整容法、呼吸运动、身体矫正术、徒手体操和哑铃。高等小学校男子的授课内容是复习、哑铃和球竿体操，高等小学校女子的授课内容是复习、球竿体操和豆囊体操。兵式体操包括各个教练、柔软体操、分队教练、小队教练和初步器械体操。

1900 年（明治 33 年）颁布第三次《小学校令》后，日本第一次实行了小学校四年无偿义务教育制度，就学率达到 90%左右。1907 年（明治 40 年），实行了小学校 6 年无偿义务教育制度，就学率超过 97%，到明治末年实现了"国民皆学"的目标。

进入《学校令》时期，中等教育得到长足发展，当然在中学校也实施了同样严苛的考试制度，出现了比小学校更多的留级生和中途退学的学生。可以说中等学校成了基于竞争原理的淘汰机构，如果没有健康的身体、一定的经济条件以及学习能力，是根本无法毕业的。而且，明治后期开始出现超越各个学校和地域的全国范围内的升学考试竞争。明治 30 年代（1897—1907 年），全日本只有 5 所中等教育学校，即以第一高等学校为首的 5 所高等学校，明治末期增加到了 8 所。

4.2 森有礼的兵式体操论

森有礼（1847—1889）历任驻美代理公使、清朝公使和英国公使后，于 1884 年（明治 17 年）5 月担任文部省御用掛，1885 年（明治 18 年）就任日本首位文部大臣，第二年发布《诸学校令》，确立了日本的近代教育制度。1889 年（明治 22 年）《大日本帝国宪法》颁布当日被暗杀。

森有礼的兵式体操论以改造日本人身体为目的。早在 1879 年（明治 12 年）他在东京学士会院发表的《教育论——身体的能力》中已经提及关于改造日本人身体之事，强调教育最重要的目的是"耕养发达"人的能力，其能力分为"智识""德义""身体"三部分；他认为日本人最缺乏的是"身体的能力"，身体的能力不仅指健康的身体，还指具有敢为之勇气的健康之力量，这种含有勇气的健康之力不可能依靠"游戏"来获得，他主张采取兵式体操，并尽可能将其推而广之；他参考瑞士等欧洲国家的兵式学校的制度，创立日本相应之制度（森有礼，1972：328）。森有礼认为要和欧美强国对抗，当务之急是改造日本人虚弱矮小的身体。

森有礼在 1882 年（明治 15 年）《学政片言》中强调日本的教育急需解决的问题是锻炼法，这个锻炼法以"锻炼人民的气质躯体为目标"，"所谓气质的锻炼主要指稳健人心，敦厚风俗之意"，"保持每个人的身体强健就是达成全国富强的大基础"。他主张如果身体强健精神就自然发达而不会松懈，因此锻炼身体是锻炼气质不可或缺之事（森有礼，1972：333）。

为了去除学生"奴隶卑屈"之秉性，培养"从顺、友情、威仪"之气质，森有礼在《关于兵式体操建言书》中提议将中学以上学校的体操管辖权由文部省转移到陆军省，委托现役武官担任教官，"励行严肃之纪律，提高体育之能力，使学生在武毅顺良中感化成长"，由此"培养忠君爱国之精神，焕发战胜困难之勇气"。（森有礼，1972：347）将来长大成人服兵役时，经过严格训练的"气质躯体"将会发挥惊人的效果。他特别强调"忠君爱国"精神的培养及这种精神未来在军务上所发挥的作用。聘请现役武官担任学校体操科教官的设想，被陆军以将校人数不足为由拒绝，最终未能实现。在学校实行军队般秩序和纪律的兵式体操论，在当时的日本也是独一无二的理念。将学校教育变成从属于军事需求的森有礼的兵式体操论，日后成为日本超国家主义、军国主义的基础。

森有礼不仅设想在学校实施"励行严肃纪律"的兵式体操，还希望借助陆军、海军的力量对全国各地所有的年轻人进行兵式体操的训练。森有礼认为要想实现富国强兵之长计，培养出与列强并肩、能够发扬日本国威的臣民，必须改造日本人的整个身心；必须培养尚武之风气，尚武之风气不仅是体育之需要，更是国家大体之必要。森有礼追求的是实现真正彻底的全民皆兵的目标，但是这个提案因森有礼被暗杀而未能实现。（森有礼，1972：347）

4.3 师范学校的兵营化

东京师范学校作为"普通教育之本山"，左右着日本师范教育的方针。1884 年（明治 17 年）森有礼视察东京师范学校时，看到学生散漫、无秩序的生活状态感到非常意外，决心在学校确立秩序与规则，否定原有体操科的步兵操练，导入兵式体操，对其进行军队式寄宿制改革，从此兵式体操成为森有礼教育改革的象征。1885 年（明治 18 年）森有礼派遣陆军步兵少尉松石安治到东京师范学校教授兵式体操，并让其编撰体操书作为教材使用，第二年松石安治出版《队列运动法》。1886 年（明治 19 年）森有礼任命陆军大佐山川浩担任东京师范学校校长，通过这样的人事安排率先在东京师范学校实施了军队化的管理。

森有礼为了视察教育在各地巡游并进行演说，1885 年（明治 18 年）12 月 19 日，他在埼玉县寻常师范学校演讲时说，最近在东京师范学校施行的兵式体操培养了学生"从顺、友情、威仪"的气质，一再强调小学教育要想获得成功必须有合适的教师，师范学校担负着陶冶、培养教师的重大责任，师范学校如果能够教育、培养出合格的教师，那么小学教育事业已经完成了十之九，甚至可以说已经完全成功。"如果我日本国至今为止是三等国就要晋升到二等国，如果是二等国就要晋升到一等国，最终冠绝万国，日本男儿必须为此努力"。（森有礼，1972：481）森有礼认为这不是一件容易的事情，他恳请作为小学教育根本的师范学校能够尽职尽责，可能也有其他许多推进国运的方法，但是十之八九要依靠师范学校的力量，教师应该"自始至终把教育事业作为本尊信仰，以教育为乐、以教育为苦，贡献出自己的全部"，教师的工作必须是"毕生尽力成为教育的奴隶"，"担负起至难的重任"，"要决心为自己的利益只考虑两三成，其余七八成要为实现国家目标而牺牲"。（森有礼，1972：569/585/563）

《师范学校令》的第一条规定"师范学校是培养教师的地方，但是要关注学生具备顺良信爱威重之气质"。根据元田永孚的修正意见，用"顺良""信爱""威重"代替了森有礼主张的"从顺""友情""威仪"之三气质。（长谷川精一，2007：62）《师范学校令》的发布使师范学校在制度和教育内容上发生了巨大变化，尤其是宿舍的"兵营化"管理完全改变了师范生在校的生活状态。舍监由退役的陆军下士官担任，起床、就寝、进餐、清扫、折叠衣物的方法、书桌上书本的摆法、自习时间等全部生活都被严格统一管理。假日以外禁止外出，经常在深夜紧急集合。禁止发表政治性的言论，还禁止购买阅读报纸杂志。学校根据学生在校期间的学习成绩和表现，制作"行状证书"，按"成绩、表现俱佳为第一，表现优秀、成绩一般为第二，表现一般、成绩优秀为第三，表现、成绩都一般为第四"来确定毕业后的工资（森有礼，1972：523），还利用《师范生徒秘密忠告法》让学生互相监视，加之违反校规的惩罚及巨大的考试压力，这些都给学生带来了沉重的精神负担。

也许森有礼认为师范学校的"兵营化"、兵式体操、军队式的野外演习等军事化训练，是重造日本人"气质躯体"的最佳方式。《学校令》时期由文部大臣森有礼主导，在初等学校、中等学校、师范学校确立了普通体操、兵式体操两系列并存的体育教育政策。但师范学校的兵式体操和之前的步兵操练不同，它的影响超越了一门学科，改变了师范学校的运营方式，将学校变成了严守纪律与秩序的"军队"。由于森有礼的意外死亡，兵营化的管理模式除了师范学校外并没有得到推广。兵式体操实施当初，军方的态度是消极的，但甲午战争后军方开始对军事预备教育表示欢迎，日俄战争后军方开始对学校提出明确要求，学校根据军方的要求做出了调整。1911 年（明治 44 年）学校体操改革后，"兵式体操"被"教练"替代，自此从教育课程中消失。

4.4 森有礼与"御真影"下赐

1872 年（明治 5 年）明治政府为了确立天皇作为国家元首的权威，向府县厅等各级政府部门、师团本部、军舰等军事设施和公使馆等下赐"御真影"（天皇的肖像画或照片）。1874 年（明治 7 年）政府将"御真影"赐予开成学校（东京大学），1882 年（明治 15 年）赐予东京师范学校、东京女子师范学校等国立学校。这既标志着天皇对国立学校的重视，同时也让作为社会精英的各校师生感受到天皇的存在。森有礼意识到"御真影"可以作为实现"君臣接近"、培养"忠君爱国之志操"的手段，建议将"御真影"下赐的范围扩大到府县立中等学校、高等小学校。1888 年（明治 21 年）森有礼规定在纪元节、天长节等国家节日时，全校师生到校集合，举行礼拜"御真影"、师生合唱"纪元节歌""天长节歌"、校长训话等一系列"学校祝贺仪式"。"御真影"变成了连接天皇与教育的装置，天皇成为国民统合的"神圣之道具"。森有礼还设计在发布明治宪法的纪念典礼上让大家齐呼"天皇陛下万岁万岁万万岁"。天皇制是日本近代"创造出的传统",像节日祝贺仪式、"御真影"下赐、高呼"万岁"的发明等,在创造之初森有礼发挥了重要作用。1890 年(明治 23 年)日本发布了以儒教忠孝为核心的《教育勅语》,"忠君爱国"成为终极的国民道德。绝对忠诚、绝对服从天皇的国家观念,确立了天皇制的统治原理。

1882 年(明治 15 年),体操传习所以"体操会"的名称举办了第一次运动会,随着体操传习所毕业生前往各地任教,运动会开始在学校传播。森有礼就任文部大臣后把它作为培养学生爱国心的手段,积极奖励以团体训练、增强体质为目的的运动会。以体操为中心的运动会开始增加各种游戏、田径等竞技项目。由于当时学生就学率、出勤率低,操场以及相关设备不足等,主办者常采用几个学校共同举办"联合运动会"的方式。1900 年(明治 33 年)的第三次《小学校令》规定校园必须设置操场后,运动会开始在全国普及。

1891 年(明治 24 年)6 月 17 日,文部省第四号令在《关于小学校举行祝日大祭日仪式之规定》中确定"天长节运动会"后,运动会举行的日期基本定在了每年的 11 月 3 日。在天长节的活动上首先是向"御真影"敬礼、齐唱国歌、天长节之歌、奉读《教育勅语》,随后进行运动会、宴会,最后高呼三声万岁。运动会作为学校活动的一个环节,完美地贯彻了森有礼"国家至上"的教育观。

这些在学校进行的集体活动,对培养学生的皇国臣民意识起到了决定性的作用。例如在甲午战争期间的 1894 年(明治 27 年),东京府寻常中学校的运动会上,全校学生把猪当作清朝人,一起追赶、踢倒,直到把猪折磨到动弹不了为止。(日比谷高校百年史编集委员会,1979:69)自诩为"文明"的日本人为了激起学生对清朝的敌忾心,竟然在学校组织如此荒谬、恶劣的游戏。

5 结语

明治时代,除了纳入初等、中等学校教科内容的体操外,主要从英国、美国传入了愉悦身心的各种体育运动。明治初期从欧美各国招聘的外籍教师，将划艇、棒球、足球、网球、橄榄球、乒乓球、田径运动等作为兴趣爱好带到了现在的东京大学。在文明开化的社会背景下，日本的归国留学生及大学生们将欧美传来的优雅、新奇的体育作为自己身份地位的象征，自发地在大学进行各种竞技运动。1883 年（明治 16 年），帝国大学（东京大学）举行了田径运动会，第二年又举行了划艇比赛，由此形成了每年定期举行比赛的习惯，并于 1886 年（明治 19 年）设立了学生课外体育活动组织"运动会"。1887 年（明治 20 年）东京商业学校、1893 年（明治26 年）庆应义塾、1896 年（明治 29 年）高等师范学校、1898 年（明治 31 年）京都帝国大学相继设立了"运动会"。柔道始创人嘉纳治五郎为日本体育的国际化做出了巨大贡献，被称为"日本体育之父"。他毕业于东京帝国大学，之后历任学习院教授、第五高等学校校长、第一高等学校校长，于 1893 年（明治 26 年）担任东京高等师范学校的校长。他认为"教育之总本山"——东京高等师范学校的教育过于形式化，于是进行了多项改革，废除了森有礼的"兵营化"管理模式，大力奖励课外体育活动。

森有礼主导的《学校令》实施之后，日本的中等学校快速发展，随着帝国大学（东京大学）、高等师范学校毕业生到各地的中学校、师范学校任职，欧美传来的各项体育运动得以迅速传播，几乎所有的中等学校都成立了"校友会"。正式课程之外的"课外体育活动"即"校友会"活动作为学校教育的一个环节，文部省既没有限制也没有反对，交由各学校自主管理。在当时的社会环境下，兵式体操论的影响依然很大，作为课外体育运动的"校友会"活动通过团体性的比赛，逐渐变成了培养学生爱国心和强烈竞争意识的教育装置，棒球就是其中最好的例子。

棒球由被称为日本棒球之父的美国人霍雷斯·威尔森（Horace Wilson）于 1873 年（明治 6 年）传入日本。棒球虽然是团体比赛项目，但投手和打者一对一的对战方式，类似于日本单打独斗的武道特征，这也许是棒球一传来就深受日本人喜爱的理由。

1896 年（明治 29 年）5 月 23 日，"一高"（旧制第一高等学校，毕业生几乎都会升入日本唯一的大学——帝国大学）在与美国横滨俱乐部的比赛中以 29 比 4 的比分大胜对方。这是日本棒球史上的第一次国际比赛，各大报纸争相报道，全国各地的学校纷纷发来贺电。打败了棒球发源地的美国人，"一高"的学生认为这不仅是学校的胜利，更是"邦人的胜利"。

对于当时日本人来说，棒球成了发扬日本国威的工具，享有极高的人气。"一高"优胜劣败的胜利至上主义、为了集团利益牺牲个人的集团主义、通过猛烈训练提高球技的不屈不挠的男子汉精神即"精神锻炼、气力养成"的武士道棒球成为了日本棒球精神的原点。

明治后期，不仅外来体育运动与日本武士道思想相融合，日本原有的武道也通过近代化的改造，演变成体育运动项目，柔道、剑道等成了中等学校课外体育运动的项目。柔道甚至传到了国外，最终成为奥运会比赛项目。

参考文献

[1] 木下秀明. 2015. 体操の近代日本史[M]. 東京：不昧堂.

[2] 松浪稔. 2015. 明治期における小学校体操科の内容に関する研究[J]. 教育学雑誌第 29 号，331 頁.

[3] 森有礼「教育論——身体の能力」//『森有礼全集』第一巻、328 頁.

[4] 森有礼. 1972.「学政片言」//『森有礼全集』第一巻、333 頁.

[5] 森有礼. 1972.「兵式体操に関する建言案」//『森有礼全集』第一巻、347 頁.

[6] 森有礼. 1972.「兵式体操に関する建言案」//『森有礼全集』第一巻、347 頁.

[7] 森有礼. 1972.「埼玉県尋常師範学校における演説」1885 年 12 月 19 日//『森有礼全集』第一巻、481 頁.

[8] 森有礼. 1972.「福井中学校において郡区長及び常置委員に対

する演説」1887 年 11 月 6 日//『森有礼全集』第一巻、569頁、「兵庫県議事堂において郡区長県会常置委員及び学校職員に対する演説」1887 年 11 月 18 日//『森有礼全集』第一巻、585 頁、「富山県尋常師範学校において郡区長及び常置委員に対する演説」1887 年 10 月 31 日//『森有礼全集』第一巻、563 頁.

[9] 長谷川精一.2007.『森有礼における国民的主体の創出』思文閣出版,62 頁.

[10] 森有礼. 1972.「第一地方部府県尋常師範学校長に対する演説」1887 年 5 月 25 日//『森有礼全集』第一巻,523 頁.

[11] 日比谷高校百年史編集委員会編『日比谷高校百年史上巻』東京都立日比谷高校、1979 年, 69 頁.

[13] 岸野雄三・竹之下休蔵. 1983. 近代日本学校体育史[M].東京：日本図書センター.

[14] 長谷川精一. 2007. 森有礼における国民的主体の創出[M]. 東京：思文閣.

[15] 大熊廣明. 2002. わが国学校体育の成立と再編における兵式体操・教練採用の意味[J]. 筑波大学体育科学系紀要，24：57-70

[16] 今村嘉雄. 1967. 十九世紀に於ける日本体育の研究[M]. 東京：不昧堂.

[17] 木下秀明. 2015. 体操の近代日本史[M]. 東京：不昧堂.

[18] 能勢修一. 1995. 明治期学校体育の研究[M]. 東京：不昧堂.

[19] 斉藤利彦. 1995. 試験と競争の学校史[M]. 東京：平凡社.

[20] 小野雅章. 1990. 学校下付「御真影」の普及過程とその初期「奉護」の形態[J]. 教育学雑誌，24：58-72.

[21] 永谷稔. 2020. 学校運動部活動の構造変化：体育とスポーツのダイナミズム[J]. 北海学園大学経営論集，17（3）：29-

115.

[22] https://www.mext.go.jp/b_menu/hakusho/html/others/detail/1317
581.htm（文部科学省）

[23] 森有礼. 1972.『森有礼全集』第一巻、東京：宣文堂書店.

日本动漫作品在基础日语教学中的应用研究

北方工业大学　郑成芹

　　摘　要：作为日本大众文化最重要组成部分的动漫对我国年轻一代影响深远，其对日语学习的促进作用也已被逐渐验证。本文分析了将日本动漫作品运用于基础日语教学中的必要性，并通过在教学中摸索出来的实例，探讨日本动漫作品运用在基础日语教学中的策略。

　　关键词：动漫　基础日语教学　文化语境　语言交际能力

1　引言

　　日本素有"动漫王国"之称。动漫是日本三大支柱产业之一，它不仅为日本带来了巨大的经济收益，同时作为日本大众文化最重要的组成部分，已经成为日本对外文化输出的重要媒介。近些年来，很多日语教师尝试着将日本动漫作品运用于日语教学中，作为课堂教学及课本内容的补充。笔者结合自己多年来的基础日语教学实践经验，试从课堂教学与课外训练等角度，探索日本动漫作品在基础日语教学中的应用对策。

2 日本动漫作品运用于基础日语教学中的必要性

日本动漫文化对全世界的影响不言而喻。就我国现状而言，很多年轻人深受其影响，甚至可以说 80 后、90 后、00 后是伴随着日本动漫文化的发展而成长起来的一代人。据调查，日语专业的多数学生也正是源于对动漫的喜爱，而开始尝试了解日本语言文化，进而选择了日语专业。教育家赫尔巴特（Johann Friedrich Herbart）把发展广泛的兴趣视为教育的主要目标之一，认为"主要是兴趣引起对物体正确的、全面的认识，它导向有意义学习，促进知识的长期保持，并为进一步的学习提供动机"（赫尔巴特，2011）。因此，将日本动漫文化导入日语教学中，既是对学生初心的尊重与呵护，同时也能够进一步激发学生学习日语的内在动力，从而有效提高学习效果。

日本动漫作品题材广泛，涉猎内容丰富。作为庶民文化的代表，它不仅反映了日本的社会历史、地域风貌、风俗习惯，还体现了日本人的民族心理、审美传统、社会价值观等。但是我们的日语教材由于其本身的特性及受篇幅、学时所限，很难充分再现这样的文化语境。而动漫艺术则因动态性这一特点，能够在有限的时间、空间内高效地再现这一文化语境。因此将动漫作品运用于日语教学中，将其作为传授语言知识的辅助手段，将碎片化的语言知识放在真实、自然的语言情境中，从而可以提高学生实际运用语言的能力，帮助学生掌握地道的日语表达，增强语言学习的文化积淀和跨文化交际能力。

另外，随着信息技术的高速发展，多媒体技术已被广泛应用于日常教学中。多媒体技术集文本、图像、音频、视频、动画于一体的特点，为我们将动漫艺术、影视文学等丰富多彩的动态学习材料导入教学中提供了有力的支持。

3 日本动漫作品运用于基础日语教学中的策略

动漫艺术作品因其具有趣味性、共享性、跨越时空性等特点，对语言学习会产生一定的功效及促进作用，这已被逐渐验证。近年来，很多高校也逐步建立起以动漫为辅助手段的日语教学模式。但是大多数的高校也只是通过开设日本动漫作品赏析方面的专业选修课或公共选修课，来指导学生观看动漫作品并进行鉴赏。即使将动漫作品运用于日语专业课教学中，也只是在听力、视听说等为数不多的课程中零星播放而已，而且教学方法单一，利用面狭窄，并没有最大程度地发挥其对日语教学的促进作用。如何才能将学生对动漫的热情正确导向日常的专业课学习中，如何在保证正常教学进度的同时，将动漫作品运用于基础日语教学中，并充分发挥其积极作用，这些都是日语教育者所面临的课题。在这里，笔者通过部分教学实例，探索日本动漫作品在基础日语教学中的应用对策，分析考察引入动漫文化对教学所起到的促进作用。

3.1 观看《龙猫》掌握日语称谓表达

在基础日语初级阶段教学中，不可避免地会遇到关于称谓表达的学习。笔者所接触到的不同版本的教材，均是将称谓表达概括成一张表格来进行说明。通常教师对这一知识的讲解，也是基于这样的表格简单地进行概括指导，或针对重点知识进行中日对比说明。但是不同文化圈中的称谓表达有着不同的文化内涵，每个民族的称谓系统通常都与该民族的语言特点相适应，与其社会文化习惯相一致（程放明，2001：19）。日语的称谓表达也深受日本文化中的等级序列意识、集团意识等影响，有着自己独特的使用规律。这样的规律绝非一张表格能够解释清楚，但是一部合适的动漫作品就会起到事半功倍的效果。

《龙猫》是宫崎骏的代表作品，语言简单，节奏缓慢，故事情节轻松恬淡，整部作品充溢着浓浓的亲情，比较适合初级阶段的日语学习者观看。整部作品没有曲折复杂的故事情节，其围绕着家人、邻居、村人的小场景故事生动地再现了日本的乡村生活，尤其适合学生直观地了解日语中的各种称谓表达。例如，下面这个场景是小月一家搬到乡下，邻居奶奶来帮忙，勘太妈妈让勘太给她们送来点心时，小月与勘太之间的对话：

例1

皋月：ああ…さっきの…何？ご用？/ 你是……刚刚那个……有什么事吗？

勘太：か…母ちゃんが祖母ちゃんに…/ 我……我妈妈让我给我奶奶……

皋月：何？/ 是什么？

勘太：うん。/ 嗯。

皋月：ああ…待って…これ何？/ 啊……等等……这是什么啊？

在这段对话中，勘太的这句"母ちゃんが祖母ちゃんに"翻译成汉语一定不能缺少自称词"我"。日语的语法体系和语言习惯导致日语中的自称词与对称词的使用频率比汉语低很多，这恰恰也是中国学生在称谓表达上最容易出现的误用之一。

日语称谓表达中另一个显著的特点是从儿称谓极其发达。所谓从儿称谓是以家庭成员中最年幼者为核心调整家庭成员之间的称谓的一种语言现象。这种语言特点在《龙猫》中也有体现。例如，当小月带着妹妹小梅去勘太家还伞时与勘太妈妈的一段对话：

例2

皋月：ごめんください。/ 请问有人在吗？

勘太の母：ほら、皋月さん…あ、梅ちゃんも…祖母ちゃん…/ 啊，是小月呀……小梅也来了……妈妈…

皋月：今日はすみませんでした。/ 今天真的是麻烦你们了。

勘太の母：こっちこそ。お役に立てなくてね。/ 这是哪儿的话啊，千万别这么客气。

在这段对话中，勘太妈妈叫自己婆婆为"祖母ちゃん"，是以儿子勘太的角度称呼自己的婆婆，即从儿称谓的体现。而汉语中则很少有这种情况，根据汉语的称谓习惯需译成"妈妈"。动漫电影《龙猫》中类似独具日语特色的称谓表达随处可见。

3.2 观看《千与千寻》掌握命令表达

命令表达也是基础日语阶段比较重要的教学内容之一。但是由于日语是委婉、暧昧的语言，基础日语初级阶段教学大多也是从敬体、郑重表达入手，所以教学中往往会忽视命令表达的内容。通常教师在教学中更注重动词命令形的活用变化，而忽略了动词命令形的多重语义功能及语用功能的讲授。教材中的例句也缺乏真实、生动的语境，很难让学生领悟命令表达的真髓。通过大量筛选，笔者发现动漫电影《千与千寻》中各种不同语义功能的命令表达极为丰富，是让学生掌握这一知识点的很好的辅助材料。例如：

例3
白竜：ここへ来てはいけない。すぐ戻れ！じきに夜になる。その前に速く戻れ！/ 你不能来这里，快回去！天马上就要黑了，趁天黑前快回去！

例4
千尋：うそ…夢だ。夢だ。覚めろ！覚めろ！覚めろ！覚めて…もう夢だ。夢だ。夢消えろ！消えろ！消えろ！/ 不会吧……是梦，是梦，醒过来！醒过来！醒过来！快醒过来……这是梦，是梦，梦消失吧！消失吧！消失吧！

例5
蛙人：いらっしゃいませ。…お戻りくださいませ。/欢迎光临。……
欢迎您回来。

例6

釜爺：手を出すなら仕舞いまでやれ。/ 既然要帮忙就帮到底。

例7

湯婆：まだそれ言うのかい？黙れ！/你还敢说这种话？闭嘴！

上述例句中尽管都使用了命令形，但其实它们的语义功能各不相同。例3是千寻误入八百万众神居住的神秘小镇后遇到白龙，白龙让千寻在天黑之前赶紧离开的场面。这里用动词"戻る"的命令形"戻れ"，表示白龙命令的语气，是命令形的本义所在。例4则是经历一系列令人恐怖的事情后，惊慌失措的千寻在河边自言自语的一段台词。这里反复使用了动词"覚める""消える"的命令形"覚めろ""消えろ"。"覚める"与"消える"均为自动词，即非意志动词，是说话人的意志所无法左右的动作行为，因此绝非命令之意，而是表示希望、愿望的意思，表明了千寻"希望这只是个梦境，希望快点从梦境中醒来，眼前的一切快点消失"的迫切愿望。例5是蛙人欢迎客人的一句台词。敬体助动词"ます"的命令形"ませ"，通常接在敬语动词的连用形后面，或接在表示问候、寒暄等语句后面表示郑重、恭敬的语气。这种用法一般只用在各种应酬场合。例6是锅炉爷爷对千寻说的一句话。这里与其说是命令，倒不如说是"放任不管"的意思，表示锅炉爷爷放任千寻继续做要做的事情的态度。例7是千寻来到汤婆婆处，执拗地请求汤婆婆给予她工作机会，专横霸道的汤婆婆训斥千寻的一句台词。这里用动词"黙る"的命令形"黙れ"，表示禁止的语气。这种命令表达比较特别，经常用来表示否定的命令，表示禁止对方做某事的意思。

诸如此类，动漫电影《千与千寻》中各种不同语义功能的命令表达极为丰富。这些句子在生动、自然的语境的烘托下，能够使学生更加准确、高效地掌握命令表达这一语法项目的要领，同时也能够使枯燥乏味的语法教学变得生动有趣。

3.3 通过《聪明的一休》片尾曲掌握日语书信格式

随着动漫文化的飞速发展，也涌现出了一大批优秀的动漫音乐作品，例如《数码宝贝》中的《Butter-Fly》、《天空之城》中的《伴随着你》、《新世纪福音战士》中的《残酷天使纲领》、《灌篮高手》中的《直到世界终结》等等。这些动漫音乐作品经久不衰，给动漫迷们带来的听觉上的影响不容忽视。教师也可以把这些深受学生欢迎的经典动漫音乐作品运用于日语教学中。像《龙猫》中的《邻居家的多多洛》、《千与千寻》中的《生命之名》、《机器猫》中的《机器猫之歌》等动漫歌曲旋律明快，歌词简单，语言表达生动，尤其适合日语初学者学习。动画片《聪明的一休》的片尾曲就是很好的例子。这首片尾曲实际上是一休禅师写给母亲的一封信。歌词如下：

例 8
母上様：
お元気ですか。
ゆうべ杉のこずえにあかるくひかる星ひとつみつけました。星はみつめます。母上のようにとてもやさしく。わたしは星にはなします。くじけませんよ。男の子です。さびしくなったらはなしにきますね。いつかたぶん。
それでは、またおたよりします。
母上様

一休

在《新经典日本语基础教程》（外语教学与研究出版社）第一册的同步练习中，有多篇关于日语书信方面的练习，教师在讲解日语书信格式时就可以利用这首歌来辅助讲解。这首片尾曲虽然篇幅简短，但是从中能够清晰地看到日语书信格式的特点。如"开头语""前文"中的问候语、"主文""末文"及"结尾"处的收信人姓名、署名等等。整首歌曲调明快，内容简单，歌词朗朗上口，对于日语初学者来说是一首很容易掌握的动漫音乐作品。学生在学唱歌的同时，能够轻松掌握日语书信格式的要领，是基础日语教学中难能可贵的素材之一。

动漫音乐作品是对学生具有吸引力的一种艺术形式。如果教师深入挖掘，挑选出合适的作品，作为教学的辅助材料，不但能够提高学生的学习兴趣，同时也能够在教学中起到事半功倍的效果。

3.4 观看动漫，了解日本传统文化，提高跨文化交际能力

《高等院校日语专业基础阶段教学大纲》对日语专业基础阶段的教学目的做了明确的规定："引导学生扎实学习，掌握日语基础知识；训练听、说、读、写的基本技能；培养实际运用语言能力；丰富学生的日本社会文化知识，培养文化理解能力，为高年级阶段学习打下坚实的基础。"（教育部高等学校外语专业教学指导委员会，2003：1）但是传统的基础日语教学由于时间、空间等限制，以及日语专业零起点教学等特点，教师在有限的课堂上创设文化语境存在着极大的困难。而动漫作品却能够为我们提供有益的尝试。日本动漫作品中真实的语境、生动的语言、浓郁的日本传统文化意识与审美情趣，能够让学生全方位地感受日本文化，从而弥补传统课堂教学的不足。

例如，在对《新综合日本语·基础日语》（第一册）（大连理工大学出版社）第 14 课『お正月』做课文讲解时，教师可以从《机器猫》《蜡笔小新》《樱桃小丸子》等动画片中选取与日本新年相关的剧集让学生观看，从而让学生直观地感受日本新年的氛围及年俗习惯。『成人式』『入学式』『花见』等课文均可以从动漫作品中找到相关内容进行补充。再如，在观看动漫《龙猫》《千与千寻》时，除了关注其独具特色的语言表达之外，还可以让学生进一步了解日本的"稻作文化"、"入浴文化"、万物皆有灵的"神道意识"，以及日本人敬畏自然、追求天人合一、与自然和谐相处的"自然观"。在观看《起风了》这一纪实体的动漫电影时，可以让学生了解作品的故事背景，了解堀越二郎这个真实的历史人物、关东大地

震这一真实的历史事件，以及日本著名的小说家堀辰雄的小说《起风了》与这部动漫作品的渊源等，从而引导学生积极地了解日本历史文化，主动去阅读日本文学作品，为今后的学习打下良好的基础。

观看动漫不仅能够强化学生对语言知识的理解与把握，同时也能够促进学生全面地了解日本社会文化，提高跨文化交际能力。

4 结语

日本的动漫作品数量繁多，内容各具特色，语言表达难易程度参差不齐，因此教师在选择动漫作品时，一定要秉持"多关注，多了解，多观看"的"三多原则"，从中选择内容健康、积极向上，适合当前教学阶段教学内容的动漫作品。由于课堂教学时间有限，可以采取课上播放与课下观看相结合的手段。甚至还可以将学习小组、兴趣小组、周末观影会等学生课外活动及大学生创新创业训练计划等课题项目有效运用起来，通过探索课外活动形式，弥补课堂教学的局限性，使课堂内外相辅相成，优化整个教学过程。

参考文献

[1] 程放明. 2001. 现代社会语言环境中汉日语亲属称谓的对照研究[J]. 日语学习与研究，（1）：19.

[2] 赫尔巴特. 2011. 赫尔巴特教育论著精选[M]. 李其龙译. 北京：人民教育出版社.

[3] 教育部高等学校外语专业教学指导委员会日语组. 2003.《高等学校日语专业基础阶段教学大纲》[M]. 大连：大连理工大学出版社，1.

[4] 荻野实美. 2007. 日本のまんがとアニメ—日本語教材としての可能性[J]. 東京：拓殖大学日本語紀要，（17）：123-130.

[5] 冯千. 2013. 对大学日语专业开设日本动漫课程的多方位思考[J]. 重庆：西南农业大学学报，11（4）：105-109.

［6］ 金冰. 2020. 浅析日本动漫在日语学习中的作用与影响［J］. 湖北：鄂州大学学报，27（2）：44-46.

［7］ 小泉保. 2005. 言外的语用学——日语语用学［M］. 北京：商务印书馆.

［8］ 赵晨孜. 2020. 日本动漫文化在日语学习中的应用研究［J］. 文化创新比较研究，16：160-162.

日本战后派文学"战争认知"研究

北方工业大学　莫琼莎

摘　要：日本战后派文学是日本战后文学中较早出现的文学派别。由于战后派文学作品大都带有作家战争经历的投影，所以也可称之为"战争文学"。本论文首先结合具体作品，将战后派文学中的战争认知分成"控诉战争的视角""存在主义的视角"和"写实主义的视角"三大类进行分析，而后从近代自我确立的缺失和天皇制的留存、近代文坛"纯文学"理念以及注重内省意识的日记文学传统的影响等方面，探讨以上战争认知形成的原因。

关键词：日本战后文学　战后派文学　战争文学　战争认知

1　引言

　　日本战后派作家是最早一批活跃于战后文坛的作家群体，他们的创作虽然各有特点，但无论从作家的人生经历还是创作内容来看都有许多相似的地方。他们战前大都接受过马克思主义的洗礼，战争期间在天皇专制主义重压下身心受到摧残，内心隐藏着一种不屈从战争和专制权力的反抗力量。他们是战争的目击者甚至是参与者，同时也是战争的受害者。战争中的体验对他们战后文学创作方向的选择起到了决定性的作用。战后派作家大都对同时代西欧的文学创作方法具有较深的修养，受过这方面的良好教育。日本战败后的社会现实使他们在创作上乐于接受西方存在主义哲学思想的影响，作品中呈现出探索自我存在的意义以及探求现实世界深层含义的倾向，逻辑性和思辨性较强。这批作家有野间宏、椎名麟三、大冈升平、武田泰淳、梅崎春生、埴谷雄高、中村真一郎、福永武彦和堀田善卫等。战后文学评论家本多秋五在《物语战后文学史》中对他们的文学创作业绩做了肯定性的评述，并且概括了战后派文学的四个特点：一是与政治和文学有关的极为强烈的问题意识；二是存在主义的倾向；三是表现了超越以"私小说"为代表的日本传统写实主义的意愿；四是小说视野的扩大，涉及政治、外国、性、军队、天皇制等方面的内容。①

战后派文学的语言表达、文体和主题大都很费解。尽管如此，作品中蕴含的强大思想性给予当时的读者以极大的冲击力和指引性，这正是战后派文学的独特魅力。从 1931 年日本侵占中国东北的"九一八"事变到 1945 年日本宣布战败的 14 年间，战后派文学家们或是在日本国内、或是在海外战场上充分面对了自己弱小和丑陋、怯懦和卑怯，还有个人利己主义的存在状态。他们清楚地看到既定伦理和价值观的崩溃，通过在作品中深挖战争中的自我状况，试图寻求作为人类应该生存的真正状态。从这个意义上讲，战后派文学是一种"实验文学"。战后派文学家在进行尝试时表露的真挚情感和活跃想象力宣告了战后文学的出现，以上这些特征是战后派文学明显区别于同时代的其他作品的独特倾向。

本论文将结合日本战后派文学发展的大背景和具体作品，从"控诉战争视角的战争认知""存在主义视角的战争认知"和"写实主义的战争认知"等三个方面，分析作品体现的战争认知问题并探究其形成的原因。

---

① 上述观点概括自本多秋五所著的《物语战后文学史》。

2 "战后文学""战后派文学"和"战争文学"的概念界定

首先要明确的是日本文坛的"战后文学"和"战后的文学"两个概念。"战后"二字在日本通常指 1945 年 8 月 15 日日本正式宣布战败后的时间，本论文中"战后"的时间跨度拟限定于 1945 年至 1975 年前后。"战后的文学"中的"战后"是指时间自然流逝上的"战后"，比"战后文学"具有更宽泛的时间范围。"战后文学"中的"战后"除了指作品发表的时间是在"战后"外，还具有思想、文学意义特征的概念。无论从社会意义还是从文学意义的角度看，"战后"这一时期在日本漫长的历史中是与众不同的、特别重要的时期。被称为"战后文学"的作品中出现了许多日本现代文学史上的重要作品。这些作品虽然都是在日本战后遍布焦土的废墟这一相似的文学空间里产生的，但是不同作家在创作思想和创作手法上呈现了极为丰富的多样性。"战后文学"中有很多对战争中或战后经历的描写，比如曾经经历的生命危险、战后物资的极度匮乏、社会的混乱以及战争给人带来的异常的精神状态等。战后的作家们在描写这些内容方面呈现出了前所未有的深度和广度。

日本"战后"这一特殊的历史时代给自近代以来的、以平面式描写①为主的写实主义传统的日本文学，提供了扩展和变化的客观空间。战后的日本文坛异常活跃，包括评论家、作家在内的知识分子都站到历史舞台上，展现他们对于过去和当前时代的理解。因此，这个时代的文学极大程度地展现了日本"战后时代"的特殊性，而且由于美国军政代表进驻日本政府、全面实行民主主义政策、清除法西斯军事政府的势力和影响等政治上的特殊原因，日本战后文学逐渐显露了和世界文学接轨的可能性。

从 1931 年 9 月 18 日日本开始发动侵华战争到 1945 年 8 月 15

---

① 平面式描写，文学表现手法之一，即作品中不渗入作家的主观意识，只对事物或人物的表面现象做客观描写。日本私小说的代表作家田山花袋首先使用这一文学用语。

日本宣布战败，日本国内一直处于法西斯军事政府的高压控制下，言论、出版和创作自由都受到极大的限制。1945 年日本战败，美国军队进驻日本，开始对日本实行长达 7 年的军事管制，日本也由此进入了历史上的第三次对外开放、吸收外来文化的时期①。这个时期的开放和吸收不是日本政府自上而下主动实施的，而是由美国政府的军事压力以及日本国内勃发的战后思想解放狂潮促成的。当时的美国军队是以清除日本国内残存的帝国主义和法西斯主义、实行民主化和非军事化为目的，以在日本建立自由和民主主义国家的名义进驻日本的。在日本历史当中，还从未有过战败后那样在精神上获得自由（尤其与战争年代的精神控制相比）的时代。由于战争期间日本国内实行强权政治，言论、出版自由受到遏制；加上严格的审查制度，只有符合法西斯强权政治利益的言论、作品才被准许出版；还有纸张的有限配给，左翼派别及以自由主义为宗旨的新闻杂志都被勒令停刊，相关的作家或是被捕入狱，或是保持沉默，日本国民从有限的媒体报道中知道的只是政府的意见，民众精神生活极其单调压抑。因此从战争后期到日本宣布战败，日本的读者极度渴望自由的文学和自由的见解，精神上的饥饿使得战后的任何出版物都会被人们贪婪地阅读。此外，战后满眼的废墟景象、精神上的空虚和痛苦、到处弥漫的绝望氛围，使得人们如饥似渴地寻求从战后废墟中挣扎出来的信念和途径。战后初期，日本的国家权力机构和社会组织已全盘崩溃，在混乱的社会状况中，日本国民急切地呼唤新媒体的出现。新媒体的出现首先是以众多杂志的复刊和创刊为标志的。从战败当年的 1945 年到第二年初，战争中停刊的《新

---

① 日本大量接受外来文化的第一阶段是公元 7 世纪起日本政府开始派遣遣隋使和遣唐使与中国隋朝、唐朝进行交流的时期，那个时期的日本文化深受中国古典文化的影响。17 世纪初到 19 世纪中后期，日本最后的一个封建时代——江户幕府时代实施闭关锁国政策两百多年，直到江户幕府时代结束，明治维新（1868 年）以后，日本开始进入了接受外来文化的第二阶段。

潮》①《文艺春秋》②《中央公论》③《改造》④等杂志再次发行。此外，还有许多新杂志创刊，如《近代文学》《新日本文学》⑤《世界文学》《群像》⑥等。许多战后作家都在上述杂志上连载发表小说，使得杂志的影响更为广泛和深远。这些杂志的特点是顺应新时代，具有强烈的开放、民主主义的倾向。

日本战后新媒体的出现以及战争中被迫停止活动的旧媒体的复苏，为战后文学运动的勃兴提供了展示的平台。当然，要将战争中及战后残酷的经历反映到文学作品中，还需要一定时日的酝酿和创作。所以，战后最早的文学运动是新媒体的诞生和战前就已知名的文学大家重新活跃于文坛的活动。而真正代表战后时代的，被称作"战后派"的作家们的登场，普遍晚于战前已经成名的作家一至两年。他们在日本战败后国内的民主主义气氛中开始活跃起来，给战争以来有名无实的日本文学界注入了新的活力。

在日本战后文学中，较早出现的文学派别是"战后派文学"，该派别是以 1946 年 1 月平野谦、本多秋五、荒正人、埴谷雄高、山室静、佐佐木基一和小林切秀雄等 7 位评论家创办的《近代文学》杂志为发端的。他们以"确立近代自我"的文学批评为宗旨，强调尊重人的权利和自由，摆脱包括封建主义在内的意识形态的束缚，追求文学的真实性，反对文学的功利主义，提倡艺术至上主义，从而迈开了日本战后文学的第一步。战后派作家又分为第一批战后派作家和第二批战后派作家。据长谷川泉（1976：6-7）表

---

①《新潮》，日本文艺杂志名。1904 年由新潮出版社创刊，经历了二战期间的停刊和战后的复刊后，直至今日。

②《文艺春秋》，日本大众杂志名。1923 年由日本作家菊池宽创刊，系文艺随笔杂志，后转变为以中间读者层为对象的综合性杂志，亦发表获芥川奖、直木奖的文艺作品。

③《中央公论》，日本综合性杂志的一种，月刊。1887 年创刊，初称《反省会杂志》，1899 年改为今名。在泷川樗阴任编辑时成为日本权威性的综合杂志。

④《改造》，日本综合性杂志名。登载激进文章，为日本的社会主义运动做出过贡献。1919 年创刊，1944 年被日本军事当局取缔，1946 年复刊，后于 1955 年停刊。

⑤《新日本文学》，日本新日本文学会的机关文艺杂志。1946 年由中野重治、宫本百合子等人创刊，存续至今。

⑥《群像》，日本文艺杂志。日本讲谈出版社于 1946 年创刊至今。

述，1946 年至 1947 年间开始在战后日本文坛进行文学创作的野间宏、埴谷雄高、椎名麟三、梅崎春生和中村真一郎属于第一批战后派作家；竹内好、日高六郎和大冈升平处在与第一批战后派作家相近的位置；三岛由纪夫和安部公房被视为第二批战后派作家。（长谷川泉，1976：6-7）战后派作家们最早发表的系列作品几乎无一例外地都可称作"战争文学"。因为不管他们是否曾经应招入伍，在作为作家出道的背景中多多少少都带有个人经历日本侵华战争和太平洋战争的痛苦体验，作品中几乎全部有以上经历的投影。从这个意义上讲，所有的战后文学都可归为"战争文学"的范畴。基于各个作家成长背景和战争经历的不同，战后派文学中的"战争文学"作品呈现出复杂多样的战争认知内容。

3 控诉战争视角的战争认知——野间宏的《真空地带》

野间宏（1915－1991）是日本战后著名小说家、文学评论家，也是"第一批战后派"作家群体中的一员。他出生于日本兵库县神户市，京都第三高等学校就读期间，在象征主义诗人竹内胜太郎的指导下获得西欧文学和哲学思想的启蒙。野间宏从 1934 年开始关注马克思主义思想和运动，1935 年进入京都大学法文学科学习，开始和京都大学学生运动的主要成员以及阪神地区的工人政治团体保持联系。1938 年京都大学毕业后，野间宏任职于大阪市政府社会部，从事解放受歧视部落以及与社会福利事业相关的工作。在 1941 年 10 月，野间宏作为补充兵应征入伍，参与了在菲律宾战场的侵略战争，第二年 10 月回到日本国内。1943 年初夏，野间宏以违反治安维持法的罪名被关入大阪陆军监狱，当年末出狱后在受到监视的状态下继续在军队服役，1944 年他到一家军需公司任职。野间宏对战后的日本社会有着清醒的认识，是一位有着强烈社会责任感和使命感的文学家。1946 年，野间宏在《黄蜂》杂志上连载发表小说《阴暗的图画》，引起了战后文学评论界的瞩目，使得野间宏成为与椎名麟三、武田泰淳、埴谷雄高和梅崎春生等人齐名的"第一批战后派"作家。1946 年底野间宏加入日本共产党，成为以"政治和文学"为中心课题的战后艺术运动的主要推进者之一。

《真空地带》（1952 年）是一部以揭露战争中日本军队和军国主义本质为主题的小说。野间宏这样阐述关于《真空地带》的具体创作意图："我在战争中一直想着必须要写战争小说，特别是以批判军队为目的的小说。……我在受到制裁时（指被捕并投入陆军监狱）心中燃烧着强烈的怒火，我对自己说，如果不揭露军队的真实面目就决不能死。"（野间宏，1970：261；笔者译）关于选择"内务班"作为军队的缩影加以描写的理由，野间宏这样说道："要想描写军队必须先描写内务班……内务班是最能体现军队组织本质的单位。军队是以战斗为目的存在的组织，内务班是为了军队全体存在的目的而存在的。战争迫使个人面对死亡，十分残酷，为战争服务的'内务班'也要求个人采取残酷的生存方式。战争是军队的本质，这个本质在军队的最小部分的单位即'内务班'中也有充分的体现。这种军队本质的威势表现在内务班士兵的行动、情感和意识上，体现在这些活生生的人物的肉体和精神上。"（野间宏，1970：278；笔者译）

野间宏的《真空地带》讲述的就是在陆军刑务所服满两年刑期的原上等兵、现降级为一等兵的木谷回到内务班后发生的事情。木谷是因两年前在军内实施盗窃被判刑的。他作为一个贫穷手艺人的次子被抚养长大，一直过着底层老百姓的生活，他唯一的乐趣就是和飞田妓院的花枝相会。但是上等兵的身份使得他无法自由来去妓院，正当为此闷闷不乐之时，他捡到了之前的上司林中尉的钱包并且将其中的钱款据为己有。而后木谷在不知情的情况下被卷入会计部上层官僚的内部纷争中。木谷回归的这个部队，除了干部之外没有一个人知道他的过去。通过师团送来的文件得知木谷过去的曾田一等兵，从木谷的"反抗"记录推断木谷和自己一样都是"战争抵抗者"，因此抱有一定的理解和同情。但是木谷封闭在自己的世界里没有向曾田敞开心扉。曾田是大学出身的知识分子，他拒绝了通向干部候补的道路，在木谷看来曾田与自己的境遇差距极大，他无法理解曾田的思想。当得知自己两年的牢狱之灾拜林中尉所赐后，木谷对林中尉燃起了复仇之心，不断地探寻林中尉的踪迹。

《真空地带》还向我们展示了一个浓缩的组织即军队内务班当中的一些残酷现实：人被无止境地剥夺人性，充分暴露了食欲、性欲、睡眠欲等动物本能，成为一个只追求“生存”的机器人似的存在。这部长篇小说，无论在故事内容和情节安排上，都比战后派作家同类题材的小说有新的拓展，对日本法西斯军队的反思也上升到了较高层次。

4 存在主义视角的战争认知——大冈升平的《俘虏记》

战后派作家的“战争文学”中，有相当一部分作品描写失败的战斗以及在让人预感即将失败的战斗中个人生命存在的状态，这种探寻个人形象的作品在战后派文学中曾一度占据主流。

大冈升平从京都大学法文科毕业后，致力于研究法国现实主义文学先驱司汤达的创作，在文学评论和翻译方面都卓有成就。作为一名自由主义者，大冈升平根据国内外的现实认定日本在太平洋战争中的败北是必然的结局。1944 年 3 月，大冈升平接受了为期 3 个月的教育系统的征兵训练，6 月解除训练的同时又被临时召集，在复杂矛盾的心态中前往菲律宾，在隶属民都洛岛的圣何塞警备部服役，时年 35 岁。1945 年 1 月受到美军攻击后，他在败走山中的过程中晕厥，被美军发现后俘虏。描写这一段参战、被俘经历的小说有《俘虏记》（由十二部短篇组成，最初的《被捕前》发表于1948 年 2 月。全本于 1952 年 12 月刊行）、《野火》（1952 年）和被称为战争文学杰作的《莱特战记》（1971 年）。其中，《俘虏记》以这样一句话开始：“昭和 20 年（1945 年）1 月 25 日，我在民都洛岛南部的一座山里成了美军的俘虏。”（大冈升平，1998：1）和其他两部小说相比，《俘虏记》最为突出的特点是处处显现了主人公冷静客观的自我反省和状况判断的意识，在描述身处极端处境中的人的生存状态方面具有浓厚的存在主义倾向。在战争期间，每一个士兵都受到"不活着忍受俘虏之辱"的战场训导的束缚。在这样的社会通行理念下，《俘虏记》是一部罕见的作品，也只有在战后精神得到解放、军国主义势力消除的大背景下才可能创作和发表。这也是《俘虏记》被称为符合战后时代特征的"战争文学"的原因。

《俘虏记》讲述身患疟疾的士兵"我"在菲律宾西南的民都洛岛南部的山中被队伍抛弃，自杀失败后最终被美军俘虏。小说以精准的笔法、冷静且富有逻辑的语气描写了处于极限状态下的人物的心理和行动，接近自然科学式的描述法。语言风格清晰明了，没有丝毫的暧昧感伤。秩序感的崩溃、个人利己主义的彻底暴露、对死亡的憧憬和求生的本能这两种相悖却共存的愿望、人性的紧张和分裂等充斥了整部小说，向读者展示了一个处于极限状况下的人物张力十足的内心世界。"我"在败走途中偶遇一名美国士兵，当对方毫无戒备地走上前时，本来打算射杀的"我"最终没有扣动扳机。而此时由于四周响起了机关枪的声音，美兵没有发现"我"就跑了。以这场体验为动机，大冈升平将没有扣动扳机的心理放大描写，重点分析"为什么没有扣动扳机"这一偶发问题。这一段描写极为细腻深入，主人公不断回想曾经的情景，反复思量，树立各种假说，而后又加以否定，犹如迷失在内心的迷宫里。自问自答式的理论追踪，让读者感受到了作为一种存在体的"人"的危机感，从而引发共鸣。虽然小说是由作家自身的体验构建而成，但是具备与"私小说"不同的视角和性质，是一部兼具现实主义和客观性的作品。小说从结构来看并不规整，甚至可以说只是一部报告文学式的作品。但是，上述的这段内容具有高超的文学描写价值。从没有射杀一个年轻的美国士兵的表象事件，作家挖掘出了父性情感、人类之爱、命运之偶然、对自我生存的绝望等等渺茫失落的深层心理。

随着时间的推移，在清楚地看到战争结局的同时，主人公也对自身感到了绝望，因为丝毫没有对这场愚蠢的战争进行过抗争："我已不再相信日本会胜利。我憎恨使祖国陷入绝望战争的军部。

我既然没有舍身阻止他们而任其所为，如今我觉得就连抗议他们给予自己命运的权利都没有了。我感到滑稽的是，一介无力的平民和手中握有暴力工具的一个国家专政机器，怎能处于平等的地位？如今，面对着的是为这种毫无意义的死所驱使，自己又是这样的拙劣和无能；而为了不至于让他人嗤笑，又不得不这样去做。”（大冈升平，1998：5）而这样的思考接下来又立刻转变成了对死亡的恐惧、虚无感、由死亡的观念带来的某种快感等方面的描写。从是否要射击一个美国士兵开始，大冈升平借助主人公展开了关于战争的一系列思考。人类在进行一种行为的时候内心会泛起种种思绪，更不要说置身于战争这样一种极限状况之下了。大冈升平在小说中对于军部的批判，以及之前对于太平洋战争没有做任何反抗的自己的自我批评等等，时至今日都没有褪色，具有很大的意义。

日本战败后的 1946 年，萨特主张的“介入文学”思想对战后日本文学界产生了很大影响。日本的战后派作家们按照各自的方法，将存在主义文学倾向向社会扩展，力图反映战后日本社会的危机意识。日本存在主义文学的基本内容首先是反映人的命运被战争蹂躏和被政治主宰，完全丧失作为人的资格和价值；其次是探讨人的自由问题。日本存在主义作家基于战争的历史教训和思想体验认为：关系人的存在的根本问题，是“人的自由问题”。为了寻回在战争中丧失的自我，就必须重新探讨人的自由问题。只有自我享有充分的自由，才能重新确立人的主观能动性。这种对人的自由的追求，带有对战争和战后现实的否定含义，以及对人们掌握自我命运的鼓励作用。大冈升平的《俘虏记》可以说是存在主义在战后流行的背景下的一次创作尝试。

5 写实主义视角的战争认知——梅崎春生的《樱岛》

梅崎春生出生于福冈县福冈市，昭和 11 年（1936 年）进入东京大学文学部国文学科。昭和 14 年（1939 年）在杂志《早稻田文学》"新人特集号"上发表小说《风宴》。小说主人公"我"（作者的化身）感受到了当时军国主义的政治形势和作家主体性的动摇，试图忘却曾经脱离民众运动的经历，开始陷入一种颓废的状态中。主人公在受到社会现实打击的同时，微微宣泄着对现实的不满。梅崎春生在创作小说之初，已经显现了他作为左翼作家转向者的面目。其目的不是为了某种伪装或是逃脱罪责，而是为了表达阴暗时代里作家的切身感受。梅崎春生的这种姿态一直延续到了战后。梅崎春生没有劳动运动的实践经历，他是作为一名旁观者，在政府和军队势力的压迫下，道出了一个文学家的心声。作为一名作家，梅崎春生在剖析自我的探索中度过了迷茫的青春时代，其作品大都是这类情绪的告白，并且流露出作为一名作家的良心体现。梅崎春生的文风显得中规中矩，他非常严谨地学习并具备了大正期作家心境小说的文体和技巧，某些方面类似于丰岛与志雄、宇野浩二和广津和郎的语气。梅崎春生在战后以一部《樱岛》跻身战后派作家代表行列，中野好夫①曾将梅崎春生与椎名麟三、野间宏、中村真一郎进行对比后评论道："（梅崎）在（小说）技法的完成方面，踏实可靠、没有错漏。在这一点上我对于他的未来抱有极大的不安。"（久松潜一等，1968：140）中野好夫的预言在某种程度上成为了现实。战后文坛要求作家具有鲜明的轮廓和特点，像椎名麟三的存在主义风格、野间宏的共产主义构想，还有中村真一郎的虚荣时尚风格，都得到了批评家们一致的认可和好评。只有梅崎春生的作品独守一方结构工整、情节平淡无奇的小说世界。他的作品中保留了许多其他作家在创作前轻易抛弃的、不确定的情绪上的感受，并且在此基础上营造出梅崎春生自己的文学意境，而且还使用巧妙的小说结构将其连缀起来，在描写人生虚无的内容中体现作家达观的人生态度。

在战后派文学中有相当一部分作品是描写作家切身的"士兵体

---

① 中野好夫（1903—1985），评论家兼英国文学研究者和翻译家，同时也是活跃于日本战后文坛的文艺批评家和社会批评家。

验"。这些作品遵循战前以来的写实主义传统，将作家自身的战场体验作为描写对象，对战争本身没有表现出明确的评判态度。梅崎春生的短篇小说《樱岛》（1946 年 9 月）描写的是临近战败时期，驻扎在樱岛的密码部队的一名下士官在意识到死亡迫近的虚无感中，一边与此抗争，一边想方设法保护自己的故事。小说中两类人的心理状态形成了对比：一种是对战争持有疑义、每天与死神擦肩而过的知识分子士兵的苦恼，另一种是战败前数日因敌机扫射而死的四十多岁的补充兵所主张的"灭亡之美"。小说中描写了濒临死亡的下级兵士百无聊赖、郁郁不乐的心绪以及主人公面对死亡迫近时的紧张状态。通过情报得知冲绳战败的樱岛在临近战败之时，成为了美军战斗机轰炸的最前线。村上兵曹（以梅崎春生为原型）的苦恼覆盖了小说全篇，最典型表现在以下场景：

> 我闭上了眼睛。心脏在剧烈跳动。我用手掌支撑着下颚。因为脸上有尘土的缘故，手感粗糙。脑袋隐隐作痛，一直在琢磨一件事。
>
> 死亡并不可怕。不，也不是不可怕。明确地说，我讨厌死亡。但是，如果无论如何必须一死的话，我想选择自己认可的死法。——像现在这样在这个岛上，和这里虫子一般的男人们一起，像弃猫般地死去，这样岂不是太惨了！有生以来，没有享受过真正的幸福，辛辛苦苦拼命努力至今，然而所有一切都埋进了泥土里。可是，那样不也挺好嘛！那样不好吗？我不禁对吉良兵曹长说：
>
> "吉良兵曹长，如果死的话，我只想死的那一刻好看些。"（黑古一夫，2005：96）（笔者译）

事实上，在残酷的战场上无论如何死去都不会是"好看的死法"。村上兵曹也就是梅崎春生在小说中当作似乎是有两种死法在讨论，或许不这样说的话，就无法安然度过时刻面对死亡的战场极端环境吧。我们只能认为这是作家梅崎春生一种悲凉无奈的愿望。

《樱岛》中有一段文字，描述了村上兵曹听到天皇战败宣言时留下了眼泪的情形：

走出战壕，只见夕阳明亮地映照在海面上。一路看去，是逐渐褪色暗淡的黄昏景致。吉良兵曹长站在道路的尽头。悬崖之上是笼罩在落日余晖下的樱岛山。漫步前行间，树丛中隐约可见的被染上深浅红蓝色的山体犹如天堂美景。我在石子路上加快脚步追赶吉良兵曹，突然一阵灼痛眼睑的热泪从我眼中流淌出来。我不停地擦拭，泪水还是不断地滴落下来。风景在泪水中扭曲分裂。我咬紧牙关，抑制住涌上喉头的哽咽继续走着。脑海中出现了各种各样的景象，很难分辨具体是什么。是悲伤吗？我不知道。只有泪水不断涌上眼帘。我捂住了脸，跟跟跄跄一步一步走下山坡。（黑古一夫，2005：97）（笔者译）

村上兵曹长也就是梅崎春生所留下的眼泪，或许就是从死亡同时也是从战争和军队当中挣脱出来后涌上心头的喜悦泪水吧。可以说，梅崎春生的《樱岛》真实地反映了战场经历的过程，运用了传统私小说的手法，客观冷静地描述了死亡迫近眼前的极限状况下人物的内心活动，其中没有过多针对战争本身的评价，主要是个人情绪的描写和渲染，在夏日樱岛的背景下探索着人类存在的虚无感。

6 结语

战后派作家的大部分都曾参与战争，虽然都有一定的反战思想，但存在身为局中人的局限。除了像野间宏这样有过左翼活动经历的作家始终保持对战争和军队的强烈反感和抗议外，其余作家虽然反感自己的战争经历，对非人性的战场体验深恶痛绝，但是并没有站在更高的角度反思和批判战争，特别是对战争的制造者和驱动者缺乏清醒深刻的认识。他们更多地沉浸在个人悲惨遭遇的回顾当中，以及对处于战争极限环境下人类生存状态的剖析上。笔者认为造成战后派作家以上战争认知的原因有三：

一是日本社会各阶层普遍未曾确立近代化自我的意识。自上而下实施的明治维新促使日本顺利而快速地走上了近代化的道路，同时由于先天的不足，日本社会体制、文化、思想等各个方面还存有浓重的封建残余。日本民众尤其是知识阶层的近代化个人独立意识确立遭遇强大阻力，作为日本半封建制度象征的"天皇制"的留存加剧了确立的难度。文学家如果要从文学方面追究天皇的战争责任，那么首先要和扎根于自己内心的"天皇制"半封建因素做斗争，只有这样才能够否定天皇制，才能打开确立近代个人独立意识的道路。战后派作家的作品恰恰反映了这种斗争的各个层面：有的清醒，有的疑惑，还有的依然迷茫混沌。

二是日本近代文学传统中主张社会与文学剥离的"纯文学"理念的影响。近代以来文坛通行的"纯文学"概念，是指与通俗文学和大众文学相对立的、不迎合读者的、围绕纯粹的艺术感兴创作的作品。"纯文学"理念的确立，是在遵循写实主义文风的日本近代自然主义文学运动中确立的，和传统的"私小说"性质的要素多有关联。其主要特征是以作家自身生活为蓝本的朴素小说的模式，虚构成分极少体现。"私小说"作家通过反复深挖自身生活以求达到作品内涵的丰富性。一般说来，"私小说""心境小说"与"本格小说""第三人称小说"相对。"本格小说"指客观描写社会现实，具备现代小说应有结构的小说。而"私小说"是作家最直接暴露自我的自叙小说，其艺术基础在于"私（个我）"，没有其他的假托对象，只是率直地表现"个我"，这是"私小说"的艺术精髓，也是其最基本的文艺形式。总而言之，在封闭的文坛当中，和作家私生活结合的"纯文学"理念在昭和 7 年（1932 年）固定下来。日本战后的昭和 36 年（1961 年），平野谦在文章《寄语〈群像〉十五周年》（《朝日新闻》昭和 36 年 9 月 13 日）中提到：战后文学史是既往纯文学理念逐渐崩溃的过程。这一观点引发了文坛大讨论。日本战前也曾出现过与社会政治结合的无产阶级文学，但是在传统文坛"纯文学"理念强大的阵容中引起了诸多争议，甚至一直持续到战后。所以战后初期的战后派文学依然残留有私小说传统的影响，在小说当中的战争反思和批判更多地局限于作家自我的体验以及身边的人和事，没有将个人经历和民族、国家乃至世界范围的相关事件联系起来，虽然有些借助了战后流行的西方存在主义等观念，但最终大都沉溺于个人情绪的宣泄和表达。"私小说"在战后一度被否定和超越，但大部分战后文学中的战争文学作品都是以作家个人经历为蓝本，有着浓厚的"私小说"的影子，当然在描写事件的社会性、时间和空间的跨度上、对人物的平面描写上都有所突破。

三是日本自古以来注重人物内心反省、内心世界细腻描写的日记文学传统，在战争小说中得到了更为广泛深入的应用，而且日记文学传统和流行于战后的西方新心理主义、存在主义等新兴理念相结合，呈现出更为强大的文学生命力。这一传统使得战后派的作家们在面对具有强烈冲击力的战争体验时，更乐于从人物的内心世界探究外部世界的影响力，追寻人物心理的微妙变化，以及带给人物外部言行的痕迹。作品中体现的内省性质和细腻文风，都带有明显的日本文学传统特色。

战后文学对于战后读者受众的影响，也是战后文学的意义所在。虽然大部分作品缺少强有力的、有针对性的反战意识，但对于唤醒民众对战争的认知起到了积极作用，可以说是一个良好的开端。

参考文献

[1] 長谷川泉. 1976. 戦後文学史[M]. 東京：日本明治書院，6-7.

[2] 大冈升平. 1998. 大冈升平小说集（上卷）[M]. 東京：作家出版社，1，5.

[3] 黒古一夫. 2005. 戦争は文学にどう描かれてきたか[M]. 東京：東京八朔社，96-97.

[4] 久松潜一等编修. 1968. 现代日本文学大事典[M]. 東京：日本明治书院，140.

[5] 野间宏. 1970. 戦争小説について[A].《野間宏全集》第 14 卷[C]. 日本筑摩书房，261.

[6] 野间宏. 1970.『真空地带』を完成して[A].《野間宏全集》第 14 卷[C]. 东京筑摩书房，278.

[7] 本多秋五. 1966. 物語戦後文学史[M]. 東京：新潮社.

［8］本多秋五. 1971. 戦後文学の作家と作品［M］. 東京：冬樹社.

［9］大冈升平. 1998. 大冈升平小说集（上下卷）［M］. 東京：作家
　　　出版社.

［10］大久保典夫等编集. 1977. 戦後文学論争 上下卷［M］. 東京：
　　　番町書房.

［11］福井绅一. 2016. 重读日本战后史［M］. 王小燕、傅颖，译.
　　　上海：生活·读书·新知三联书店.

［12］高崎隆治. 1986. 戦争と戦争文学と［M］. 東京：日本図書セ
　　　ンター.

［13］黒古一夫. 2005. 戦争は文学にどう描かれてきたか［M］. 東
　　　京：八朔社.

［14］李德纯. 1988. 战后日本文学［M］. 辽宁：辽宁人民出版社.

［15］武田友寿. 1980. 戦後文学の道程［M］. 東京：北洋社.

［16］西田胜编. 1983. 戦争と文学者［M］. 東京：三一書房.

［17］小森阳一. 2004. 天皇的玉音放送［M］. 陈多友，译. 生活·读
　　　书·新知三联书店.

［18］野间宏. 1987—1988. 野間宏作品集（全 12 卷）［M］. 東京：
　　　岩波書店.

［19］长谷川泉. 1989. 日本战后文学史［M］. 李丹明，译. 北京：
　　　生活·读书·新知三联书店.

［20］佐々木基一. 1970. 戦後文学の内と外［M］. 東京：未来社.

　　本论文获得 2020—2022 年度北京市教育委员会社科计划一般项目“日本战后文学视阈下的‘战争认知’研究”（SM202010009005）的资助。

彼得一世改革与俄国贵族体制发展

首都师范大学　　王逸凡

　　摘　要： 俄国的贵族经历了长期的发展，在 18 世纪前一直履行着服役的义务，虽然贵族担任着重要的官职，但身份仅仅只是沙皇的仆役。彼得一世改革也包括大量针对贵族领域的改革，在这一时期贵族被强制要求服兵役、接受教育、学习欧洲的生活方式，在这之后贵族形成了一个独立的社会等级与普通民众区分开来。教育的改革为贵族提供了良好的学习机会，贵族的文化程度有了极大的提高。

　　关键词： 俄国贵族　彼得一世　改革　服役　教育

1 引言

　　俄国贵族的历史最早可追溯至基辅罗斯时期，他们在不同的历史阶段有着不同的称呼。18 世纪初，彼得一世为了实现现代化目标，对国家各个领域进行了大规模的改革，其中也包括对贵族制度的彻底改革。改革涉及服役、教育和日常生活等方面，在这一过程中，贵族相较从前发生了巨大的转变。

2 俄国贵族的起源与发展

在彼得一世改革前，俄国历史上先后出现过波雅尔（Бояре）和服役贵族（Дворяне）两种对国家上层阶级的称谓。二者出现的时间不同，地位不同，在历史发展的过程中二者的差距逐渐缩小，最后合二为一，被统称为贵族（Дворянство），也就是今天我们所说的俄国贵族。

2.1 早期的俄国贵族

在俄国，贵族阶层的起源可以追溯至基辅罗斯时期，那时还没有贵族这一称呼，最早的贵族，身份实际上是王公的亲兵（Дружинник）。"贵族是王公的亲兵，王公和亲兵双方在协商的基础上结成了相互依赖、享有充分自由的契约关系。"（张宗华，2013：3）862 年，应东斯拉夫人的邀请，瓦良格人留里克三兄弟来到诺夫哥罗德管理斯拉夫部落，跟随着他们来到这里的除了家眷便是私人亲兵。"一般来说，在与王公的行动直接相关的任何特殊的、例外的情况下，都会有普通亲兵的出现。"（Мининкова Л. В.，2004：46-51）这些亲兵并不是从属于王公或者必须效忠王公的臣子和仆从，而是自由服役的军人，他们来去自由，如果他们不认同自己的王公的行为，可以选择为其他的王公效力。也正是因为这些亲兵流动性高，很少会在一个地方定居下来，他们就没有占有土地。

公元 9—10 世纪，王公亲兵中的首领演变成了波雅尔，他们拥有了这个代表勇士的称号，也成为了城市最高权力机构"谓彻"（Вече）的主要成员，也就是城市的管理者。但是波雅尔的称号无法通过世袭获得，要根据个人的能力以及对王公的忠诚来获得。11世纪后波雅尔已经能够从王公的赏赐中获得土地，逐渐成为土地所有者，形成了波雅尔贵族阶层。进入封建割据时期后，基辅罗斯内部分裂，若干封国林立，这个时期的贵族是占有土地的自由仆从，其中军事职能最为重要，在战争期间必须带领自己的军队跟随王公战斗，还担任着行政和经济职务，波雅尔杜马还能够参与王公的重大决策。但是他们仍然可以在对王公产生不满的时候，自由出走改换门庭。

除了波雅尔贵族，彼得一世改革前另一重要的贵族群体为"服役贵族"。这一词汇最早出现在 12 世纪末的历史文献中，源于"宫廷""庭院"（Двор）。12 世纪末，在拉夫林杰夫的编年史中出现了表述服役贵族的词汇，当时的称呼是"私人的受惠者"（Милостьники）。М.Н.季霍米罗夫指出他们是王公的特殊类型的仆从，他们在王公的宫殿中直接从事经济事务，职务首先是管家和仆役。在 13 世纪"私人的受惠者"这个称谓被"服役贵族"所取代。

М. Б. 斯维尔德洛夫认为，"贵族"这个词等同于"宫廷的仆役"，贵族是国家行政机构的成员，还是土地以及土地上的人民的所有者。"作为社会范畴的贵族也是在不断发展演变的，从王公宫廷的仆役发展到公国民政机构的成员、武装的仆役、王公的亲兵。12—13 世纪由于服役他们获得土地、农奴，并成为公国内外政策的有力支柱。从王公那里获取土地的波雅尔、波雅尔子弟是贵族上层，他们依然保留着出走的权利。"（张宗华，2013：49）贵族成为王公执行内政和外交政策的中流砥柱。

2.2 莫斯科公国时期的贵族

15 世纪末，莫斯科大公为加强中央集权，开始限制波雅尔贵族出走的权利，大力扶植服役贵族，使之足以抗衡波雅尔势力。16 世纪伊凡四世创立了特辖制，建立了一支由那些为他服役的人组成的特辖军，他们的职责就是消灭那些被沙皇视为敌人的人。在恐怖的统治之下，波雅尔受到了残忍的打击，服役贵族的地位逐渐取代了波雅尔。虽然服役贵族的地位大幅提高，"但是服役人员处于沙皇专制政府的绝对控制之下，而这种控制又是通过门第制和领地制度得以实现的"（张宗华，2013：63）。伊凡三世时期，莫斯科公国所有的服役王公和波雅尔贵族被载入了门第表，门第表清楚地记录着某人的家族地位以及他在家族中的地位，这就是门第制（Местничество）。门第制是任命官员的依据，在这项制度之下，选拔官员不看个人能力和经验，只看家庭出身。由于 16 世纪后波雅尔再也无法自由出走，也就不再存在自由服役，服役也就成为了义务，国家赏赐给波雅尔及波雅尔子弟部分土地作为封地，防止他们逃避服役。此后封地与世袭领地渐渐合并，占有土地与服役结合了起来。

贵族与波雅尔都是王公统治时期兴起的封建主阶层的代表，他们都在王公的身边服役，但是他们有着不同的权力和地位。波雅尔的出现早于贵族，并且在长达六个世纪的时间里处于更高的地位。波雅尔是基辅罗斯时期王公亲兵的首领的后代，拥有自己的土地，他们中最有威望的人进入了波雅尔杜马，担任王公的顾问、参谋，参与公国事务，可以自由出走另择新主，在莫斯科公国时期他们的势力甚至会威胁到君主专制。而贵族则没有波雅尔那般显赫的出身，他们最早是掌管王公宫廷事务的仆役，在没有王公允许的前提下无权选择离开，最初的地位低于波雅尔及波雅尔子弟，16 世纪以后他们的存在有利于中央集权，依靠卓著的功勋使得地位不断提高。

在 17 世纪初，波雅尔与服役贵族的差异逐渐消失，所有的服役人员结合为一个贵族的整体，逐渐融合为一个服役贵族阶级。但是在门第制的作用下，贵族之间由于不同的出身和不同的地位经常出现矛盾，存在着敌对的关系，无法形成团结的整体。

在 18 世纪以前，贵族是沙皇的服役人员，也就是沙皇的仆役，并不是特权阶级，他们既拥有土地，又要为国家服役，国家的重要官职几乎都由贵族担任。但是对于国家来说他们只是官员，而不是国家的上层阶级。并且，贵族的受教育程度落后，文化水平很低，行为举止粗鲁，与平民并无二致。俄国贵族的这些特点与俄国的历史相关，俄国在一段时间内与欧洲文明隔绝，没能参与到西欧社会的文艺复兴、启蒙运动与宗教改革中。在彼得一世 1698 年结束出使欧洲回国以后，贵族的状况在彼得一世的改革中发生了巨大的改变。

3 彼得一世针对贵族的改革措施

17 世纪末，欧洲正处于经济和技术飞速进步的时代，新航路开辟后航海贸易十分发达。然而当时的俄国在经济、政治、军事和文化方面都落后于西欧，并且常年与土耳其在亚速海战事胶着。"那些较不盲从、较有远见的俄罗斯领导人很快就看出他们的经济和技术上的落后是对自己的国家安全的一种无法容忍的威胁。"（斯塔夫里阿诺斯，2006：547）年轻的彼得一世想要改革的决心不断增长，为了改变俄国的面貌，提升俄国的实力，他在 1697 年组织了一个去往欧洲学习的使团，他自己则使用化名随团一同前往。从欧洲归来后，雷厉风行的彼得一世将自己在欧洲的见闻和所学带到了俄国，立刻进行了大刀阔斧的改革。

3.1 强制贵族服役

在推行军事改革、加强陆军建立海军的同时，彼得一世认为应当凝聚起所有阶层为国出力，为国家服兵役，尤其是贵族。彼得认为自古以来俄国贵族就有为国服役的传统，俄国军队的官员也大都出自贵族。彼得一世要求贵族必须服军役，从 15 岁起就要进入军队服役，期限是终生，如果因伤病不得不退役，也要履行其他的义务。他规定服役是贵族晋级军官的唯一途径，所有的贵族必须从最底层做起，根据军功逐级晋升，禁止直接晋升军官。根据规定，贵族家庭只有三分之一的人能够担任文职，以保障贵族参军的人数。

彼得一世颁布了法令，鼓励告密，严惩逃避服役的贵族，不仅没收领地还会将名字公诸于世。为了强制贵族终身为国效力，彼得一世还颁布了两项有关贵族的法令，分别是《一子继承法》和《官秩表》。这两项法令使强制服役制度得到了最终确立。

3.1.1 《一子继承法》

1714 年 3 月 23 日，彼得一世颁布《一子继承法》。该项法令借鉴英国《长子继承法》，规定贵族的所有不动产也就是土地只能由一个儿子或女儿继承，这名子女可以任意指定，而其余子女则没有继承权。其余子女往后只能通过服役获得土地和薪资，无法再投机取巧逃避服役。

1715 年彼得一世又颁布法令，规定没有获得不动产的贵族子女必须从事 7 年军职或 10 年文职、经商或者从事其他行业满 15 年后才能购置田庄、店铺，而且丈夫不得以妻子的名义非法购买，也无法以嫁妆的形式获得，这一规定大大杜绝了这些人不劳而获的行为。

16—17 世纪的领地制度是国家土地所有制，服役人员在服役的前提下获得土地，但不可以将其出售、转让和继承，一旦不再服役就会失去土地。割据时期建立起来的贵族世袭领地不是通过服役获得的，贵族有权自由处置土地，也能够世代相传。《一子继承法》颁布后，"它在法律上实现了领地和世袭领地之间的平等，把两者的实际融合固定下来，并接受统一的法律支配，称为'不动产'"（张宗华，2013：300）。1714 年开始赏赐的领地和世袭领地的差异逐渐消失，都成为了可继承的私有财产，也避免了贵族家庭的财产分割导致领地一代一代缩小、分散，土地继承的规则更加简单，促进了贵族等级的形成。

3.1.2 《官秩表》

彼得一世改革后，俄国旧的官僚制度已经无法满足当下国家行政的需要，1722 年 1 月 24 日彼得一世颁布了《官秩表》(Табель о рангах)，以立法的形式确保论功取仕的原则，打破门第制的约束，使非贵族出身的平民也能够通过为国家服役获得贵族地位。

《官秩表》把俄国所有的官员划分为 14 个等级，不再使用旧的等级和头衔，每个人都要从最低级的官职逐步晋升，贵族的身份没有特权。不论出身，只要升至 8 级即可成为世袭贵族 (Потомственное дворянство)，9 级及以上成为终身贵族 (Личное дворянство），但终身贵族称号不能世袭。另外，如果贵族犯下严重罪行，就会被剥夺贵族的头衔。

《官秩表》为国家各个阶层的人提供了晋升的机会，尤其是让平民阶级有了向上发展的道路，完善了俄国的选官制度。而且这一制度荡涤了贵族内部纨绔子弟懒散、不思进取的风气，"彼得希望他的体制能中和世袭特权。一个出身贵胄之人在没有达到一个公职位阶使他享有贵族的权利之前，将不获事实承认"（乔纳森·迈尔斯，2019：64）。若不通过服役获得官职，贵族的称号也就宛若空壳。

3.2 强制贵族接受教育

18 世纪前俄国贵族受教育程度很低，"除了宗教人士以外，大部分人都不识字，就算是上层贵族也有将近 50%的人不识字，女性文盲率则更高"（曹梦婷，2017）。彼得一世认为要想实现富国强兵的目的，就一定要在俄国兴办教育，学习先进的科学技术。当时俄国对人才的需求很大，担任重要官职的官员主要都来自于贵族，贵族的文化程度与国家的发展息息相关，需要将他们培养成专业精英为国效力，因此贵族教育改革随即开展起来。

3.2.1 开展学校教育

为了提高贵族的文化水平，满足国家对人才的需求，彼得一世开办了许多学校，要求贵族进入学校学习。在彼得一世统治之前，俄国的学校大多数是教会创办的，主要目的是培养神职人员，整个国家没有大学和中学，贵族对于教育并不关心。对此彼得一世规定贵族必须接受教育，并开展学校教育。"从彼得大帝开始，政府就非常重视正在成长的一代贵族的教育和培养。在 18 世纪，形成了贵族教育体系，枢密院预先检验初始的水平，再决定这些儿童进入哪些学校或者进行家庭教育。"（张宗华，2013：151）彼得一世创办了众多专业学校，以培养贵族子弟为主，如 1701 年在莫斯科创建了数学与航海学校，海军军官和陆军军官都由这所学校培养，1715 年，这所学校迁入圣彼得堡，组建了圣彼得堡海军学院，莫斯科航海学校的学生和教授都被调入这所学院，同年彼得一世规定未成年的贵族子弟进入圣彼得堡海军科学院学习，除此之外没有其他的选择，学校管理也十分严格，后来这所学校为俄国培养了许多优秀的海军学员。发展海军是彼得一世改革的重中之重，他"希望贵族子弟学会海军技术，认为国家最可靠的主要根基就在于海军"（张宗华，2013：151）。

18 世纪初彼得一世陆续建立了国防学院、外交学院、炮兵学校、外语学校、算数学校、医学院、工程学院，强制贵族子弟进入学校学习，不顺从的人会被严厉惩罚。在《官秩表》中，受教育程度也是官职晋升需要参照的标准，文化水平高的贵族才能被提拔。

3.2.2 派年轻贵族出国留学

除了在国内创办实用专业学校以外，彼得一世还将贵族子弟派遣到欧洲留学，学习先进的科学技术和文化艺术。例如航海学校的优秀学生就会被送往欧洲深造，归国后担任海军军官，提高军队的专业素质。在这之前俄国因缺少军事人才，不得不任命一些良莠不齐的外籍水兵作军官。同时，为了提高俄国学校的教学水平，彼得一世从欧洲引入大量人才到俄国学校任职，莫斯科数学与航海学校的教授亨利·法夸尔森就是来自苏格兰的数学家、航海学家，这所学校的建立也离不开他的指导，在他调到圣彼得堡教学的几年里，"有 215 名军官从海军学院毕业并被授予俄国海军军衔。这些人当中不乏为俄国做出重要贡献的海陆军高级将领及水文地理学家、制图家，如俄军统帅米哈伊尔·戈里钦公爵，海军上将谢·伊·莫尔德维诺夫，海军上将格·安·斯皮里多夫，海军上将、水文地理专家、制图家、海军军官学院第一任校长阿·伊·纳加耶夫，第一位为里海水文地理做精确描述的费·伊·索伊莫诺夫，著名极地探险家、欧亚大陆最北角的发现者谢·伊·彻留斯金等"（吴贺，2018：256）。

3.2.3 开展贵族女性教育

贵族男子接受的教育十分全面，不仅文理知识都能学到，还可以进入学校学习专业技术，甚至出国深造。相比之下，贵族女子的教育与男子截然不同。

17 世纪俄国女性几乎没有接受教育的机会，在彼得一世教育领域的改革开展的过程中，也包括了女性教育。女性在一个家庭中承担养育下一代的责任，她们的文化和教养会潜移默化地对后代产生影响，所以实施女性教育很有必要。一些开明贵族提出过让女性也接受教育，"1713 年费多尔·萨尔蒂科夫提议建立女子学校，教授阅读、书写、法语、德语、针线活、舞蹈等科目，这样俄国女性就与欧洲女性一样了"（朱川豫，2014：155）。但多数父母并不愿意把金钱和精力付出在女儿的教育上。彼得一世规定："不识字的、甚至连姓氏都不会写的贵族女孩不允许婚配。"（Рябова H. H.，2010）贵族女子的婚姻也就和受教育程度联系了起来。

贵族女子接受的教育并不是实用科学教育，因为她们不需要成为专业人才，只需要成为家里的贤妻良母。所以贵族女子学习的是基本的读写知识，她们大多数是在家里学习，由从国外聘请的老师教授她们，除了读写，还会学习外语、音乐和舞蹈。皇储伊丽莎白公主，也就是彼得一世的女儿，就跟着法国的芭蕾舞教师学习芭蕾。

虽然彼得一世改革时期，贵族女性的教育引起了重视，并且有所改观，但是这个改变不够彻底，这个时期的贵族女子依旧没有在学校接受教育的机会，政府并没有为贵族女子提供完善的教育体系，她们对实用的知识依旧一无所知，最终依旧要被培养成与外界隔绝的家庭妇女。直到叶卡捷琳娜二世时期，妇女教育改革才得到了真正的发展。

3.2.4 有限推行平民教育

1714 年彼得一世颁布了普及世俗教育的法令，在各个城市建立中小学校供平民子女读书学习。但是平民子弟接受的教育是无法与贵族子弟相提并论的，平民子弟只能接受普通的初等教育，是无法进入海军学校这类学校深造的，专业学校最开始招收的学生不限于贵族，还招收平民子弟，后来都只面向贵族开设，贵族也很排斥和平民子弟在一起学习，还设立了一些贵族学校，甚至"由于俄国社会的等级制和向贵族阶层的倾斜政策，在贵族学校欣欣向荣时期，其他阶层的学校勉强生存"（李小桃，2009：110）。贵族子弟无论是接受教育的条件还是教育内容的先进性，都是优于平民子弟的，"贵族阶层在接受西方文化教育的同时，广大的平民仍然生活在中世纪的文化氛围之中"（朱川豫，2008：211）。

3.3 引入欧洲生活方式

彼得一世在欧洲亲眼见到了欧洲贵族前卫的服装和高雅的生活方式，在德国，"俄国人误把德国式紧身胸衣的鲸鱼骨当作肋骨，彼得亲口评论说德国女士们有着过分坚硬的骨头"（乔纳森·迈尔斯，2019：15）。在荷兰，"荷兰共和国的现代性刺激了一位君王，他到了一定时候将与老路决裂"（乔纳森·迈尔斯，2019：17）。他感受到在文化和生活方式上，俄国远远落后于欧洲，于是回国以后他将欧洲贵族的生活方式强制带入了俄国上流社会，想要使俄国贵族的面貌焕然一新，达到外观和行为方式上的欧洲化。

3.3.1 改变外观

首先，彼得一世要求贵族从外形上改变，禁止继续留着大胡子，他甚至亲自拿剪刀剪掉大贵族的胡子，不仅是贵族，全国上下都应当遵守剪胡子的政策。但是在当时，俄国的男性认为胡子是身上最重要的部位，是上帝赐予的装饰品，许多人十分抗拒这项规定。但是彼得一世的决心十分坚定，他提出除神职人员外，不剪胡子的人需要缴纳胡须税，并以一枚铜牌作为已经缴税的依据。在繁重的胡须税的压力下，许多人不得不剪掉了胡子。另外，彼得一世不许人们再穿传统的俄式长袍，禁止裁缝制作也禁止商人出售，要求所有人穿西式服装，"从 1700 年 8 月 26 日起，他下令让贵族、商人穿法式和匈牙利式的服装，并且要求商店门前摆起身着法式和匈牙利式服装的稻草人模特，作为人们穿衣的样板。俄罗斯军队的服装也按照欧洲国家的军服做了改变"（任光宣，2007：91）。

3.3.2 强迫贵族说外语

除了外观上的改变，彼得一世还要求贵族必须说外语，他甚至命令参议院的议员"不准像市场上的女人那样大喊大叫"。当时会说外语能体现贵族身份的优越性，用外语交谈也成为了礼仪，如果不会说外语是一件非常有损身份的事，因而贵族子弟必须学习外语，尤其是法语。但是，这种崇尚说外语的风潮导致了贵族俄语能力的退步，他们精通法语，却无法书写出俄语，甚至贵族说出的俄语都是跟自己的仆人学来的。

3.3.3 教导上流社会礼仪

彼得一世还出版了一本针对贵族子弟礼仪和行为的指南，名为《青年明镜》（Юности честное зерцало），指导贵族子弟学习欧洲上流社会的礼仪，在当时风靡一时。书里面对贵族男女如何成为高雅的贵族提出了非常具体的要求，比如进餐的时候擦嘴要用手背，后来有了餐巾就要求使用餐巾擦嘴，不许吸吮手指，不许用小刀清洁牙齿等，"还规定贵族子弟们待人应谦和、礼貌等。男性在公众场合应对女性表现出绅士风度，见到女性应起身脱帽致意，懂得谦逊礼让"（曹梦婷，2017）。这本书教导贵族子弟学习西方礼仪文化，规范了贵族子弟的生活和行为，提高了他们的教养。

3.3.4 要求贵族参加舞会

舞会作为一种正式的交际方式也被彼得一世引入了俄国。最开始举办的时候，贵族对舞会并不感兴趣。俄国的女性以前从来不会到外面抛头露面，彼得一世要求贵族女子参加舞会，并且不准戴着面纱出席舞会，在舞会上所有人都要穿欧式礼服，跳欧式的舞，"人们可以在舞会上洽谈事务、进行互利交易，舞会也是贵族们选择未婚妻的场所"（郑晔，2014：16）舞会逐渐成为贵族日常生活中备受欢迎的活动。

4 彼得一世改革对贵族的影响

贵族在彼得一世改革时期发生了很大的变化，贵族的地位与改革前截然不同。在彼得一世之前，贵族与平民和农民都被沙皇奴役，只是奴役的程度不同，从彼得一世的时代开始，贵族开始作为一个独立的等级与其他的人群分隔。《官秩表》颁布后，贵族内部的级别按官职的品级区分，因此，服役贵族和波雅尔贵族之间也就没有了按世袭的血统、门第区分的必要。最初彼得一世选用了一个外来词"Шляхетство"作为贵族的称号，贵族和波雅尔子弟统称为贵族（Шляхетство），"1712 年贵族（Шляхетство）这个称号才开始扩大到所有等级，1713 年以后宫廷人员再也未与上层官员分开。贵族（Дворянство）作为整个贵族等级称号的确定是在 18 世纪下半期，即 1762 年的《御赐全俄罗斯贵族特权与自由诏书》、1767 年的法典委员会成立和 1785 年的《贵族特权敕书》颁布以后"（张宗华，2013：125）。虽然贵族依旧受沙皇支配，但是贵族不再属于沙皇的仆役，而是成为了一个特殊的社会等级，比其他的等级高贵，各方面都与普通民众有了很大的区别。

《官秩表》中体现了论功取仕的原则，打破了传统的门第制要求的按门阀取仕的束缚，职位和位阶的晋升取决于能力，非贵族出身的人也能依靠才能成为贵族，贵族的数量大大增加，"1700 年俄国有 2.2 万—2.3 万贵族，连同他的家庭一共是 7 万人。1737 年有 5 万贵族，连同他的家庭一共是 15 万人，增长了共两倍"（张宗华，2013：190）。这样的选官方式和按品级划分的标准，使得传统的贵族开始有了危机感，加上《一子继承法》的实施，许多贵族子弟无法再享受祖荫带来的荣华，必须依靠读书、做官、服役谋求出路，这样就整顿了贵族内部游手好闲的作风。

彼得一世强制贵族接受教育，贵族的文化程度得到了显著的提高，接受教育的人数也明显增多，彼得一世创建的各类学校也为国家培养出了许多领域的专业人才，尤其是航海学校对人才的成功培养，间接促进了海军实力的提升。贵族的女子也有了接受教育的机会，虽然彼得一世统治时期针对贵族女子的教育体制并不完善，但是形成了良好的开端，在后世君主的时代得到了发展。

由于贵族受教育的机会和水平都远远高于其他阶层，因此贵族是当时主要的接受教育的阶层，贵族与平民之间的文化差距越来越大，"社会分裂为少数受过欧洲式教育的贵族和和继续保持传统习惯的广大民众"（曹梦婷，2017）。虽然生活在同一个国家，但是两个等级之间因受教育程度的差异导致了文化、思想和生活方式上的巨大隔阂，"用别尔嘉耶夫的话说，同是在一个国家里，贵族和农民之间的鸿沟具有 600 年的差距，俄国与欧洲文化的差异甚至还没有贵族文化和农民文化的差异大"（张宗华，2013.：242）。贵族是受欧洲化影响最大的阶层，贵族穿欧式服装，日常用外语交谈，行欧式礼仪，参加舞会举办贵族沙龙，摆脱了保守和落后的思想观念的桎梏。

但是彼得一世去世后，改革给贵族带来的负面影响日益突出。贵族身上背负着繁重的军役，政府的法令经常关注的只是贵族服役的规则和服役秩序，从不考虑贵族休假问题。由于服役，贵族的土地收入得不到保障，经济状况不容乐观，国家亦无力给予补贴。再加上频繁的战乱，令许多贵族军官身上带有严重的伤病，使得贵族对服役制度极为不满，他们渴望摆脱强制服役，由此引发了贵族大规模逃避服役的现象。彼得一世强制贵族服役的制度难以继续实施，1730 年安娜一世取消《一子继承法》，1731 年贵族服役期限缩减为 25 年，1762 年彼得三世颁布了《御赐全俄罗斯贵族特权与自由诏书》，取消了贵族的义务服役制度，大量贵族军官退役，俄国的军事实力也受到了影响。

5 结语

彼得一世强制贵族服役、接受教育、生活方式欧洲化的措施，使俄国贵族从外观到思想都受到了西欧文明的影响，并成为了一个独立的社会等级。在彼得一世强制贵族接受教育的政策下，许多贵族成长为了专业精英，一定程度上为彼得一世的强国之路提供了助力。虽然社会地位发生了变化，但是在君主专制不断加强的情况下，贵族依然受到来自沙皇的诸多限制。在 18 世纪中后期，贵族逐渐摆脱彼得一世定下的制度的束缚，为自己争取自由和权利。

参考文献

[1] Мининкова Л. В. 2004. "Дружинник домонгольской Руси: общественный статус и эволюция" Известия высших учебных заведений. Северо-Кавказский регион. Общественные науки, no. 2, pp. 46-51.

[2] Радугина О. А. 2014. "Специфика образования российского дворянства" Пожарная безопасность: проблемы и перспективы, vol. 2, no. 1(5), pp. 124-128.

[3] Рябова Н. Н. 2010. Эволюция женского образования в России в XVIII-XIX веках. 25. 03.

[4] 曹梦婷. 2017. 18世纪俄国贵族教育研究[D]. 哈尔滨：黑龙江省社会科学院.

[5] 金雁. 2015. 18至19世纪俄国贵族的"欧洲化"风潮[J]. 文史天地，12：10-13.

[6] 李小桃. 2009. 俄国的教育与俄罗斯知识分子的诞生[J]. 外国语文，5：109-112.

[7] 任光宣. 2007. 俄罗斯文化十五讲[M]. 北京：北京大学出版社，91.

[8] 【美】乔纳森·迈尔斯. 2019. 圣彼得堡：三百年的致命欲望[M]. 吴莉苇，译，上海：上海人民出版社，64。

[9] 【美】斯塔夫里阿诺斯. 2006. 全球通史：从史前史到21世纪（下册）[M]. 吴象婴、梁赤民、董书慧、王昶，译，北京：北京大学出版社，547。

[10] 吴贺. 2018. 彼得一世改革[M]. 北京：北京师范大学出版社，256。

[11] 张宗华. 2013. 18世纪俄国的改革与贵族[M]. 北京：人民出版社，3。

[12] 郑晖. 2014. 浅谈18—19世纪的俄罗斯贵族舞会文化[J]. 义化之窗，5：16-21.

[13] 朱川豫. 2008. 十八世纪俄罗斯上下层文化分离原因探究[J].

安徽文学（下半月），8：211-212.

[14] 朱川豫. 2014. 试论女皇叶卡捷琳娜二世妇女教育改革[J]. 俄罗斯研究，5：150-171.

娱乐语境下的机构性不满表达研究

北方工业大学　张瑞丽

摘　要： 不满表达是一种可能会威胁到对方面子的言语行为，娱乐语境下的不满表达具有特定的娱乐性机构任务，其表达策略、语用特征区别于日常语境，对人际关系的影响也有所不同。本文对娱乐语境下的机构性不满表达进行探讨，旨在考察其表达策略的使用情况，并分析其语用特征及其对人际关系的影响。研究结果表明，机构性不满表达多选用直接性的言语表达方式，交际双方具有合作性，使用的话语直接性较强、面子威胁程度较高的同时，侮辱性语言较少、玩笑性质较强，促进了积极的人际关系建构，体现了和谐-提升取向的关系管理模式。

关键词： 不满表达　机构性语言　人际关系

1 引言

不满表达作为可能会威胁到对方面子的一类言语行为（张惠芳、顾心玉，2013：41），会对人际关系产生负面影响，通常在生活中我们会尽量避免使用不满表达，即便使用也会通过一些言语策略，尽可能地维持良好的人际关系（赵金昌，2015：23）。近年来，对于劝诱、请求等言语行为的相关研究较多，而汉语中对不满表达的研究比较少（张惠芳、顾心玉，2013：41）。对不满言语行为的研究主要涉及礼貌原则与面子保全理论（赖毅生，2004：77），以针对生活中的不满表达策略研究为主。例如，以汉语母语者和汉语学习者为研究对象，调查二者在表达不满时的策略使用倾向（安籐好惠，2001）；以中国人和美国人为研究对象，考察其"不满表达"的差异（Chen et al.，2011），等等。总体而言，不满表达的研究主要以不同文化下其策略差异的对比研究为主，对于人际关系影响方面的研究较少。同时，绝大多数不满表达的研究基于生活语境，以 DCT 实验为主（张惠芳、顾心玉，2013：41），考察日常口语中较为生活化的不满表现，但很少有学者针对娱乐语境下公共公开的不满表达进行研究。本文以娱乐语境下的机构性不满表达为研究对象，在考察其语用策略的使用情况及语用特征的同时，探讨其对人际关系建构及管理的影响。

2 机构性不满表达

不满表达主要指说话人（不满感情的主体）以语言的形式向他人表达自己内心的不满（常娜、窦林娟，2012：44），包含狭义的不满表现和广义的不满表现，二者的差异主要体现在听话人的限定上。狭义的不满表现是指当听话人的行为或状态违背了说话人的期待或带给说话人负面影响时，说话人对听话人实施的否定性语言评价（金月，2017），即说话人的不满对象是听话人。而广义上的不满表现在此基础上，还包含向不满对象以外的第三者表明不满的抱怨言语行为等，即听话人不是说话人的不满对象。李善姬（2006）认为，不满表达不仅是在向对方表达不满的心情，还在传递想要让对方进行改善的要求，即不满表达的语用目的包括传递感情和要求改善（孙倩，2017）。本文基于狭义的不满表达，参考李善姬（2006）对其语用目的的阐述，将不满表达限定为当对方违背了自己的期待或给自己带来负面影响时，向对方传递负面情感或改善要求所用的语言表达。

娱乐语境下的不满表达是一种与日常话语不同的机构性话语，日常话语发生于非正式语境下，而机构性话语发生于特定的机构场所和语境下（吕殊佳、黄萍，2015：62），一般受到机构规则的影响和限制（郭佳，2015：49）。机构性谈话以任务为驱动的（于国栋，2010：22），具有明显的目的导向（张法连、张建科，2017：73），与日常交际相比，机构性交际更具规范性，对其话语的语用制约也更强（周树江、咸飞，2019：28），机构的组成结构和运作方式深深影响并制约着话语的实现方式（孙咏梅、徐浩，2013：40）。娱乐语境中，交际双方以共同的娱乐目的为导向，其语言使用也会不同于日常话语，在表达不满时交际双方共同的娱乐目的会对其策略的使用产生影响，体现出不同的语用特征，对人际关系的建构和管理产生独特影响。以往研究多针对日常会话中的不满表达，而对于娱乐语境下机构性话语的不满表达策略却鲜少研究。

本文选取《向往的生活》《婆婆妈妈》《乘风破浪的姐姐》三档真人秀节目作为语料来源，通过观察娱乐语境下的机构性不满表达策略的使用实态，考察其语用特征，并分析其对交际双方人际关系的影响。

3 娱乐语境下不满表达策略的使用情况

3.1 不满表达策略的分类

本文基于李善姬（2006）对"不满表达"策略的分类，以句子为单位，在《向往的生活》《婆婆妈妈》《乘风破浪的姐姐》三档真人秀节目的语料中随机抽取 150 句不满表达，对其使用策略进行分类，考察娱乐语境下不满表达策略的使用实态。

①不表明不满，即完全不提及造成不满的对方的行为、状态等，也不表明自己内心的不满感情，也不要求对方进行改善。

例 1：（秦母个满儿媳分配的房间）

秦母："我这个房间……"

秦母内心期待儿子和儿媳让母亲住主卧，在开始参观房间时内心就把主卧看作自己的卧室，然而儿媳却说次卧给秦母，违背了秦母的期望，但秦母虽对此抱有不满，却没有明确表明自己的不满，也没有要求儿媳把主卧给自己。

②委婉表明不满，即不直接阐述自己对对方的行为或状态感到不满，而是通过叙述与之相关联的内容，间接地表达对对方的不满。

例 2：（老公进入厨房用手机进行网络直播，正在打开冰箱欲给大家展示自家冰箱）

李晟："哎呀冰箱里好乱啊。"

李晟意图向大家展示自己将家里收拾得干净整洁，但老公此时打开冰箱会让杂乱的冰箱进入直播的画面，给李晟带来负面影响。此时李晟并没有直接指出老公打开冰箱的行为引起了自己的不满，也没有责备对方，而是选用委婉的方式叙述冰箱乱的客观事实，表达自己不愿让老公打开冰箱，让老公停止开冰箱的行为。

③要求解释，即向对方询问该情况出现的原因，或确认该情况发生的过程，由此向对方传达对方的潜在责任。

例 3：（发现老公用自己的牙刷）

李晟："你为什么用我的牙刷？"

李晟认为，牙刷不应该混用，而发现老公用自己的牙刷，违背了李晟的期望。李晟通过寻求解释的方式，询问老公用自己牙刷的原因，同时传达出对老公用自己牙刷的不满感情。

④明确表明不满，即明确地向对方指出引起自己不满的行为，并指出由该行为引发的结果。

例 4：（许魏洲和彭昱畅两人玩水枪，彭昱畅违反游戏规则）

许魏洲："你赖皮。"

许魏洲内心认为二人都应该遵守游戏规则，而彭昱畅却违反游戏规则攻击自己，使自己处于劣势，此时许魏洲心中不满彭昱畅赖皮，直接明确地指出对方引起自己不满的耍赖行为，表达内心的不满。

⑤要求改善，即要求对方改变引起自己不满的行为或状况。

例 5：（周迅做客蘑菇屋，黄磊、何炅看到了周迅却没有出门迎接）

周迅："你还不来迎接一下我们吗？"

周迅提着行李箱往蘑菇屋走，知道黄磊、何炅看到了自己，期望对方出门迎接，但对方只站在蘑菇屋里等待自己，违背了周迅的期望，周迅要求对方改善引起自己不满的行为，以要求对方出门迎接的方式表达内心不满。

⑥要求补偿，即由于对方的行为引起了自己的不满，要求对方为此补偿自己。

例 6：（朋友迟到）

"请我吃饭。"

不过，在本次收集的 150 条语料中，并未使用此类策略。

⑦警告、威胁，即向对方发出警告或威胁。

例 7（何炅用水枪攻击黄磊）

黄磊："我拿这开水泼你了啊。"

何炅用水枪攻击黄磊，使黄磊衣服变湿，引起黄磊不满，黄磊以威胁的方式警告对方，以表达内心不满，使对方停止该行为。

⑧责备，即使用含有轻蔑、责难或詈骂的语言攻击听者。

例 8：（节目组要求十捆香蕉换一只鸡）

何炅："一只鸡十捆香蕉他疯了吗？"

何炅认为一只鸡并不值砍十捆香蕉的劳动量，不满节目组用十捆香蕉换一只鸡，以略带詈骂性质的"疯了"攻击责备对方，表达内心不满。

以上 8 类不满表达策略的面子威胁程度由①到⑧不断递增，其中①②最为间接，对对方的面子威胁程度最低。

3.2 娱乐语境下不满表达策略的使用实态

根据收集语料分类统计，娱乐语境下"不满表达"策略的使用情况如表 1 所示。

表1 娱乐语境下"不满表达"策略使用情况

策略	使用情况	比例
不表明不满	17	10.12%
委婉表明不满	38	22.62%
要求解释	10	5.95%
明确表明不满	67	39.88%
要求改善	29	17.26%
要求补偿	0	0%
警告、威胁	6	3.57%
责备	1	0.56%
合计	168	100%

注：可能会存在一个句子中使用两种策略的情况

　　根据上表可知，在娱乐语境下，最常用的"不满表达"策略是"明确表明不满"，"委婉表明不满"次之，"要求改善"比例也相对较高。"要求解释"和"警告、威胁"策略的使用较少，极少使用"要求补偿""责备"策略。总体上间接性不满表达的使用频率较低，大部分为直接性的不满表达。

4 娱乐语境下机构性不满表达的语用特征

4.1 话语直接性较强

　　一般来说，交际中说话要懂得移情，多使用缓和语、间接性话语（刘毓容，2018：71），尤其是有可能威胁到对方面子时，为维护双方人际关系，会选用较为间接的表达方式。而娱乐语境下的不满表达具有机构性特征，以娱乐为主要语用目的，特定的娱乐语境使得存在于其中的不满表达呈现出与日常交际不同的语用特征和运行机制。根据以上的分类统计数据可以看出，相较于"不表明不满""委婉表明不满"等间接性强的不满表达而言，"明确表明不满""要求改善"等直接性的不满表达策略使用频率较高，占半数以上，尤其是"明确表明不满"的使用最多，以直接性表达直接指出对方的行为造成了自己的不满。

4.2 话语面子威胁程度较高

不满表达虽然会对对方的面子产生一定的威胁，在日常生活交际中，出于对人际关系等方面的考量，在表达不满时多会使用"委婉表明不满""不表明不满"等语用策略，尽量遵循礼貌原则，降低对对方面子的威胁程度。与此相对，在娱乐语境下，为了制造更多的看点和笑料，在表达不满时多会故意违反礼貌原则，采用"明确表达不满""要求改善"等直接威胁对方面子的表达方式。可以看出，相较于日常生活中的不满表达，娱乐语境下不满表达对交际对象的面子威胁程度较高。

4.3 交际双方具有合作性

"人类的交际是目的驱使下的交际"（廖美珍，2006：101），娱乐语境下机构性不满表达以共同的机构任务为导向，交际双方追求共同的目标并且为实现该目标而努力，交际话语虽然表面上直接性较强，表现出对对方面子的攻击，但都是为了实现其娱乐大众的机构任务，交际双方为共同的机构性目标而合作。在具体的表达方式上，说话人虽多采用"明确表明不满""要求改善"等直接性较强的语用策略，相较于日常生活多使用的间接策略而言，对交际对象的面子威胁程度较高，但较少使用"警告、威胁""责备"等攻击性极强的表达策略对对方进行人身攻击，虽表现为较为直接的面子威胁，但留有余地，使听话人能够认同其娱乐效果，合作完成共同的机构任务。

例 9：（陶虹、何炅在做陶艺，希望周迅等旁观者喊"加油"，而旁观者语气十分敷衍）

陶虹："气势非常的差。"

何炅："不是气势的问题，都没灵魂。"

（周迅大笑）

表面上陶虹使用"明确表明不满"策略，直接明确地表达对周迅等旁观者敷衍态度的不满，直接威胁对方的面子，何炅在陶虹的基础上再次使用"明确表明不满"策略，进一步对周迅等旁观者的面子进行攻击，虽然话语直接性较强，面子威胁程度较大，但并未对对方使用攻击性过强的表达策略，给对方留有余地。周迅以笑声回应何炅的面子攻击，表示认同何炅的话语很幽默。何炅和陶虹的语言虽然富有攻击性，威胁对方面子，但其威胁面子的效果被笑声抵消，递进式增强娱乐效果，周迅作为被攻击者也配合发笑，认同其幽默效果，体现了交际参与者的合作性。

4.4 侮辱性语言较少

不满表达中，"责备"策略使用轻蔑、责难或詈骂等侮辱性语言，侮辱听话人，对对方面子进行强烈攻击。在收集的150句语料中，"责备"类语用策略的使用极少，仅有例 8 中列举的"一只鸡十捆香蕉他疯了吗？"一句不满表达使用"责备"策略，且并没有出现强烈侮辱对方人格等不礼貌用语，多使用"明确表明不满""要求改善"等就事论事的表达策略，很少上升到对对方的人身攻击。这也符合影视节目制作的文明用语规范，体现出虽然在娱乐语境下多采用直接性的不满表达方式，但同时会采用符合文明规范的言语表达，并不会对对方进行言语上的人身攻击。

4.5 玩笑性质较强

在娱乐语境中，交际者以娱乐目的为导向，更多地选择"明确表明不满""要求改善"等直接性较强的语用策略表达内心不满，在视觉呈现上使交际双方产生较强的对抗性，以增强娱乐效果。虽然在语言上具有攻击性，但在共同娱乐任务指导下，极少使用带有侮辱性质的"责备"类表达策略，对对方的面子威胁停留在表面，玩笑性质较强，这样的特征可以通过例 9 进行考察。

在例 9 中，陶虹和何炅使用直接性不满表达攻击周迅等旁观者，话语的直接性强，话语自身具有较强的对抗性。实际上，陶虹、何炅和周迅等旁观者为了增添娱乐效果而进行表面对抗，虽然使用直接威胁对方的语用策略，语言本身的直接性、攻击性较强，但从语用目的的角度看，是为了增添娱乐效果而进行的表面面子威胁，具有较强的玩笑性质。这一点也可以从对话中的非言语行为得到验证。在表达不满时，不同非言语策略可以增强或降低其言语策略的面子威胁程度。对话中，在说话人在表达不满的同时伴有微笑的非言语行为，可以更加清楚明确地表达自己的娱乐目的，使其玩笑性质得到确认。

5 娱乐语境下不满表达对人际关系的影响

5.1 共同的娱乐性机构目标促进人际关系的建构

日常生活中，不满表达的语用目的主要包括传递感情和要求改善（孙倩，2017），但在娱乐语境下，不满表达以其机构性目标为导向，凸显娱乐的语用目的，表面上是交际者对对方实施面子威胁程度较高的不满表达，但其最终目的是娱乐大众，增添节目的看点与趣味。嘉宾之间通过使用较为直接的不满表达完成娱乐大众的语用目的，较为直接的不满表达只是完成机构任务的一种策略。

娱乐语境下，机构性不满表达对人际关系建构的影响是正面的，共同的娱乐目标下，交际双方具有合作性，直接的言语表达体现了交际者双方积极构建亲密人际关系的愿望，不侮辱对方的表达方式展示了交际者双方的相互尊重，能帮助嘉宾建立更加亲密的交际关系。嘉宾之间直接性较强的不满表达虽高程度地威胁着受话人的面子，但是由于共同的娱乐目标、发笑等非言语行为，受话人并不会感受到强烈的面子攻击，反而产生了深层次的积极的交际效果，增进了二者的亲密程度。在这样的语境下，运用直接性较高的不满表达能够增加娱乐效果，不仅可以娱乐观众发笑，也会活跃嘉宾气氛，使节目氛围和谐愉悦，增进彼此感情，拉近彼此距离。

例 10：（黄磊、何炅、任嘉伦三人闲聊）

黄磊：嘉伦你哪年的啊？

任嘉伦：我 89（年），31，刚刚 31，不知不觉，已经奔四了。

黄磊、何炅：啊？

任嘉伦：不是吗，31。

何炅：打死你。

（三人笑）

何炅、黄磊年长于任嘉伦，任嘉伦的话在不经意间反面对比凸显何炅与黄磊的年龄，按照任嘉伦的表述，何炅和黄磊已经奔五、奔六了，给二人带来了负面影响，二人也因此感到不满。此时何炅使用"警告、威胁"策略，在直接表达自己不满的同时也向大家展示自己与任嘉伦关系十分亲密，虽在表面上强烈威胁着任嘉伦的面子，但也通过笑等非言语行为展示了交际双方都很认同这样的幽默效果，是为共同的娱乐任务而展开的合作，玩笑性质突出。任嘉伦也并未因此感到强烈的面子攻击，也并没有给二人的关系带来负面影响，反而体现了双方关系的亲密程度，拉近了彼此的距离，促进了双方良好人际关系的建构。

5.2 体现和谐-提升取向的关系管理模式

斯宾塞-欧蒂（Spencer-Oatey，2000）提出人际关系管理论，探讨了如何通过选择语言策略建立或管理人际关系。他提出了交际中的四大和谐取向：和谐-提升取向、和谐-维护取向、和谐-忽略取向、和谐-挑战取向。这四大和谐管理模式可以从人际关系的角度，为交际中语言策略提供理论支持。

娱乐语境下，交际双方选用较为直接的不满表达方式，直接指出对方的某种行为引起自己的不满，虽然言语对交际者面子威胁程度较大，但实际服务于机构性娱乐目的，对对方面子进行表面攻击，并以笑声、手势语等非言语行为凸显其玩笑性质，使其攻击性减弱，并不会影响双方的人际关系。这种直接性较强的表达方式可以在娱乐大众的同时拉近双方距离，展示交际双方关系亲密，并且有意变得更加亲密，促进人际关系的提升，体现了和谐-提升取向，即希望提升或增强人际和谐关系的取向。

例10中，"打死你"虽然语言上攻击性强，但何炅通过夸张的语气、大笑等非言语行为弱化其攻击性，也通过这样直接性十分强的表达使观众相信任嘉伦的话只是出于三人亲密的人际关系，双方并没有因此感到尴尬，在公众舆论面前保护了任嘉伦。从交际结果来看，这样直接的不满表达并没有给双方人际关系带来负面影响，反而何炅通过这样直接的表达方式展示了自己想要保护任嘉伦的态度，意图进一步增进二人的亲密程度，提升双方的人际和谐关系。

6 结语

本文在考察娱乐语境下机构性不满表达策略的使用实态的同时，分析了其语用特征，并探究了其对交际双方人际关系建构及管理的影响。综上所述，娱乐语境下机构性不满表达多采用直接的表达策略，交际双方以共同的娱乐目标为导向，具有合作性，使用的话语直接性较强，面子威胁程度较高，侮辱性语言较少，并且多配合微笑、大笑等非言语行为，玩笑性质较高，促进了交际双方正面性的人际关系建构，体现和谐-提升取向的关系管理模式，促进双方亲密人际关系的建立和增强。另外，本次研究并未将交际双方的相对地位、性别差异、年龄差异等因素纳入考虑范围，并且语料收集数量相对较少，在今后的研究中将进一步深入探讨。

参考文献

[1] Chen, Y. -S., C. -Y. D. Chen, and M. -H. Chang. 2011. *American and Chinese complaints: Strategy use from a cross-cultural perspective*[J]. Intercultural Pragmatics 8-2, 253-275.

[2] Spencer-Oatey, H. 2000. *Culturally Speaking: Managing Rapport Through Talk Across Cultures*[M]. London: Wellington House.

[3] 安籐好惠. 2001. 「中国語の不満表明ストラテジー」[J]. 奥

羽大学文学部紀要，13：150-159.

[4] 常娜，窦林娟. 2012. 日语中的不满表达探析[J]. 牡丹江教育学院学报，6：44-45.

[5] 郭佳. 2015. 机构话语与专门用途语言的关系探析——以话语共同体为考察维度[J]. 外语学刊，4：49-52.

[6] 金月. 2017. 中日"不满"言语行为话语研究——以对宾馆的网络评价为中心[D]. 扬州：扬州大学.

[7] 赖毅生. 2004. 汉英语中不满言语行为的礼貌策略[J]. 广州：广州大学学报（社会科学版），3（9）：77-81.

[8] 李善姬. 2006. 日韓の「不満表明」に関して一考察—日本人学生と韓国人学生の比較を通して—[J]. 社会言語科学，8（2）：53-64.

[9] 廖美珍. 2006. 目的原则与交际模式研究（续）[J]. 外语学刊，6：101-109.

[10] 刘毓容. 2018. 娱乐语境下虚假不礼貌的语用和谐取向研究[J]. 语文建设，32：71-73.

[11] 吕殊佳，黄萍. 2015. 语用目的原则与机构性话语研究[J]. 外语学刊，3：62-65.

[12] 孙倩. 2017. 关于对话中"不满表达"的中日对比研究[D]. 长春：东北师范大学.

[13] 孙咏梅，徐浩. 2013. 机构话语研究述评——研究现状、研究意义与展望[J]. 北京科技大学学报，1：40-46.

[14] 于国栋. 2010. 机构性谈话的会话分析研究[J]. 科学技术哲学研究，27（2）：22-25.

[15] 张法连，张建科. 2017. 社会行为论视阈下的机构性会话分析——以司法话语为例[J]. 外国语文（双月刊），33（3）：73-80.

[16] 张惠芳，顾心玉. 2013. 不满表达的汉日对比研究——以网络差评为例[J]. 西安外国语大学学报，21（4）：41-44.

[17] 赵金昌. 2015. 中日不满表达策略的对比研究——通过电视剧

台词分析[J]. 语言文字修辞，8：22-23.

[18] 周树江，咸飞. 2019. 机构性网络虚假礼貌运行机制及其语用效果研究——以网络问政栏目"网上民声"为例[J]. 西安外国语大学学报，27（3）：28-33.

[19] 坂本恵，蒲谷宏，川口儀一. 1996.「待遇表現」と「不満表現」について[J]. 国語研究と資料，20：29-38.

[20] 牧原功. 2008. 不満表明・改善要求における配慮行動[J]. 群馬大学留学生センター論集，7：51-60.

词汇多样性研究述评

北方工业大学　　来朝阳

摘　要：本文基于中国知网 CSSCI（中文社会科学引文索引）期刊中词汇多样性，研究高被引文献，采用定量内容分析，对词汇多样性的维度、词汇多样性的测量方法进行梳理和评述，总结词汇多样性研究的发展趋势。通过对词汇多样性研究的总结、评述，本文发现词汇多样性由词汇多样性、词汇复杂性、词汇密度和词汇错误四要素构成。针对四要素的检测指标，采用相应的计算方法对词汇多样性进行测量。词汇多样性的研究更多地集中于学习者词汇多样性的整体趋势研究方面，对于词汇多样性微变化研究的数量十分有限。

关键词：词汇多样性　　词汇多样性测量　　词汇多样性发展　　词汇多样性与写作

1　引言

词汇作为二语学习的重要部分，是衡量学习者水平的标准之一。现今，更多的关于词汇多样性的研究是将词汇多样性视为一种测量指标，考察二语学习者的语言水平。词汇多样性相关研究中，系统介绍性文章较少。赵守辉（2008）简要介绍了词汇丰富度和词汇个性。张艳、陈纪梁（2012）总结了词汇多样性和词汇复杂性的测量方法。王艺璇（2017）从词汇多样性的各个维度进行了梳理介绍。

　　词汇多样性涉及多个维度，且不同的学者从不同角度对词汇多样性进行研究，以上研究没有覆盖介绍完全。因此，本文对词汇多样性研究的维度、词汇多样性的测量方法、词汇多样性研究的发展趋势三部分进行梳理和分析，以期为第二语言的词汇丰富性研究提供参考和借鉴。

2 研究设计

　　本文拟回答以下问题：（1）词汇多样性研究通过哪些维度和方法来测量词汇多样性？（2）词汇多样性研究近年来呈现怎样的发展趋势？

　　本文的研究对象为高被引频次的词汇多样性研究论文，以被引频次 5 次以上作为选择标准，以词汇多样性为主题词对中国知网中CSSCI 期刊 1995—2020 年的文献进行检索，最终筛选出 32 篇论文作为研究对象。

　　国外对二语写作中的词汇多样性研究始于 20 世纪 80 年代。

　　里德（Read）认为词汇多样性又称词汇丰富性（lexical diversity）、词汇复杂性（lexical complexity），但劳弗和马尔文（Laufer & Malvern）（何安平，2010：22）认为词汇多样性只能反映词汇复杂性的一个方面，词汇多样性是多维度的。对二语词汇多样性的测量最初在国外提出。1995 年劳弗和内申（Laufer & Nation，1995）提出，测量词汇多样性的 4 个维度包括词汇变化性（lexical variation）、词汇密度（lexical density）、词汇复杂性（lexical sophistication）和词汇新颖性（lexical originality）。恩伯（Engber，1995）把词汇错误纳入词汇多样性的测量范围，认为词汇多样性包含写作中有错误的词汇变化性、无错误的词汇变化性、词汇错误比例和词汇密度。之后，劳弗发现基于词频概貌（lexical frequency profile）的词频分布特征能体现词汇多样性的特点，而词长作为词汇难度的重要标志能体现词汇使用的本质特征。但里德发现词汇新颖性不适用于评价学习者的词汇能力发展，并指出一篇好作文应具备以下词汇特征：多样化的词汇而非重复使用有限的单词；使用符合话题和文体的低频词；相对高比例的实词和较少的词汇错误。里德提出了词汇多样性的四要素，即词汇多样性、词汇复杂性、词汇密度和词汇错误数量。

3 词汇多样性的测量方法

根据里德提出的词汇多样性四要素，有学者提出了检测词汇多样性四要素的指标，提出词汇多样性应从以下四个方面来测量：通过类/形符比来测量词汇多样性、通过计算超出前 2000 词表词汇的百分比来检测词汇复杂性、通过实义词占总词数的百分比来检测词汇密度和词汇错误数量。

贾维斯和斯科特（Jarvis & Scott，2002）通过研究证明，Uber index 在测量词汇多样性时准确性较高。词汇多样性的常用计算方法是约翰逊（Johnson）最早提出的"类符形符比"计算词性与单词的运算符之比（类型标记比，TTR），但贾维斯指出 TTR 会受到文本的长度的影响，该方法的缺点是不适合较长的文本内容分析，由于语料越长，重复出现的词语会越多，类符和形符的比值就会越小，因此无法真实地反映被试实际的词汇变化度。鉴于此，一些学者提出了更为复杂的测量公式，较为著名的是迪加斯特（Dugast）提出的"Uber index"公式。Uber index 更适合不同文本的长度，它的计算公式是：字数的对数的平方除以字数的对数减去词性的对数。

劳弗和内申开发了词频概貌作为测量词汇复杂性的指标（Batia，1998）。词汇复杂度可以反映学习者生产性词汇量的相对大小，也可以反映学习者在不同写作阶段词汇量的发展情况。里德指出，"复杂"一词可称为词汇稀缺性，是指不寻常词或高级词的常用（Read，2000）。里德认为，词汇复杂性应该反映适合话题内容的低频词汇在文本中所占的比例，比如使用技术名词、术语和其他特点的词来精确传达内容，而不是选择日常的普通词汇，认为复合词的使用比例越高，文本质量和学习者的语言水平就越高。它衡量的是文本中低频词性所占的比例，目前是指英国国家语料库中频率小于 2000 个词（包括学术词）的词性。哈雷和肯恩（Harley & King，1989）提出用复合动词占所有动词的比例来表示词汇复杂性，该指标主要用于区分母语者和第二语言学习者。

尤尔（Ure）是词汇密度研究的创始者。尤尔认为词汇密度是文本中不同实词数与总词数的比率。尤尔认为，词汇量占某一文本词汇总量的比例就是词汇密度，计算公式为：词汇密度＝实词数÷总词数。韩礼德（Halliday）发展了尤尔公式，通过计算实义词的数量与句子总数的比例来计算文本的词汇密度，计算公式为：词汇密度＝实词数÷小句总数。研究者认为，与语法词相比，词汇词主要在文本中发挥语义表征的作用，因此计算值越高，说明学习者的语言水平或文本质量越高。不同研究者根据自身不同的研究问题和研究角度，也会对上述两种公式进行调整或细化。例如，黄立和钱旭菁（2003）将词汇密度定义为"实词数÷总的正确词数"；吴继峰（2016）将尤尔的公式细化，分别按照实词形符（token）数和实词类符（type）数统计词汇密度，并采用韩里德的公式对词汇密度进行计算。

4 词汇多样性发展研究

此后有更多的学者根据口语或书面语进行词汇多样性发展的研究，或从二语书面语词汇多样性发展及与写作质量的关系进行分析。

陆小飞（Lu，2012）利用计算机系统对来自中国学习者口语语料库的大规模数据进行分析，研究了词汇多样性与英语学习者口语叙事质量的关系。

劳弗在考察认知性词汇、受控制的产出性词汇和产出性词汇的发展以及相互关系时，对以色列的大学英语专业 48 名一年级学生在一学年内写的作文进行了纵深研究，发现学生的词汇复杂性进步明显，但词汇变化性无显著提高。劳弗进一步调查了以色列高中 26 名 10 年级和 22 名 11 年级的学生，发现他们的认知性词汇和受控制的产出性词汇发展显著，但在词汇分布和词汇复杂性上并无显著差异。因此，劳弗推断在产出性词汇发展过程中存在词汇高原现象（Batia，1998）。

然而，恩伯和林可-斯兹曼斯卡（Lenko-Szymanska）的研究得到了与此相反的结果。恩伯在探讨词汇水平和作文质量的关系时使用了词汇多样性的一些指标和词汇错误的数量，受试为 66 名具有中、高级英语水平，母语背景不同的学习者。结果表明，词汇多样性和词汇使用的正确程度对作文评分具有显著影响，受试的产出性词汇始终保持显著增长的态势。林可-斯兹曼斯卡在研究中调查了英语专业 10 名一年级和 67 名四年级的受试，语料为期末考试的作文，研究二语写作中的词汇变化，结果表明，大四学生的英语作文在词频分布和词汇变化方面明显好于大一学生。研究发现，受试在词汇分布和词汇复杂性方面均表现出显著增长（Engber，1995）。

自 1997 年动态系统理论被劳森-弗里曼（Larsen-Freeman）教授引入应用语言学领域以来的短短 20 多年时间里，更多的学者通过动态系统理论进行词汇多样性的研究，利用动态系统理论的三个范畴——复杂系统、动态系统理论及涌现主义与词汇发展的动态性相结合。动态系统理论的首要特征是该系统由多种变量或参数构成，这些变量相互联系。米拉（Meara）提出词汇知识具有复杂系统的所有特征。内申提出认识一个单词是非常复杂的概念，不仅包括知道意义-形式的映射，还包括语音、拼写、词义、形态、词性、语域等多元信息，且这些维度互相影响、互相制约。学习者的词汇多样性发展也是一个动态复杂的过程。

沃普尔等学者（Verpoor et al.，2008）研究追踪了一个高级英语水平的荷兰学生在三年时间里的英文学术写作，得出多组关于词语丰富性和句子复杂性的数据来描述学习者的英语发展。如何对各组数据中词汇多样性和句子复杂性中那些看似杂乱随意、毫无规律可言的变异性进行提炼分析，是动态系统理论研究者面对的一个重要技术性问题。在这里，沃普尔使用了一系列极具 DST 特色的数据处理工具，即"移动极小-极大值图表"（moving min-max graph），简称"极值图表"。通过对一个高级英语水平的荷兰学生在词汇多样性和句子复杂性方面的追踪研究，发现语言学习不是一个稳定持续上升的过程，词汇多样性不会发生稳定而持续的增长。在学习过程中，词汇多样性的发展确实会有些波动。

郑咏滟采用动态系统分析法，安排英语专业大一学生在一个学年内进行 8 次作文，从词汇多样性的多个维度、词汇复杂性、词汇多样性进行分析，她发现词汇多样性内部不同维度的发展并不同步；总体而言，学生学习过程中词汇复杂性的发展基本处于停滞状态，然而词汇多样性呈显著上升趋势。但词汇复杂性和多样性的个体发展路径大相径庭；词汇复杂性与多样性呈显著正相关，但两者的交互发展也存在个体差异，既呈现"支持—竞争—支持"的不同步发展模式，又呈现达到动态平衡的协同发展模式。词汇复杂性的增长伴随着词汇多样性的增长，但随着学习的深入，自第三次作文起，两者变成了一对相互竞争的子系统，且呈相反的变化趋势，这表明写作词汇在大部分时间处于剧烈变化中。研究表明，这种动态性和个体差异性主要与学习者所处的语言发展阶段、学习信念、词汇输入和作文话题等因素有关。除语言发展阶段外，学生积极的学习信念和大量的词汇输入，会促使其产出性词汇系统朝积极的方向发展，并渐趋稳定，表现为词汇复杂性和多样性数值的上升，以及二者处于相互支持的稳定状态。作文话题作为一种客观因素，也在一定程度上影响着学习者产出性词汇系统的发展。

国外的许多学者也发现，词汇多样性的不同子系统遵循各自的发展路径。马尔文（Malvern，2002）发现词汇多样性和词汇密度往往会随着学习者水平的提高而提高，而词汇复杂性发展缓慢。

恩伯（Engber，1995）对美国印第安纳大学国际留学生写的

66 篇同题限时作文进行了研究，发现词汇在有意义的文本构建中起着非常重要的作用。通过考察就读于美国大学英语强化班的中高级水平的英语学习者的作文，发现词汇多样性与整体写作质量极为相关。皮拉尔·杜兰（Pilar Durán）通过使用 D 值法，考察年龄在 18 个月到 42 个月的母语为英语的儿童 5 年间词汇发展情况。研究发现，随着年龄增长，儿童在表达中的词汇多样性逐渐提升。因此，词汇多样性可以作为衡量学习者语言水平的有效工具。瑟皮儿·德米尔-维格塔（Serpil Demir-Vegter）直接将词汇变化性作为衡量文本质量的标尺，并据此考察学习者的语言水平。

但也有研究者持不同观点，如弗米尔（Vermeer）使用词汇多样性的若干测量方法，观察幼儿园（4 岁到 5 岁）和小学一年级（6 岁）的儿童在自发性口语产出中的差异，考察学习者语言水平和自发性口语产出质量与词汇多样性的关系。研究显示，现有的统计方法，包括类符数（number of types）及 TTR 在内的相关方法并不能有效反映两组被试间的差异。因此，研究认为词汇多样性无助于反映学习者的语言水平。Lu 的研究关注词汇多样性和二语英语学习者口头叙述文质量之间的关系，结果发现词汇密度与口头叙述文质量无关，词汇复杂性和口头叙杂性与口头叙述文质量呈极弱相关，词汇变化性与口头叙述文质量相关。

5 结语

本文以中国知网 CSSCI 期刊中词汇多样性研究高被引文献为研究对象，对词汇多样性研究的维度、词汇多样性的测量方法、词汇多样性的发展趋势三部分进行梳理和分析。词汇多样性是受多维度影响的，但是关于影响词汇多样性的多种维度，学界有不同的声音。里德提出了词汇多样性的四要素，分别是词汇多样性、词汇复杂性、词汇密度和词汇错误。该观点得到普遍认可，后人也在不断对词汇多样性的维度进行补充。根据里德提出的词汇多样性四个要素，有学者提出词汇多样性应从以下四个方面来测量：通过类/形符比来测量词汇多样性，通过计算超出前 2000 词表词汇的百分比来检测词汇复杂性，通过实义词占总词数的百分比来检测词汇密度和词汇错误数量。并根据以上指标提出了计算方法，以对词汇多样性程度进行检测。目前对词汇多样性的研究，多集中于学习者词汇多样性发展的整体特征。词汇多样性的发展是一个动态的不稳定的过程。此后，更多的研究将词汇多样性与动态系统理论相结合，认为词汇多样性的发展是由多种因素相互影响的复杂过程，通过了解各种因素相互作用的方式来提高词汇学习能力。根据词汇多样性的不同维度对写作水平的影响进行了更深入的研究，发现词汇多样性的不同维度对写作发展水平的影响不同。

　　词汇多样性发展是一个动态的、波动的过程。前人的研究多集中于对词汇多样性发展的整体研究，而对于学习者词汇多样性发展过程中所产生的波动点，以及每一次产生波动的原因的研究较少，对学习者词汇多样性发展过程中存在的微变化研究也比较有限。未来的研究可以将注意力放在整体趋势中的波动变化上，找到促进词汇多样性发展的影响因素。

参考文献

[1] Batia, L., & Paul, N. 1995. Vocabulary size and use: lexical richness in l2 written production[J]. *Applied Linguistics,* 16(3)：307-322.

[2] Batia, L. 1998. The development of passive and active vocabulary in a second language: same or different?[J] *Applied Linguistics,* 19(2): 255-271.

[3] Engber, C. A. 1995. The relationship of lexical proficiency to the quality of esl compositions[J]. *Journal of Second Language Writing,* 4(2): 139-155.

[4] Harley, B. & King, M. L. 1989. Verb lexis in the written compositions of young l2 learners[J]. *Studies in Second Language Acquisition,* 11(04): 415-439.

［5］ Jarvis, & Scott. 2002. Short texts, best-fitting curves and new measures of lexical diversity［J］. *Language Testing*, 19(1): 57-84.

［6］ Malvern, D., Richards, B. 2002. Investigating accommodation in language proficiency interviews using a new measure of lexical diversity［J］. *Acoustics Speech & Signal Processing Newsletter IEEE*, 19(1): 85-104.

［7］ Read, J. 2000. *Assessing vocabulary: research on vocabulary assessment*［M］. UK: Cambridge University Press, 74-116.

［8］ Verspoor, M., Lowie, W., Dijk, M. V. 2008. Variability in second language development from a dynamic systems perspective［J］. *Modern Language Jour*nal, 92(2): 214-231.

［9］ Xiaofei, Lu. 2012. The relationship of lexical richness to the quality of esl learners' oral narratives［J］. *Modern Language Journal,* 96(2): 190-208.

［10］ 何安平. 2010. 导读. In Read, J. (ed.) Assessing Vocabulary［M］. 北京：外语教学与研究出版社，22.

［11］ 黄立，钱旭菁. 2003. 第二语言汉语学习者的生成性词汇知识考察——基于看图作文的定量研究［J］. 汉语学习，1：56-61.

［12］ 吴继峰. 2016. 英语母语者汉语写作中的词汇多样性发展研究［J］. 世界汉语教学，1：129-142.

［13］ Agnieszka Leño-Szymańska. 2002. How to trace the growth in learners' active vocabulary? a corpus-based study［J］. *Language and Computers,* 217-230.

［14］ 段农乾. 2017. 大学英语写作中的词汇多样性探究［J］. 宿州教育学院学报，5：132-133.

［15］ 卢建梅. 2017. 英语词汇多样性发展特点及对写作质量的影响［J］. 绍兴文理学院学报（教育版），2：70-74.

［16］ 王海华，周祥. 2012. 非英语专业大学生写作中词汇多样性变化的历时研究［J］. 外语与外语教学，2：40-44.

［17］ 王艺璇. 2017. 词汇丰富性研究方法及现状［J］. 海外华文教

育，12：1643-1652.

[18] 张艳，陈纪梁. 2012. 言语产出中词汇丰富性的定量测量方法 [J]. 外语测试与教学，3：34-40.

[19] 赵守辉. 2008. 词汇能力评测的立体观[J]. 暨南大学化文学院 学报，2：22-30.

多模态外语教学研究综述

北方工业大学　王禹铮

摘　要： 在信息多元的社会背景下，多模态资源逐渐走入课堂，和单一的文字、话语模态相结合，共建教学的多模态性。多模态教学通过对学生感官的多维度刺激，在激发学生学习兴趣和提升学生学习效果等方面起着至关重要的作用，是当下外语教学领域的研究热点。近些年来，国内对多模态外语教学进行了广泛而卓有成效的研究，适时审视产出的成果，对推动研究的深入有着一定的意义。本文以知网学术期刊总库中的 CSSCI 期刊为检索范围，以研究内容为导向，对国内有关多模态外语教学的文献进行了梳理、归纳、评述，以期对未来的研究带来一些启示。研究表明，国内文献研究角度多元、研究内容广泛，但存在研究对象和研究内容资源分布不均、缺乏实证性研究和理论创新性的问题，希望今后的研究能够拓展研究对象、研究内容的范围，均衡资源分配，创建适合我国教育情况的理论框架，多开展实证性研究。

关键词： 多模态　外语教学　多模态教学　综述

1　引言

当今，随着科技的发展和社会的进步，以各种媒介为载体进行传播的多元信息符号涌入生活，我们身处的时代充满了多元的信息符号交流，而多模态教学就是多模态媒介在课堂中的运用：教师融合图片、声音、视频等多种模态呈现、讲解知识，多角度刺激学生的感官，增强他们对知识的接收、理解。培养学生的多元读写能力，引导他们在正确理解信息后进行意义建构、使用多元模态进行表达和意义传递，是多模态教学的一大目标。因此，这一教学模式对于学生学习效果提升和能力培养起着至关重要的作用，其在国内外语教学领域获得了学者的广泛关注，研究成果丰富，但却鲜有综述性文献。

耿敬北等（2014）根据刊文历年发表数量、研究方法、研究内容以及研究范畴，对 2007—2013 年的核心期刊进行了综述分析，展现了国内外语教学研究的发展趋势，不仅根据文献内容进行归类，还将其分为宏观和微观两个范畴进行阐述，最后针对研究中的成就和不足进行了整体性分析，并提出了相应建议。吕卓童（2014）将综述范围定位在近五年以内，依据研究热点内容将文献进行整理归类，但其对研究现状的批判部分还不够深入，缺乏对研究对象等方面的分析。李文琪、李珊（2020）同样依据历年刊文量和研究内容，对 2009—2018 年的文献进行了整理和归纳，但其分类中存在不隶属于其他类别的"其他"一类，略显零散；以"多模态"和"外语教学"为关键词进行检索，检索范围较小。

以上综述性文献皆以核心期刊作为研究对象，且在展现历年文献数量时多以文字呈现，不便于展现研究发展趋势。耿敬北（2014）虽然运用了表格，但历年期刊数量基本在 10 以内，趋势变化仍旧不能明确展现；大多文献发表时间较早，不涉及近期文献，无法展现最新研究情况；没有明确提出研究问题，缺乏研究聚焦性。CSSCI 期刊代表国内人文社会科学的标志性评价领域，其上发表的文章有极高的学术水平保证，因此本文把研究范围划定在 CSSCI 期刊，以新的思路对 2009—2020 年的文献依据研究内容进行整理归类，尽量减少不隶属于其他类别的单篇文献出现，呈现前沿研究情况。研究以"外语教学"和"多模态"为主题词的形式作为检索途径，检索范围更广；使用文献计量法并以折线图的形式呈现研究趋势；明确提出研究问题，研究更为明确、聚焦；对研究做出整体性评价，指出其不足和优势并提出建议，以期为今后相关领域的研究带来一些启示。

2 研究设计

2.1 研究方法

本研究选择"多模态"和"外语教学"作为主题词进行搜索，以 CNKI 学术期刊库的 CSSCI 期刊为范围，共检索出 73 篇文献。通过逐一阅读大致了解内容，筛选掉综述类和书评类以及与多模态教学相关性不高的文献，最后获得文献共计 43 篇。

通过对 43 篇文献进行计量分析，得出有关多模态教学的研究脉络，历年文献数量如表 1 所示，变化趋势如图 1 所示。

表 1　历年文献数量

年份	2009	2010	2011	2012	2013	2014	2015	2016	2017	2018	2019	2020
数量	1	5	4	8	4	7	5	4	2	0	0	3

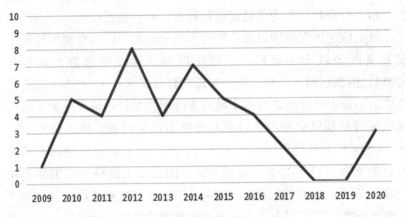

图 1　历年 CSSCI 发表数量趋势

据此可知，多模态外语教学研究历年发表在 CSSCI 期刊中的数量总体趋势呈现波动，2012 年达到峰值，发表数量为 8，自 2014 年迎来第二次峰值后一直到 2018 年都为逐年下降趋势，2018、2019 年发表文章均为空白，2020 年才开始回升。

2.2 研究问题

本文的研究问题如下：

1）2009—2020 年间，国内多模态外语教学研究涉及哪些主要内容？

2）2009—2020 年间，国内多模态外语教学研究存在哪些优势和不足？

3 研究结果与分析

3.1 多模态理论引介

3.1.1 模态定义

克瑞斯和勒文（Kress & Leeuween，2001）表明，人们使用不同的意义模态进行交流，比如语言、图片、图像、肢体动作、空间和音乐。斯考伦和列维（Scollon & Levine，2004）认为，模态是可对比、对立的符号系统。克瑞斯和勒文（2001）认为，当媒体经历社会的塑造，变为可产生意义的资源时，则成为了模态。福塞维尔（Forceville，2009：22）指出，模态是可以通过具体的感知过程做出阐述的符号系统。顾曰国（2007）把模态定义为人类通过感官跟人、物等外部环境间的互动方式，通过单个感官进行互动交流的模态为单模态，通过三个及以上的为多模态。马利芳（2016）认为，人们在交流或互动中所使用的包括语言在内的不同的方式方法可以看作不同的交流模态。夏颖（2016）认为，模态是交流的渠道和媒介，包括语言、文字、技术、图像等符号。

3.1.2 多模态话语分析理论

"多模态话语指运用听觉、视觉、触觉等多种感觉，通过语言、图像、声音、动作等多种手段和符号资源进行交际的现象。"（张德禄，2009a：24）郑秀梅（2014）也认为多模态话语是一种交际现象，强调多种感觉的综合运用和多种模态符号的理解。巴特（Barthes，1977）是开创多模态话语分析的第一人，他从广告图像入手，分析了图像所传达的三种信息，而后从外延图像、图像的修辞上进行解读，指出图像的结构功能中内涵和外延层面上的对立，表明图像在传递意义的过程中起着重要作用。克瑞斯和勒文（2001）对多模态话语分析理论进行了完善，聚焦于模态与媒体的关系，阐述了多模态资源在传递意义方面的作用。张德禄（2009a）将多模态话语分为文化层面、语境层面、意义层面、形式层面、媒体层面，从而建立了多模态话语分析理论的综合框架，从多模态理论基础、媒体系统、多模态话语的形式及关系等方面进行分析，探究各模态间的关系，表明各种非语言媒体可以通过多模态传递话语意义，各模态间也存在互补和非互补性。多模态话语吸收了系统功能语言学、系统理论和语域理论的观点，具有系统性和多功能性；多模态话语分析认为，语言以外的其他符号系统也是意义的源泉，其意义解读与语境因素有着不可分割的紧密联系（朱永生，2007：84）。

3.1.3 多元读写理论

新伦敦小组（New London Group，1996）提出了"多元读写"这一术语，把其定义为在阅读多种模态和媒体时读取信息的能力。他们认为，师生所面对的变化的社会环境和多元读写能力间存在着紧密联系。"多元读写能力克服了传统方法的局限性，强调如何在我们的社会中协商多种语言和文化差异，对于工作、公民以及学生私人生活的实用至关重要。"（New London Group，1996：60）胡壮麟（2007）将多元读写能力称为"多元识读能力"或"多模态识读能力"，具有描写语言、文化多样性以及对变异尊重多元识读能力与多模态识读能力两层意思（葛俊丽、罗晓燕，2010：

14）。葛俊丽和罗晓燕（2010）、张德禄（2012）等都对新伦敦小组提出的多元读写教学理论框架和教学模型进行了分析与阐述。多元读写教学理论框架包括已有设计、设计过程和重新设计，强调意义建构是积极、动态的过程；教学模型包括情景操练、明确指导、批判性框定和改造性操练四个阶段（New London Group，1996）。

3.1.4 多模态学习认知理论

李思蒙和高原（1994：74）介绍了多模态认知理论，该理论包含三个假设：双通道假设、容量有限假设和主动加工假设（Mayer & Moreno，2003）。双通道假设指大脑对言语和图像两种表征材料存在不同的信息加工渠道，两个渠道既独立又相互联系，言语系统处理文本等语言信息，表象系统处理图片、声音等非言语信息，内容通过言语和非言语信息编码比单一通过信息渠道编码更有利于意义建构（Paivio，1986；Mayer & Anderson，1991）；容量有限假设指在短时（工作）记忆阶段，学习者通过单通道每次加工的容量有限，大量信息的同时输入会造成认知负荷（Chandler & Sweller，1991）；主动加工假设指大脑自发参与认知加工，将外部信息表征转化到内部（Wittrock，1989）。

3.2 多模态外语教学研究

3.2.1 教学模式设计和框架建构

3.2.1.1 整体性教学模式

诸多学者针对多模态教学模式提出了设计原则和框架建构，其中大多以多模态话语分析为理据（郑秀梅，2014；马利芳，2016）。构建多模态课堂要遵循科学性、辅助性、实用性、简约性原则；教学设计中要注重教学、学习、评估三个方面的多模态化（郑秀梅，2014：169-170）。夏颖（2016）建构了以"开放、折中"为原则的大学英语自主学习模式，"开放、折中"指将传统教学与自主学习模式相结合，借鉴、运用、改造西方自主学习模式，使其适合我国情况，同时探索自己的模式，敢于进行革新。姚阳（2015）考虑到模态的选择、教学内容、语言环境、评价机制的建立等，探讨了如何设计多模态外语课堂。

教学模式设计所应用的理论并不单一，融合因素也呈现出多元化。蒋学清和丁研（2012）对多模态、多媒体、多环境理论、计算机技术与外语课程的生态化整合理念以及基于建构主义的教学理念进行了介绍，将这三种理论成分融合，从而形成新的兼并型大学英语教学模式理论框架。郭万群（2013）以间性理论为视角，提出了大学英语课堂教学设计原则模型 MAP，以有效性、互动性和参与性为整体原则。陈争峰等（2014）以哈默（Hamer）的平衡活动教学法为依据，建构了多模态、多媒体环境下大学英语课堂动态平衡教学模式，模式应用后学生成绩得到了提升。刘欣等（2015）融合教师因素、学生因素以及学科因素，将听觉模态、视觉模态、触觉模态、文化模态设计到商务英语多模态教学框架中，并运用量化和质性方法进行实证研究，结果表明，学生的商务英语综合运用能力得到了明显提升。冯德正（2017）按照多元读写教学法中的"实景实践""明确指导""批评框定""转化实践"四个要素，详细设计了英语语言学课程的步骤。

3.2.1.2 能力培养模式

新伦敦小组提出的实现多元读写能力的教学设计中，实景实践、明确指导、评定性框架、转化实践这四个阶段并没有顺序，但在实际教学中应当根据教学任务和教学难度等因素设定顺序（张德禄，2012：14）。张德禄和刘睿（2014）提出了多元读写能力培养框架，并将此框架应用到实际教学中，通过让学生做口头报告的形式检验框架应用效果。张征（2013：13）认为，在多模态教学的多元读写能力培养中，不仅要使学生建构起多模态知识，也要令其可以灵活运用多模态知识，在实践中内化知识，进而将知识转化成能力。此外，梁晓晖（2015）提出了外语写作思维的多模态认知培养模式，并以认知语言学理论对其进行分层次阐述。

3.2.2 对学习效果的影响

许多学者将多模态教学应用在不同类型的课堂上，并验证其效果。张维等（2012）以高中生为研究对象，运用实验法、调查法和访谈法探究了多模态话语课件在语法教学中的适用性，结果表明应用多模态教学法后，学生语法成绩有了显著提升。王娟等（2014）以语块理论、社会文化理论的最近发展区和支架、认知心理学角度的输入加工、输出驱动和互动整合学习模式为理论基础展开实证研究，结果表明在大学英语教学中凸显多模态语块、注重语块意识，有利于提升学习者听力理解能力和词汇学习，提高语言综合运用能力。申云化、曲鑫（2014）应用多模态协同与元认知培养教学法，探究其对英语听力的影响。李思萦和高原（2016）对比了移动技术辅助教学和计算机辅助教学分别与单、多模态结合下的英语词汇习得效果，结果表明移动技术辅助教学是更有效的多模态承载手段，且与多模态结合可以更有效地保持单词记忆（李思萦、高原，2016：79）。蔡宁、王敏（2017）探究了模态输入对国内高校英语学习者口头产出中协同效应的影响，发现多模态输入有助于学习者理解信息，可以很大程度上激发语言输入和输出的协同。康志峰（2012）以立体论为理论基础，针对多模态口译教学提出了"1+4" 立体式口译教学模态并进行了实证研究。李雪、王景惠（2015）探讨了研究生英语学术多模态语篇的建构问题，多数同学认为多模态语篇建构在呈现信息、激发学习兴趣、提高交际能力方面起着积极作用。张征（2010）以非英语专业研究生为对象，探讨了多模态 PPT 教学对学生成绩的影响以及对短时记忆和学习效率的促进作用。

3.2.3 模态选择和其间关系

了解模态间的关系、选择不同的模态进行搭配组合对于教学设计环节是至关重要的，这方面的探究有助于多模态教学达到最优效果。张德禄在多篇文章中提及模态的选择及其原则（2009a，2010b，2013）。让不同模态间相互配合以获得最佳交际效果，是多模态话语选择的最关键因素（张德禄，2009b：18），而模态选择是以获得最优化效果为总原则的，在总原则的指导下还要遵循有效原则、适配原则和经济原则（张德禄，2010c：52），他还与丁肇芬（2013）基于多模态体裁理论和多元读写能力理论，提出了多元读写能力培养模式的教学模态系统选择框架，表明教学模态和模态间的组合需要根据教学方法进行。杨剑英、杜平（2012）则探讨了不同模态组合对认知的影响，认为模态选择应遵循一定原则，除了要明确模态选择，知道模态间的关系、利用好模态间的协同同样有利于达到良好教学效果。张德禄（2010a）、李庆杰（2011）等都对实际教学案例进行了分析，讨论了各个模态间的协同关系。

3.2.4 虚拟现实技术应用

真实的教学情景更易于激发学生的深度情感和体会，从而加深对知识的理解和应用，提升人际交流能力，而虚拟现实技术的应用可使教学达到这一效果。周文娟（2011）介绍了普适计算（Pervasive Computing）技术的信息获取和搭建虚拟现实情景的性能，提出基于此项技术的外语网络交互教学模态，具有国际交互性、同步交互性和人机真实性，各个信息以 VR 形式呈现出来。马莉、沈克（2012）呈现了应用 AR 技术构建的外语教学环境框架以及在教学中的具体应用，同时探讨了增强现实教学中所应用的视觉与听觉模态。李颖（2020）关注虚拟现实技术对教学模态的再建作用，表明 VR 技术的运用为教学模式添加了富有情景化的语言学习环境，在激发学习者多种感官体验的同时为其搭建虚拟空间，带给学习者沉浸式的体验。

VR 技术所塑造的仿真场景也会良好地呈现出非语言信息，促使学习者在此场景下做出与真实情景相同的语言反应，交流能力得到锻炼，提升交流效率。

3.2.5 多模态教材建设

教材的建设是达到良好教学效果的重要一环，立体化教材本身具有的多资源融合性使其具有多模态性。"立体化教材指立足于现代教育理念和现代网络信息技术平台，以传统纸质教材为基础，以学科课程为中心，以多媒介、多形态、多层次的教学资源和多种教学服务方式为内容的教学出版物的集合。"（唐萌萌、徐小雁，2020：84）。唐萌萌等（2020）以 CBI 教学法为依托，分析了高校英文版《中国文化概论》出版的发展情况及其立体化教材的现存问题。比如，教材编写虽然在 CBI 教学法的指导下在学练结合方面有所提升，但仍缺少非纸质的教学资源，与 CBI 教学法配套的立体化教材建设尚不完善。陈坚林（2011）总结了立体化教材的特点，并据此提出立体化教学。朱燕（2014）探讨了国内外语教材建设的理论以及动态立体化多模态教材的特点和设计。

一些学者也针对多模态教材的编写提出了设计原则和构想。刘明和李法敏等（2011，2012）都针对视听教材的设计进行了探讨，如多模态听力教材的编写和使用应遵循立体化、信息化、自主化、生态化及开放式原则，在内容上应坚持多样性、生动性、趣味性和互动性要求（刘明、胡加圣，2011：4-5）；将视听、阅读、听力等多种模态整合到视听教材，也可与电子教材同步开发（李法敏，2012：46-47）。张德禄和李枫等（2010b，2012）则对多模态外语教材的编写提出了综合性原则和理据。除此以外，王荣花等（2015）选取小学教材中的多模态故事语篇进行图文资源整合的探究，发现图文关系会根据不同年级学生的需求发生变化，而视觉和言语符号系统在教材中是具有互补性的，应合力协作共建多模态文本。曹娟（2016）探讨了我国大学外语类电子教材开发的有关问题，指出电子书具有刺激学习者多种感官等优势，方便呈现教材的多模态性。

4 多模态外语教学研究现状的优势和不足

4.1 优势

我国对于多模态外语教学的研究视角是多元的，不仅限于多元读写、多模态话语分析的角度，许多文献将多模态理论与其他理论、理念等结合起来展开探究，比如间性理论、建构主义理论、平衡教学法、计算机技术与外语课程的生态化整合理念等，研究者能够根据研究侧重点，选择不同的理论支撑对主体进行更全面、客观的分析。

我国有关多模态外语教学的研究内容较为广泛，文献在多模态教学理论教学框架、实践性教学模式设计、多模态教材、多模态对学习效果及有关因素的影响等方面都有涉及，且一些文献紧跟时代发展步伐，将新型技术（如虚拟现实技术、普适计算）应用在教学中。

4.2　不足

在研究对象方面，大多数研究选择非英语专业大学生作为研究对象或局限于大学课堂进行探究，一些研究也会选择非英语专业研究生作为研究对象，但极少有研究选择在中学或者小学课堂开展。因此，多模态外语教学相关研究在对象资源选择上是十分不均衡的。小学是学生接触外语的伊始阶段和启蒙时期，中学则是学生学习外语的重要时期，这两个阶段的外语学习对于学生兴趣的激发、基础知识的掌握、思维模式的培养以及学习能力的提升至为关键，其教学模式的设计等方面同样需要学者进行深入探究。

在研究方法方面，虽然大多数实证研究可以结合量化与质性的研究方法进行调查分析，研究结果具有较强的客观性，但也存在相当多的文献只限于理论探究层面，未通过实证研究去验证理论框架或教学模式的适用性或效果，缺乏真实的师生反馈。因此，其阐述的积极效应在一定程度上也就存在很大的主观性，缺乏客观性。

在研究内容方面，虽然涉及的方向较为广泛，但也存在资源分配不均的问题。大量文献侧重于对教学框架和教学设计的探索，很少有人关注多模态教学与其他和学习相关因素的关系，作者在检索范围内只查阅到一篇有关多模态呈现方式对词汇学习焦虑的影响研究（郑群、徐莹，2020）；此外，只有李广凤（2014）详细、多角度探讨了教师如何在多模态课堂中发挥作用。有关学习焦虑、教师角色等方面的探索，对于达到多模态教学的良好效果也是十分重要的。最后，多数文献所应用的理论还只是被普遍采纳的国外理论，缺乏自主创新性。

5 结语

近年来，以研究内容为依据，以文献计量法为研究方法，我国多模态外语教学研究主要涉及 5 个方面：1）教学模式的设计和框架建构；2）对学习效果的影响；3）虚拟现实技术应用；4）模态选择和模态间的关系；5）多模态教材建设。在研究角度和研究内容上，文献呈现出多元化特点，但仍存在实证研究较少、研究对象和研究内容资源分布不均的问题。日后，研究者应当加强实证的探索，避免将研究只停留在理论层面；增强小学和中学阶段研究的开展，不局限于大学及以上阶段；增加对影响学生学习效果的其他因素的探究，如学习积极性、学习焦虑等；根据我国教育情况，创建适合我们自己的教学理论框架。

本文也存在着一定的研究局限。在检索文献时，作者只选取了"多模态"和"外语教学"作为主题词进行检索，未更换其他词汇进行多次查阅与筛选，存在相关文献的漏查问题，希望在未来可以扩展检索范围，对相关文献进行更加详细全面的整理与归纳。

参考文献

[1] Barthes. R. 1997. Rhetoric of the Image[A]. *Image. Text*[C]. London: Fontana.

[2] Chandler P. & Sweller J. 1991. Cognitive load theory and the format of instruction [J]. *Cognition and Instruction*, 8(4): 293-332.

[3] Forceville C. 2009. Non-verbal and multimodal metaphor in a cognitivist framework: agendas for research[A]. In C. Forceville & E. Urios-Aparisi (eds.). *Multimodal Metaphor-Applications of Cognitive Linguistics*[C]. New York: Mouton de Gruyter.

[4] Kress & Van Leeuwen, T. 2001. *Multimedia Discourse: The Modes and Media of Contemporary Communication*[M]. London: Arnold.

[5] Mayer R. E. & Anderson R. B. 1991. Animations need narrations: An experimental test of a dual-coding hypothesis [J]. *Journal of Educational Psychology*, 83(4): 484-490.

[6] Mayer R. E. & Moreno R. 2003. Nine ways to reduce cognitive load in multimedia learning [J]. *Educational Psychologist*, 38(1): 43-52.

[7] New London Group. 1996. A pedagogy of multiliteracies: Designing social futures [J]. *Harvard Educational Review*, 66(1): 60-92.

[8] Paivio A. 1986. *Mental Representations: A Dual Coding Approach* [M]. New York: Oxford University Press.

[9] Wittrock M. C. 1989. Generative processes of comprehension [J]. *Educational Psychologist*, 24(4): 345-376.

[10] 蔡宁，王敏. 2017. 输入模态对二语口头产出中协同效应的影响[J]. 现代外语，40（4）：518-528，584.

[11] 曹娟. 2016. 从电子书的发展看高等教育外语类电子教材开发的适用性[J]. 现代出版，（2）：38-40.

[12] 陈坚林. 2011. 试论立体式教材与立体式教学方法[J]. 外语电化教学，（6）：3-7，18.

[13] 陈争峰，杨跃，曹志宏. 2014. 多模态、多媒体环境下高校英语课堂动态平衡模式探究[J]. 西安电子科技大学学报（社会科学版），24（4）：110-115.

[14] 冯德正. 2017. 基于多元读写理论的课堂教学设计：以英语语言学课程为例[J]. 中国外语，4（3）：55-63.

[15] 葛俊丽，罗晓燕. 2010. 新媒介时代外语教学新视角：多元识读教学法[J]. 外语界，（5）：13-19.

[16] 顾曰国. 2007. 多媒体、多模态学习剖析[J]. 外语电化教学，（2）：3-12.

[17] 郭万群. 2013. 论间性理论视阈下的大学英语多模态教学与研究——兼论外语教育技术的哲学基础[J]. 外语电化教学，

（1）：21-26.

[18] 胡壮麟. 2007. 社会符号学研究中的多模态化[J]. 语言教学与研究，（1）：1-10.

[19] 蒋学清，丁研. 2012. 现代教育技术下的新型大学英语教学模式理论框架初探[J]. 外语电化教学，（6）：42-46.

[20] 康志峰. 2012. 立体论与多模态口译教学[J]. 外语界，（5）：34-41.

[21] 李法敏. 2012. 浅析外语教材出版在多媒体时代的创新——以视听为方向[J]. 中国出版，（2）：44-47.

[22] 李枫，李娜. 2012. 论多模态外语教材的特征及编写理据[J]. 编辑之友，（6）：84-86.

[23] 李广凤. 2014. 多模态外语课堂教学中教师的中介作用研究[J]. 教育科学，30（2）：38-42.

[24] 李庆杰. 2011. 利用多模态的协同创建师生共赢的大学英语课堂[J]. 思想战线，37（S2）：370-372.

[25] 李思萦，高原. 2016. 移动技术辅助外语教学对英语词汇习得有效性的实证研究[J]. 外语界，（4）：73-81.

[26] 李雪，王景惠. 2015. 多模态驱动的研究生英语学术语篇建构[J]. 外语电化教学，（5）：63-67.

[27] 李颖. 2020. 虚拟现实（VR）与外语教学模态再建研究[J]. 外语电化教学，（1）：24-30，4.

[28] 梁晓晖. 2015. 英语写作思维的认知型多模态培养模式[J]. 外语电化教学，（1）：43-49.

[29] 刘明，胡加圣. 2011. 大学外语视听教材的多模态化设计构想及要求分析[J]. 外语电化教学，（2）：3-8，20.

[30] 刘欣，司炳月，杨帆. 2015. 专门用途英语教学多模态框架建构与实证研究[J]. 黑龙江高教研究，（6）：173-176.

[31] 马利芳. 2016. 多模态话语框架下教学模式研究[J]. 教育理论与实践，36（1）：57-60.

[32] 马莉，沈克. 2012. 增强现实外语教学环境及其多模态话语研

究[J]. 现代教育技术, 22（7）: 49-53.

[33] 申云化, 曲鑫. 2014. 现代教育技术环境下多模态与元认知对英语听力的促进作用研究[J]. 中国电化教育, （8）: 125-129.

[34] 唐萌萌, 徐小雁. 2020. 基于 CBI 的立体化教材出版研究——以《中国文化概论》英文课程为例[J]. 出版广角, （20）: 83-85.

[35] 王娟, 杨跃. 2014. 多模态教学干预语块学习与听力理解能力的提高[J]. 中国外语, 11（6）: 43-52.

[36] 王容花, 江桂英. 2015. 多模态外语教学: 图文资源的整合——以人教版小学英语教材中故事部分为例[J]. 基础教育, 12（3）: 84-90.

[37] 夏颖. 2016. 基于多模态话语分析理论的大学生自主学习模式研究——以大学英语课程为例[J]. 黑龙江高教研究, （9）: 138-141.

[38] 杨剑英, 杜平. 2012. 多模态外语学习的意义建构认知研究[J]. 中国教育学刊, （S1）: 51-52.

[39] 姚阳. 2015. "多模态"语境下英语教学模式的实践性研究[J]. 中国教育学刊, （S1）: 353-354.

[40] 张德禄, 丁肇芬. 2013. 外语教学多模态选择框架探索[J]. 外语界, （3）: 39-46, 56.

[41] 张德禄, 刘睿. 2014. 外语多元读写能力培养教学设计研究——以学生口头报告设计为例[J]. 中国外语, 11（3）: 45-52.

[42] 张德禄, 王璐. 2010a. 多模态话语模态的协同及在外语教学中的体现[J]. 外语学刊, （2）: 97-102.

[43] 张德禄, 张淑杰. 2010b. 多模态性外语教材编写原则探索[J]. 外语界, （5）: 26-33.

[44] 张德禄. 2009a. 多模态话语分析综合理论框架探索[J]. 中国外语, 6（1）: 24-30.

[45] 张德禄. 2009b. 多模态话语理论与媒体技术在外语教学中的

应用[J]. 外语教学，30（4）：15-20.

[46] 张德禄. 2010c. 多模态外语教学的设计与模态调用初探[J]. 中国外语，7（3）：48-53，75.

[47] 张德禄. 2012 多模态学习能力培养模式探索[J]. 外语研究，（2）：9-14.

[48] 张维，刘晓斌，周榕. 2012. 多模态话语课件在外语语法教学中的实证研究[J]. 现代教育技术，22（6）：58-61.

[49] 张征. 2010. 多模态 PPT 演示教学与学生学习绩效的相关性研究[J]. 中国外语，7（3）：54-58.

[50] 张征. 2013. 多模态 PPT 演示教学与学生学习态度的相关性研究[J]. 外语电化教学，（3）：59-64.

[51] 郑群，徐莹. 2020. 多模态呈现方式对英语词汇学习焦虑的影响研究[J]. 西安外国语大学学报，28（2）：49-53.

[52] 郑秀梅. 2014. 多模态话语分析视角下提高高校外语课堂教学质量研究[J]. 黑龙江高教研究，（9）：168-170.

[53] 周文娟. 2011. 基于 Pervasive Computing 技术的外语网络交互模态话语构想[J]. 现代教育技术，21（6）：91-95.

[54] 朱燕. 2014. 我国外语教材构建的理论基础和模式设计思考[J]. 编辑之友，（12）：22-27.

近代留日学生的思想变迁

——兼论严安生《灵台无计逃神矢——近代中国人留日精神史》

北方工业大学　苏丹蕾

摘　要： 追溯探讨近代中国留日学生的思想变迁，可发现近代中日关系剧变带来的深刻影响。本文通过探讨严安生的《灵台无计逃神矢——近代中国人留日精神史》一书，聚焦清末留日学生的精神变迁并进行分析。本研究总结归纳了近代留日学生从轻视日本，到羡慕日本，再到仇视日本，最后学习日本的艰难思想变迁。

关键词： 清末　日本留学　精神史

1　近代中国人留日研究概况

日本的近代中国留日学生研究，大多选取某个时间段、某个事件或某个方面来进行探讨，往往把某个人、某个事件考察得淋漓尽致，这彰显了日本学者细致入微的学术态度与资料搜集和考证能力。最有代表性的如实藤惠秀的《中国人留学日本史》，该书对学习、生活、社会等物质层面做了大量的考察与详细的分析。此等精细的研究容易陷入管窥蠡测的困境，容易忽略宏观的时代背景，也就是近代中日关系的变迁，以及日本侵华行动逐渐扩大的历史背景。因此，透过近代中国留日运动的表象，探究留日学生追求国家独立、民族解放的本质目的，以及日本政府通过接受中国留学生而培植"日中亲善"势力和向大陆侵略扩张的主要目的等研究就显得独具风格了。严安生的《灵台无计逃神矢——近代中国人留日精神史》一书，聚焦清末留日学生的精神变迁，探讨了在那个风起云涌时代留日学生的留学历程与思想轨迹。该书着重讨论了留日学生的思想轨迹，对清末以鲁迅为代表的第一代留日学生群体的留学历程与心灵轨迹进行了一次全方位的勘察与评述，填补了留日学生精神史研究的空白。

1.1 《灵台无计逃神矢——近代中国人留日精神史》一书的补足作用

严安生，江苏镇江人，1937 年生于武汉。1979—1981 年作为公派留学生，到日本东京大学综合文化研究科学习。1989 年获日本东京大学学术博士学位，《灵台无计逃神矢——近代中国人留日精神史》一书便是其博士学位论文的改写。严先生本人是改革开放后首批公派留日学人，因此，他对近代中国人留学日本的文化史研究和谱系考证，也是结合自身的求学体验与心路，与百年前负笈东渡的先行者实现的一次跨越时空的对话。

《灵台无计逃神矢——近代中国人留日精神史》一书描绘的是清末留学热潮中一代留日青年的青春群像。作者从他们的留学动机入手，直叙到达日本后的惊叹和羡慕之情，以及在日本受到的歧视和侮辱，更有日俄战争期间的忧虑和不安，进而透析中日两国由于制度不同、文化差异所带来的文化摩擦。在翔实资料的基础上，探讨了中国人"轻日""师日""仇日""知日"的过程和渊源。作者把自己与当时的留日学生融为一体，在批判性地讨论当时留学生的同时，也吐露了自己的心声。他那充满激情的笔触背后，是对鲁迅忧国忧民思想的继承。

2 近代留日学生的思想变迁

2.1 从"轻日"到"羡日"——幻想崩塌，重寻方向

1894 年甲午战争意想不到的惨败，激起了"吾国四千余年大梦之唤醒"，中国的"师日"风潮逐渐涌起，接连不断的中国青年赴日留学。以第二次鸦片战争后的洋务运动为引子，清政府为巩固统治派出了留学生，旨在学习西方的技术。并且，当时提出的"中学为体，西学为用"概念，实际上只是服务于统治阶级的利益，并非谋求民族的救亡图存。换言之，派遣留学生只是为了服务于上层建筑，并未动摇腐朽的政治根基。张之洞在《劝学篇》中极言留学之利，力主留学之必要，提出"出洋一年，胜于读西书五年；入外国学堂一年，胜于入中国学堂三年"。然而既然要变法，那么培育人才固然重要。怎样培养人才，培养什么样的人才，这对于当时对未来局势判断并不明朗的官僚们来说，是难以统一的问题。张之洞作为游弋在维新派与保守派之间的新派权臣，难免举足不定。甚至大多数保守派对外国文化对中国传统文化体系所产生的影响和冲击心怀恐惧。正如作者所分析的那样，1902 年以来，被称作留学生的"少数优质时代"，这批留学生与统治者当局的派遣路线贴合得十分紧密，他们归国后，在清政府的留学生录用考试中出头者甚多。然而，"优质"一族日后成为革命家的甚少。与之相对的是，在此之后的以鲁迅为代表的"多数速成时代"，虽然饱受非议，但却推动当时的中国社会迎来了新的局面，带来转机。

当日本国内国粹开始复兴的时候，清政府开始加大向日本的留学生派遣力度。尽管中日两国的"师生关系"早已在中国派遣留学生时就已异位，日本也很快进入"老师"的角色，"以代兴教育自任"，中国却并没有放下自己曾为"老师"的架子，提倡"下而从事学问"。此时的中国人，还延续在"文明母国"的千古遗梦中，妄自尊大。派遣留学生不过是继续的思想控制——"忠"和"孝"

的延续。日本国粹复兴对清政府的影响是：清政府把曾经对日本全盘西化的唾弃变成了复兴忠孝的榜样。只要"忠"和"孝"的核心在，清政府的统治必然是牢固的。所以留学生也被逐渐放开学习的方向，但是对于政治的思考和参与仍然是清政府的红线。就算光绪皇帝开始拔擢变法人才，但是当时的政治权力并不在他手中，而是依然被守旧派所把持。变法也因此以失败告终。其他学者对此提出了相同的思考——"戊戌变法期间，维新派力主效法日本，变革旧制。伊藤博文的来华从国际视角拉近了清日关系。光绪帝的'联日'政策和态度从国家元首层面确立了对日关系和变法的基调。其间留日学生政策确立以及派遣则如同一剂润滑液，削弱了国内的反日情绪，更为促进了戊戌变法与日本的关联。'剪不断，理还乱'，戊戌变法中的日本因素，实质上是清季各种势力冲突、妥协的叠加，剥离其层层粉饰的外表下，其根本与初衷往往令人匪夷所思"。（孙波，2016）

虽然留学生们带着来自泱泱大国的自豪感，但是在日本生活和学习的不断深入，越来越多的中国人逐渐认清了差距。在派遣留学生的过程中，清政府发现一个大问题——讲师不够。所以政府开始派遣一些大儒、学者访问日本。在长时间访问过程中，讲师本身也发生了观念上的变化，开始怀疑对清政府"忠"的正确性。然而，由于长久的固化观念，这些疑问并不能根本上改变他们的授课内容与方针，只能从一些细枝末节的交流中窥探一二。讲师嘉纳与留学生杨度的辩论就是一个很显著的缩影。嘉纳反复劝告中国学生采取"和平主义"，却引发了怀揣着满腔抱负的中国志士们的不满与反对。甚至在一年后，辩论的内容传到中国国内，迅速激起众议。讲师嘉纳自身的观念与立场相对保守温和，无论处在何种条件下，都认为明哲保身才是立身处世之计。在其与中国学生的辩论过程中，论词也从一开始的"我们西化好，你们西化你们也好"，逐渐变成了"你们一直是'忠'的，发展这么久，那就一直'忠'下去吧"。然而，夹杂在政治与利益中的留学生们，思想已然发生了转变，开始逐渐西化。留学生们被教育说"革命必然分裂"，虽心存担忧却愈发跃跃欲试。

此时正值辛亥革命前后，势如洪水的"速成法政"时代到来，留学生大量奔赴日本，即使再抗拒、再抵触，中国留学生们也不得不佩服日本在各方面取得的成就。在中国愈发风雨飘摇之际，留学生中也有人开始谋划着破釜沉舟，试图革命，其代表便是同盟会。不难看出，一部分留学生已然放下了"文明母国"的骄傲，潜心向曾经鄙夷的国家虚心学习，甚至效仿日本、称赞日本。在那肆意张扬的年纪，能放弃敌对之念，将民族仇恨与民族自尊心暂且搁置，转向反思、自省并向敌国学习，有如此大的思想转变，实属不易。留学生们在这转变过程中经历了怎样的思想斗争与煎熬，我们只能借此有些许了解。

2.2 "仇日"与"师日"的两难困境

留学生们步履维艰地转变了对日本的轻视态度，开始羡慕日本明治维新复兴后的瞩目成就，呼吁"跟日本向右看齐"。然而好景不长，大阪博览会上的人类馆中，对中国带有侮辱性质的展品激起了留学生们的悲愤。明治以来，特别是经过甲午一役，日本人已瞧不起中国人，瞧不起衰颓已极的中华民族。留学生们敏感而脆弱的精神早已隐忍沉默良久，被这种恶意丑化的事件刺激，做出激烈的抗议可以说是意料之中的，更何况这代表着一个民族的存亡荣辱。"人类馆"只是导火索，接下来发生了接二连三的类似事件，留学生们的民族屈辱感被不断激发，对日本的怨恨也不断加深，并且显然呈无法解决之势。一篇篇铿锵的声明，满载着弱国子民的满腔悲愤。

同样的例子还有"游学馆"体验。日本人耀武扬威展示着中日交战的战利品，激起了留学生们强烈的不满。大阪博览会上带有讽刺地展示中国女性缠足等陋习，以及中国男性留辫子的发型在日本街头被人耻笑，令留学生们在愤怒的同时最刻骨铭心的是民族落后的屈辱。"游学馆"让所有心怀家国的留学生热血冲脑，愤怒不已，对日本的仇恨熊熊燃起势不可遏，已然发展到了无法扭转的地步。

然而，任何事都不是非黑即白的。除了露骨的轻侮与侵略式的态度另当别论外，一般的日本人虽然也是生活在国策的影响之下，但无直接的责任，他们中有很多人带着亲切感接近中国人。但也正因为如此，他们的热情亲切背后，总令人感到别扭。

"日俄战争开始后，人们由于对沙俄的痛恨，还把同情寄予在日本方面，听见日本打了胜仗，大家都很高兴。"（吴玉章，1918：19）就中国的志士们所反映出的这种"黄白竞争""黄人联盟"的思想来看，并不能说它是自发形成的，更像是深刻地反映了劝诱接纳留学的日方的影响。日本希望通过接纳留学生，将其培养成亲日势力，借此进一步控制中国。在日本直观感受明治维新带来的新气象、深入其境地感受日本近代化过程的留学生们，很有可能在学成回国之后，以日本为范本在中国推行改革。并且，留学生回国后必然会因其留学经历和职务需要，与日本有着密切联系，这便可以增进"中国官民信赖日本之情，……，且可无限量地扩张势力于大陆"（桑兵，2015：47）。

受到日本沸腾的对俄开战的军国热的刺激，留学生们产生了三层心理状态：其一，是为黄色人种的带头人日本骁勇善战而兴奋；其二，是羡慕，以及与此互为表里的焦虑和稍稍恢复的自信复杂交织在一起的感情；其三，是作为曾经的战败国的屈辱以及对敌国的警惕。对中国留学生的歧视情绪在民间蔓延，不少留学生受到得意万分的日本人的敌对与侮辱。然而留学生们很少因此而感情用事，他们对日本的胜利予以肯定，并积极从中吸取教训、获得自信的姿态始终没有改变。在街头被投以瓦石的青年王朝佑在窝心气愤之后说："世人只知日本之盛，在乎兵强，殊不知彼于小学儿童，已施以不挠不屈之精神教育矣。"这种被欺辱中也不忘汲取教训、提醒同胞的心态，甚至会让如今的我们看来心生不忍。

随着日本方面的不断膨胀和野心愈发露骨，日方想要占领中国的野心以及对留学生们的所作所为，逐渐招人反感到了无法容忍的地步。但是，留学生仍然对他们保持着或多或少的幻想与亲近。他们同时抱持着对黄色人种新英雄的期待和对新"列强"日本的警惕，有时偏重于前者，有时倾向于后者，既自我矛盾，又与外部擦出了火花。有这样思想的留日学生在当时不算少数，甚至可以说，这是当时留学生的共识。当然，时刻保持距离、冷眼相待的鲁迅等人，便是例外。我们如今看来显而易见的事情，在那时的留学生们眼里，是一团迷雾。的确如此，"剪不断，理还乱"，时代的局限性束缚了认识，两种矛盾情感的平衡把握是十分艰难的。

革命之路道阻且长，继速成师范和速成法政之后，日俄战争直接导致了士官留学生数量激增。这里作者考察的不是留学生们的心态，而是中国当局对待士官留学生的态度。培养新军军官是派遣者当局的迫切需求，但反过来，又警惕他们的革命化。这里不得不举一个非常典型的例子——袁世凯，他对士官留学生的态度最为狡猾。在当时的日本，袁世凯被视为最为开化的名臣和关键人物而受到欢迎，并被寄予厚望，而且比在中国的名声更好。他对日派遣士官的规模也是数一数二的，但他从未将留学生们用作心腹，几乎没有接受过北洋新军系统之外的留学生。相反，那些清朝贵族倒是不辞"三顾之礼"，积极招徕人才。这一对照所反映的无声的紧张对峙发人深省。

2.3 思想、生活等方面的摩擦

留学生们带着热血与豪情前往日本，然而，因为生活习惯的差异而滋生摩擦给留学生们带来了诸多困扰。来自日本社会的歧视和对日本社会、日本文化的误解与蔑视，加强了国人之间的连带感，形成了一个个留学生小圈子，"同仇敌忾"的心理反过来又造成自身惯习的不断重演，这进一步加剧了与日本社会的隔绝。在这种情况下，认为学习日语的必要性不大也成为留学生的普遍意识。例如黄尊三、石陶钧和宋教仁等人的日记、回忆录里，均难寻觅与日本人交往的踪迹，记述的往往是疲于乡人之间的应酬。鲁迅在《致蒋抑后》的信中坦陈自己是赴日两年后到了仙台才开始"深入彼学生社会间"的，他无疑是意识到了闭锁的危害性而刻意与留学生圈子保持疏离的；愤怒投海的陈天华到了日本很久也说不出一句完整的日语，他的直接死因固然是日本媒体的扭曲报道，称 1905 年清朝留学生取缔事件乃留学生"放纵恣劣"所致，但是包括陈天华在内的留学生的愤怒，在一定程度上也源自他们对"取缔"一词的误解。"取缔"在日语中是管理、管束、管制等意，与中文里的意思差异很大。自我设置诸多壁垒，不愿意去了解日本的语言、社会和文化，严安生认为支撑这种生态持续下去的强大惯性，就是中国士人身上的乡党意识。而在表面强大的连带感背后，歧视留学生事件一发生，就有留学生喊着要罢课、要归国，接着就有反对派，于是留日学界不断上演上课与罢课、返国与不返国两派之间的斗争。

2.4《灵台无计逃神矢——近代中国人留日精神史》之我见

全书通过比较不同的案例，追溯和反思清末留日学生的精神史。前四章以事件为主轴，纵向探讨留学生与时代激烈交锋、对诸事件采取主动的驱动力；后两章则从衣食住行的横切面，反复咀嚼中日文化摩擦给留学生造成的心理冲击。

一般而言，"精神史"所研究的对象往往是文化精英，作者在充分重视对后世知识和文化走向有重大影响的留日精英之外，观照的对象亦扩及留日群体中的绝大多数普通人，层层剥离留学生未经组织化、规范化的生活意识和精神态度，让"精神"这一抽象的历史观念以可见可触的方式回到历史本身。

从上述分析可见，其一，全书对女子留学的介绍较少，但以秋瑾为代表的革命女性在当今社会仍是值得重视的。而且，由于当时历史大环境处于封建社会的转型时期，男权色彩强烈，女性从"大门不出二门不迈"转变成为革命家，其中的心路历程必然与男性有所不同，值得探索；其二，留学生们的思想转变，不仅需要分析社会环境，还需重视当局的思想转变。毕竟派遣留学生的目的是巩固政府统治。但政府官员的声音不宜一概而论，其中有多少暗流涌动与思想的碰撞，我们不得而知。但通过分析和查找当时的政策变动，结合留学生们的反馈，或许可以窥探出社会转型期的政府官员们"精神史"的冰山一角。

3 结语

可以说在清末近代化探索进程中，日本的存在不容忽视。严安生结合具体的历史事件，对近代中国留日群体进行了全方位的分析。作者虽为中国人，但或许是因为用日语写作的原因，全书从语言风格到叙述思路都充满着婉约且周密的日式风格。虽然精神史的考察是一个较宏观的选题，但书中对具体的人物和事件都有着十分详尽的阐述。精神史的考察不仅与当时发生的具体历史事件相关，还有着非常浓厚的文化内涵与个人色彩。作者非常难得地站在一个相对公正的立场上，客观地向我们展现了留学生们的思想变迁，即从"轻日""羡日"，到"仇日""师日"。

参考文献

[1] 徐志民. 2020. 日本的近代中国留日学生研究[J]. 近代史研究，（1）：147-159.

[2] 实藤惠秀. 1983. 中国人留学日本史[M]. 北京：生活·读书·新知三联书店.

[3] 孙波. 2016. 戊戌变法中的日本因素[J]. 齐齐哈尔大学学报（哲学社会科学版），（7）：90-93.

[4] 吴玉章. 1978. 吴玉章回忆录[M]. 北京：中国青年出版社，19.

[5] 桑兵. 2015. 交流与对抗近代中日关系史论[M]. 南宁：广西师范大学出版社，47.

[6] 钟叔河. 1985. 走向世界——近代中国知识分子考察西方的历史《甲午以前的日本观》[M]. 北京：中华书局.

[7] 严安生. 2018. 灵台无计逃神矢——近代中国人留日精神史[M]. 北京：生活·读书·新知三联书店.

大学生跨文化交际能力研究综述

北方工业大学　董红玉

摘　要： 在全球化的背景下，大学生需要提高自身的跨文化交际能力，以便能够更好地与不同国家的人进行沟通。笔者首先梳理了跨文化交际能力的概念和内涵，以及关于大学生跨文化交际能力现状的研究。其次梳理不同学者关于培养大学生跨文化交际能力的研究，发现正确利用网络环境可帮助大学生快速有效地提高跨文化交际能力，同时大学生使用的教材中应增添合理的外国文化知识板块，教师应改变传统教学方法来帮助学生们提高跨文化交际能力。

关键词： 跨文化交际能力　大学生　大学英语教学

1 引言

大学生的跨文化交际能力在大学外语教学中备受重视，我国《义务教育英语课程标准》（2011 年）和《大学英语教学指南》（2017 年）都明确规定文化意识和跨文化交际能力的培养是英语教学的重要目标之一。本文首先介绍不同学者对于跨文化交际能力的概念和内涵的见解，然后梳理学者对大学生们跨文化交际能力现状的调查，发现我国需加强对大学生们跨文化交际能力的培养。其次根据学者从学生的学习环境、教材改革和教学方法三个方面对培养学生的跨文化交际能力所做的研究，探索培养大学生跨文化交际能力的有效方法。

2 跨文化交际能力的研究

2.1 跨文化交际能力的概念和内涵研究

跨文化交际能力的研究可以追溯至 19 世纪 60 年代初，比较常用的英文概念之一是"intercultural communication competence"，简称为 ICC。除此之外，范特尼（Fantini，2007）的研究发现，还有二十多种与此概念相近的表达。关于跨文化交际能力的概念和内涵，时至今日学者仍众说纷纭，尚未有统一的答案。以往学者从不同的视角对跨文化交际能力的概念和内涵进行了研究，比如孙有中（2016）从构成要素的角度帮助我们对跨文化交际能力的内涵进行理解。此外，学者对跨文化交际能力的一些基本特征也达成了较高的共识。比如迪尔多夫（Deardorff，2006）指出，跨文化交际能力是指在跨文化情况下进行有效和适当沟通的能力。有效性和适当性被认为是衡量跨文化交际能力的两个重要标准。金姆（Kim，2001）认为跨文化交际能力包括三个层次：认知层次、情感层次和行为层次。大多数学者对此形成共识，笔者也持赞同态度。跨文化交际能力的概念和内涵是非常复杂的，仍需国内外学者进一步探索。

2.2 大学生跨文化交际能力现状研究

大学生跨文化交际能力近年来受到诸多学者的广泛关注，学者们对此进行了许多调查研究。比如学者刘丽华、戴慧琳和黄振定（2018）做了一个英语专业本科生的研究，结果发现其中国文化失语症情况严重，仅约四分之一的学生能正确使用英语来表达中国文化知识。通过此研究发现英语专业大学生普遍存在的现象，便是他们不能正确使用英语来表达中国文化知识，在今后的外语教学中应注意在培养英语专业大学生过硬的外语知识的同时，适当加强对其中国文化知识的传输。除此之外，学者高永晨（2016）通过调查，发现中国大学生总体的跨文化交际能力处于比较理想状态，均值为3.73，并且在 6 个维度上的均值依次为意识＞态度＞技能＞策略＞思辨＞知识，意识最高（3.96），知识最低（3.03）。高永晨（2016）的研究发现，文化知识在这六个维度中排名最低，造成这个结果很大程度上与理科生掌握的文化知识过低相关。综合上述两个研究结果来看，英语专业大学生理应掌握更多的文化知识，但他们仍存在中国文化失语症问题。因此，要想改变大学生这种现状，我国外语教育需从多维角度加强对大学生跨文化交际能力的培养。

3 培养大学生跨文化交际能力的研究

3.1 学生学习环境

在跨文化交际的早期阶段，学者就非常关注学生的外语口语表达能力，然而时至今日，外语教学的一个关键点仍是培养学生的口语能力。除此之外，大学外语教学还应注重培养大学生的跨文化交际能力，而思辨能力是跨文化交际能力不可或缺的核心因素之一，提高思辨能力是提高学生跨文化交际能力的前提条件，在此基础上，外语教学需要加强对他们跨文化知识的拓宽和思辨能力的培养。在近几年的研究中，许多学者支持让大学生使用网络技术或者让学生们出国参加活动，让他们处于一个可以不断使用英语的环境帮助他们提高英语口语能力和跨文化交际能力。比如梁丽娟（2010）认为，学生可以利用网络的交互性和共享性来与其他国家的人进行交流，使传统课堂的"模拟交际"环境变成网络上的真实情景再现，因而随着网络的发展，网络交际已成为解决当前学生跨文化交际问题的新手段。汤易（2018）的研究指出，网络视听说资源库以其丰富的资源、生动的形式，在培养大学生跨文化交际能力方面发挥了重要作用，高校可以通过网络视听说资源库培养大学生的国际视野，加强大学生的语言文化教育，增加大学生交际锻炼的机会。相关研究提到，Moodle 和 Blackboard 等机构的电子学习系统为大学生跨文化在线交流提供了机会。从上述研究中可看出网络软件的研发解决了学生们与不同国家的人进行交流的技术障碍，网络已变成学生们之间进行跨文化交流的一个便利的平台，学生们可以通过网络即时与不同国家的人进行交流，体验与学习不同国家的文化。身处网络这个大环境中，学生们可以有效且快速地提高自身的跨文化交际能力。

3.2 教材整改研究

教材是学生获取知识的基础，一本好的教材有助于学生提高他们的跨文化交际能力。由于大学生现行使用的某些教材把重点放在帮助学生通过四六级考试以及培养学生听说读写译的能力，所以这些教材局限性强、内容较单一并且缺乏跨文化教学的内容。与此同时，学生们平时又对其他国家的文化接触较少，这就导致了学生学习外国文化的意识较薄弱，他们所掌握的知识只能够应付考试，却无法真正地掌握这门语言。穆翰（Mughan，1999）指出，外语课程的设计需要适应外语学习者的需求，其课程材料如果具有跨文化敏感性，将有助于学生有效的学习。希莱兹（Sheeraz，2015）认为，可以将文化意识融入语言教学计划中，来全面提高学生们的跨文化交际能力。徐海宁、田晓蕾、黄晓梅（2020）认为大学英语教材和测试中应加大文化知识和跨文化语用知识的比例，基于此教师可以更好地传授相关的知识与内容，学生也能够更多地掌握文化知识。郑晓红（2018）认为，教材应系统融合跨文化交际能力的知识、联系技能、发现技能、态度和意识五个维度，呈现多维视角的文化知识，设计真实的跨文化交际教学任务和活动，培养学生的跨文化交际能力。王小清（2015）认为，教材在保持一些传统的教学文章外，还应该增加一些国外文化交际所用的文章来加强学生的跨文化交际能力。从学者的研究中可发现，教材应根据学习者的需求更多地包含国外实用且有趣的文化知识板块吸引学生们学习，还应该增加开放性文化知识供学生自主去探讨。教材的整改将有利于教师更好地传授知识，以及提高学生们的跨文化交际能力。

3.3 教学方法

不同的外语研究者对培养大学生跨文化交际能力的教学方法不尽相同。首先在正式外语教学过程中，要重视听力训练，强化语言输入，再者提升说的能力，强化口语交际的正确输出。有研究指出，大学英语教学是培养学生跨文化交际能力的重要渠道，教师要不断改革陈旧的教学模式和实践方法，如采用多模态混合式、交互式和翻转式等先进的教学模式，为大学英语教学提供新思路。除此之外教师可以基于大学生英语教学改革的目标，在课堂教学中适量多设计一些跨文化交际活动，在提高学生跨文化交际意识的同时提高他们的跨文化交际能力。比如刘婷和罗春朋（2015）选取非英语专业两个班的学生做了一个为期一个学期的跨文化交际能力培养的对比实验，结果显示，大学英语教学中实施跨文化教学能有效提高大学生的跨文化意识，增强其跨文化言语交际能力和跨文化行为交际能力。从中可发现，大学教育有必要将跨文化交际能力教学实施于大学英语课堂教学中。除此之外，刘梅华和刘世生（2015）专门选取北京某高校两名大三英语专业的学生进行了一项调查研究，参与调查的学生均在大三期间参加了为期一年的出国交换项目。结果显示，尽管被试者觉得难以融入当地文化，但是交换使他们更多地了解了当地文化及其与母语文化的差异，进而变得对其他文化更加包容，并提高了自己的跨文化交际能力。高鹏和刘敏贤（2016）做了一个对比研究，将学生们分为控制组学生和实验组学生，控制组学生采用目前典型的外语教学模式授课——分析课文、翻译句子、讲授词汇、学生听讲、课后练习、讲解答案，以教师为教学中心，学生更多的是被动地接受知识；而对实验组学生则在建构主义指导下设置新的教学模式，对他们进行跨文化交际的培训。结果表明，实验组比控制组学生的跨文化交际能力在意识、态度、技巧三个维度均有明显提高。高鹏和刘敏贤（2016）这个以建构主义为教学模式的实验结果显示，学生更喜欢这种教学方法，并且在认知、情感和行为三个层面都看到了他们跨文化交际能力的提高。同时，教师们要转变传统的课上学习，变为课后练习的教学模式；定期开展跨文化专题学习；课堂上设置问题，引导学生探究解决问题的兴趣。再者，教育工作者为了培养外语学习者的跨文化交际能力，库尼科（Cunico，2005）认为戏剧具有独特的作用，它为外语学习者提供了诸多体验语言不同方面的机会（例如，情感、态度和身份），他们通过在语境中学习跨文化知识和参与交流，在外语课堂中学习本源知识和本源文化。从上述研究中可看出，传统的大学英语教学方法对培养大学生跨文化交际能力有所欠缺，顺应时代的发展，转变传统的教学方法对提高大学生跨文化交际能力至关重要。

4 结语

我们处于全球化的背景下，基于中国实施的"走出去"战略，我国需要培养很多具有深厚的跨文化交际意识以及卓越的跨文化交际能力的人才。而培养大学生的跨文化交际能力，则可以很好地连接国与国之间的关系。

从上述的研究中，笔者发现关于跨文化交际能力的概念和内涵，在以往学者们做出贡献的基础上，今后仍需更多的学者从不同的角度对其进一步探索与完善；在大学生跨文化交际能力的现状方面，虽然学者们调查的研究对象较为广泛，但是针对英语专业大学生和非英语专业大学生的跨文化交际能力调查比较多，对中外合作培养的大学生以及偏远地区大学生的跨文化交际能力情况关注较少，这样看来，他们的调查结果难免失之偏颇，今后我们也应当加强对这些特殊教育的大学生的跨文化交际能力的调查。在培养学生的跨文化交际能力方面，虽然网络环境对大部分大学生来说是一个提高跨文化交际能力的便利条件，但学者也应该考虑部分身处缺少网络环境的大学生，对于如何培养他们的跨文化交际能力，应提出进一步的办法；在教材整改方面，大部分学者提到要增添跨文化知识板块，但跨文化知识板块所占比例与根据学生能力的高低安排怎样的跨文化知识板块仍有待探讨；教学方法的使用应配合教材整改，顺应时代的发展，来培养学生的跨文化交际能力。

参考文献

[1] Cunico, S. 2005. Teaching language and intercultural competence through drama: Some suggestions for a neglected resource[J]. *Language Learning Journal,* 31(1): 21-29.

[2] Deardorff Alan V. 2006. *Terms Of Trade: Glossary of International Economics*[M]. WORLD SCIENTIFIC, 07.

[3] Fantini, A. E. 2007. *Exploring and Assessing Intercultural Competence*[R]. Washingtong: Center for Social Development Global Service Institute.

[4] Kim, Y. Y. 2001. *Becoming intercultural: An integrative theory of communication andcross-cultural adaptation*[M]. Thousand Oaks, CA: Sage.

[5] Mughan, Terry. 1999. Intercultural competence for foreign languages students in higher education[J]. *Language Learning Journal,* 20(1), 59-65. http: //dx. doi. org/10. 1080/0957173998520 0281.

[6] Sheeraz Ali. 2015. The Importance of Culture in Second and Foreign Language Learning[J]. *Culture in Second Language Learning,* 15(1): 1.

[7] Wang, S. R. 2018. Guidelines on College English Teaching[J]. *College Foreign Language Teaching and Research,* 7.

[8] Zhichang Xu. 2017. Developing Metacultural Writing Competence for Online Intercultural Communication: Implications for English Language Teaching[J]. *The Electronic Journal for English us a Second Language,* 20(4): 1-9.

[9] 高鹏，刘敏贤. 2016. 建构主义理论指导下的大学生跨文化交

际能力之策略研究[J]. 西安电子科技大学学报，26（3）：104-105.

[10] 高永晨. 2016. 中国大学生跨文化交际能力现状调查与分析 [J]. 外语与外语教学，2：77-78.

[11] 梁丽娟. 2010. 网络交际法在跨文化交际课程中的应用研究 [J]. 中国电化教育，（12）：45-49.

[12] 刘丽华，戴慧琳，黄振定. 2018. 英语专业学生的中国文化失语症分析研究[J]. 外语教学研究，183：42.

[13] 刘梅华，刘世生. 2015. 大学生交换学习期间跨文化交际能力和自我身份的变化：访谈研究[J]. 外语教学，36（1）：65.

[14] 刘婷，罗春朋. 2015. 大学英语课堂中跨文化交际能力培养的实验研究[J]. 教育学术月刊，9：107.

[15] 孙有中. 2016. 外语教育与跨文化能力培养[J]. 中国外语，13（3）：1，17-22.

[16] 汤易. 2018. 大学生跨文化交际能力的培养研究[J]. 教育理论与实践，38（27）：22-23.

[17] 王小清. 2015. 高校英语教学中学生跨文化交际能力的培养策略[J]. 山东社会科学，（S2）：240-242.

[18] 徐海宁，田晓蕾，黄晓梅. 2020. 大学生跨文化语用能力培养现状与改进策略研究[J]. 教育理论与实践，40（18）：56-58.

[19] 郑晓红. 2018. 跨文化交际视角下的教材评价研究——与 Michael Byram 教授的学术对话及其启示[J]. 外语界，（2）：80-86.

[20] Bennett, M. J. 1993. Towards ethnorelativism: A developmental model of intercultural sensitivity. In M. R. Paige (ed.), *Education for the intercultural experience*[M]. Yarmouth, ME: Intercultural Press, 21-71.

[21] Cambié, S. & Ooi, Y. 2009. *International Communications Strategy: Developments in Cross-Cultural Communications, PR and Social Media*[M]. London: Kogan Page.

[22] Council of Europe. 2017. *Common European framework of*

reference for languages: Learning, teaching, assessment companion volume with new descriptors[M]. Cambridge, UK: Cambridge University Press.

[23] 刘颖. 2019. 跨文化大学英语教学模式与方法研究——评《大学英语教学的跨文化教育及教学模式研究》[J]. 外语电化教学, （6）：122.

[24] 沈鞠明, 高永晨. 2015. 基于知行合一模式的中国大学生跨文化 交际能力测评量表构建研究[J]. 中国外语, 12（3）：20.

[25] 沈鞠明, 高永晨. 2015. 思与行的互动：思辨能力与跨文化交际能力[J]. 苏州大学学报, 3：149.

[26] 新华社国家中长期教育改革和发展规划纲要（2010—2020）[EB/OL]. （2010-07-29）[2020-12-25]. http://www.gov.cn/jrzg/2010-07/29/content_1667143. htm.

[27] 张秋爽. 2017. 英语教育中的跨文化交际能力培养策略——评《跨文化视角下的大学英语教育探索》[J]. 中国教育学刊, （2）：117.

从动物意象看谷崎润一郎的初期创作特色

北方工业大学　邱欣宇

摘　要：谷崎润一郎是日本唯美派的代表作家，他的文学创作横跨明治、大正和昭和三个时期，被日本文坛称为"大文豪"。明治四十三年（1910 年）到大正六年（1917 年）被认为是谷崎润一郎的创作初期。在这一时期，他利用丰富的动物意象表达了独特的审美倾向。本文从动物意象的角度出发，结合文学意象理论、分析心理学、意象对话心理学等，从伦理道德与官能享乐、东方情趣与西洋审美以及现实生活与文学创作三个方面，探析谷崎润一郎初期作品中的表达与矛盾。

关键词：谷崎润一郎　初期创作　创作特色　动物意象　矛盾

谷崎润一郎（1886—1965 年）是日本唯美派的代表性作家，他的文学创作横跨日本明治、大正及昭和三个时期，作品数量庞大且类型丰富。有关谷崎润一郎创作时期的划分，在学术界有两段式和三段式之说。本文采用高田瑞穗的三段式划分法，即把明治四十三年（1910 年）到大正六年（1917 年）划分为第一时期，大正七年（1918 年）前后到大正末年（1925 年）为第二时期，昭和时期（1926 年）至谷崎去世（1965 年）则为第三时期（赵澧、徐京安，1988）。在创作初期，谷崎润一郎受到 19 世纪末期西方唯美主义思潮的影响，吸收了王尔德的创作思想，将唯美主义作为追求目标，崇尚官能肉体美，推崇西洋审美。同时在这一时期，谷崎润一郎加入反自然主义文学联盟，与小山内薰等人共同创办了第二次《新思潮》。在谷崎润一郎的创作中期，由于受到恶魔主义失败的打击及关东大地震的影响，其创作视角由西洋崇拜回归日本古典主义，审美角度由西洋审美逐步向日本传统审美转变。谷崎润一郎的后期创作则是在关注日本传统美的同时，以老年人的性生活和性无能为中心。

19 世纪，自然主义文学思潮席卷欧洲。日本自然主义文学家岛崎藤村、田山花袋等深受法国自然主义文学的代表作家爱弥尔·左拉的影响，确立了日本本土化的自然主义文学。但由于日本的近代文明及科学技术还未达到西方的先进程度，且日本的自然主义文学家对西方倡导的以科学为基准剖析人类精神发展的创作理念理解偏差，造成日本自然主义成为日本文坛的"另类"存在。加藤周一提出"他们（'自然主义'的小说家们）把自己所关心的问题，局限在自己周边的日常生活的领域里"（加藤周一，2011）。日本自然主义文学的局限性使得当时的日本文坛陷入低迷的状态。为了唤回日本文坛的活力，在明治末期至大正初期出现了几类具有代表性的文学流派——以永井荷风、谷崎润一郎等人为代表的唯美派，以志贺直哉、武者小路笃实等人为代表的白桦派，以及以芥川龙之介、菊池宽等人为代表的新思潮派等。其中，唯美派文学成为当时日本文坛的主流，得到了很大的发展，同时也成为反自然主义文学的主力军。谷崎润一郎在创作初期崇尚西洋审美，推崇极致的官能享受。《刺青》吸收西方唯美主义的病态审美及追求官能刺激的创作风格，它的发表让谷崎润一郎找到了自己的创作定位。永井荷风给予《刺青》和《麒麟》以极高评价。在《谷崎润一郎氏的作品》中，他评价道："迄今为止，除了谷崎润一郎氏，明治现代的文坛没有一人能够亲手或未想过亲手开拓出艺术的一个领域。换言之，谷崎润一郎氏完全地具备了现代诸多作家们未曾有的特别的素

质与技能"^①（坪内祐三、久世光修，2001；笔者译）

  在初期的创作，谷崎润一郎完全否定了社会伦理道德存在的合理性，追求极致的官能刺激，沉浸于异常的性行为带来的快感。进入大正时期，谷崎润一郎越发追求单纯的官能刺激，对于西洋审美的理解依旧停留在肤浅的程度。在《金色之死》中，谷崎润一郎阐述了艺术与官能之间的关系："艺术就是性欲的发现。艺术的快感无非也就是生理的官能快感中的一种。因此，艺术并非是精神上的、心灵上的东西，而是完全实感的、肉欲的东西。"^②（谷崎润一郎，1981b；笔者译）但这种单纯的官能带来的刺激随着时间逐渐退去，谷崎也陷入了创作危机。在《饶舌录》中，谷崎润一郎有一段自白："……心中颇觉惶恐。穷其因由，外人或许不知，在我的身上那种魅力大大地消磨了我艺术上的勇猛精进之心，麻痹了我的创作热情"（谷崎润一郎，2000：68）。同时，从小接受汉学教育的谷崎润一郎在东方情趣和西洋审美之间陷入矛盾。他在创作中力求突破世俗道德的约束，将官能享乐及西洋审美发展到极致，但从《饶太郎》和《金色之死》来看，谷崎润一郎的西洋审美却是肤浅的。他深受西方作家波德莱尔、王尔德等人对于艺术绝对崇拜的影响，推崇颓废享乐的人生观，但谷崎润一郎对此的实践也仅仅是停留在表面，并未从批判的角度去吸收西方唯美主义的思想。相比于尊儒重道的汉学以及略显沉重的日本传统文化，刺激感官的西洋审美让谷崎润一郎耳目一新并且盲目地追寻。陷入创作危机的谷崎润一郎在生活中也出现了混乱，他说："自己的恶魔主义的倾向，若能因为这些拖累而洗心革面也未免不是件好事。如果奔涌出反向冲破这些束缚，朝原来的倾向靠拢的力量也未尝不可。"（谷崎润一

---

  ① 原文为「明治現代の文壇に於いて今日いまで誰一人手を下す事の出来なかつた、或は手を下さうともしなかつた芸術の一方面を開拓した成功者は谷崎潤一郎氏である。語を代へて云へば谷崎潤一郎氏は現代の群作家が誰一人持つてゐない特種の素質と技能とを完全に具備してゐる作家なのである。」

  ② 原文为「芸術は性慾の発現也。芸術の快感とは生理的若しくは官能的の快感の一種也。故に芸術は精神的スピリチュアルのものにあらず、悉く実感的センジュアルのもの也。」

郎，2000：328）放荡不羁的谷崎润一郎迎娶石川千代，过上了普通人的生活，但同时他也无法忍受脱离艺术，受社会道德制约的现实生活。随后发生的小田原让妻事件，也从另一角度证明了谷崎润一郎将艺术尝试融入生活的决心。与此同时，在创作中，谷崎润一郎更为极端，创作更加离经叛道。为了寻求官能刺激而创作的刻意性，使得其作品内容更加空洞化、无思想化。佐藤春夫评价这一时期的谷崎润一郎为"伪恶魔"。随着恶魔主义宣告失败，谷崎润一郎初期创作进入尾声。1923 年关东大地震的发生，让沉醉于西洋物质文明的日本民众突然惊醒，日本文坛无产阶级文学开始蓬勃发展。与此同时，陷入创作危机的谷崎润一郎也意识到自身创作的缺陷——排斥现实世界的伦理道德的合理性，肤浅地追求变态性欲带来的官能刺激以及刻意追求异端审美。如何保持美的永恒性和探究极致的艺术，成为谷崎润一郎思考和反思的重点，谷崎润一郎的创作也随之进入下一阶段。

　　本文从动物意象的角度出发，结合文学意象理论、分析心理学、意象对话心理学等，从伦理道德与官能享乐、东方情趣与西洋审美以及现实生活与文学创作三个方面，探析谷崎润一郎初期作品中的表达特点。笔者通过梳理目前已有资料发现，有关谷崎文学中动物意象研究多针对单一动物意象进行分析及考察。因此，本文意在填补相关研究空白，丰富谷崎润一郎文学中动物意象的研究范围，深入挖掘谷崎润一郎初期创作中动物意象背后隐藏的深层意义及谷崎文学的创作特色。"意象"存在于中西文论之中，整合心理学、文艺学等诸多学科，"意象"大致有四种："一是心理意象，即心理学意义上的意象，它是指在知觉的基础上所形成的呈现于脑际的感性形象；二是内心形象，即人类为实现某种目的而构想的、新生的、超前的意向性设计图像，在文学创作中则表现为艺术构思形成的心中之象或'胸中之竹'；三是泛化意象，是文艺作品中出现的一切艺术形象或语象的泛称，基本上相当于'艺术形象'或'文学形象'这个概念，简称'形象'；四是观念意象及其高级形态的审美意象，简称意象或文学意象。……用它专指一种特殊的表意性艺术形象或文学形象"(童庆炳，2015：245-246)。总而言之，"意象是融入了主观情意的客观物象，或者借助客观物象表现出来的主观情意"(袁行霈，1987：63)。动物意象即指以动物为载体，承载哲理内涵的一种审美意象。动物意象背后蕴含的丰富象征意义，是作家表达情感与思想的载体。谷崎润一郎初期创作中的主要动物意象有蜘蛛、鸟、蛇、麒麟、人鱼等。动物意象丰富的象征意义，体现了谷崎润一郎文学初期创作的特色。心理学家认为，意象是心灵的语言。艺术家和文学家在艺术创作的时候，"他们的想象是主动的，是他们自己诱导出来的，而且是有目的的"(朱建军，2001：18)。因此，文学家和艺术家的作品中使用的意象反映了他们意识和潜意识中的心理活动以及深层思想。"一个心理的冲突或者一个情结，以一个意象的形式出现时，这个情节的能量就附着在这个意象上。"(朱建军，2001：60)。谷崎润一郎初期的作品多借用动物意象表达其思想，这些动物意象这不仅展现了谷崎初期创作的特色，同时也揭示了谷崎的独特审美。

蜘蛛与麒麟——挣脱伦理道德追求官能享乐的象征

谷崎润一郎的初期创作推崇官能肉体美，排斥伦理道德约束。在《刺青》及《麒麟》中，谷崎润一郎运用了大量动物意象来体现这一创作特色。其中，蜘蛛和麒麟的动物意象最具代表性。

从进化心理学的角度看，害怕蜘蛛是人类对于自然漫长探索而产生的一种经验。这种害怕"还会产生一系列可预测的进化形成的生理反应（evolved physiological reactions）"(巴斯，2007：107)。巴斯引用尼斯（D. M. Nesse）对于人类害怕以及相应的适应性问题的解释，总结人类害怕蜘蛛所引发的适应性问题是害怕被咬。蜘蛛赋予人的感觉为叮咬、有毒及死亡。朱建军在《我是谁——意象对话与心理咨询》中解释了有关蜘蛛的意象："（蜘蛛）代表束缚——因为蜘蛛是会结网的。但蜘蛛有时也代表性，因为它毛毛的爪子使人想到阴毛。"(朱建军，2001：143-144)。从生物学的角度看，雌性蜘蛛的体积要大于雄性蜘蛛，且在交配后，一些雌性蜘蛛有交配嗜食行为，雄性蜘蛛是无法反抗的。这一举动可解释为雌性蜘蛛吸取养分。总而言之，蜘蛛的动物意象内涵可总结为：邪恶、死亡、毒性、束缚以及性。

在《刺青》的后半段，谷崎润一郎着重描写了纹在少女背后的女郎蜘蛛。他是这样描写的：

在针的痕迹下，一只巨大的女郎蜘蛛的形象逐渐显现了出来。夜空逐渐变白的黎明时刻到来之时，那只惊人的充满魔性的动物伸出八只腿，攀附在女人的背上。

……

当她趴在地上，喘着沉重的粗气之时，女郎蜘蛛的八只腿如同活着一般蠕动着。^①（谷崎润一郎，1981：70；笔者译）

女郎蜘蛛的起源在日本传说中就是一位生性淫荡且凶残异常的风骚女子。"她是风华绝代的美女，有着颠倒众生的笑容；她也是专门狩猎男人的魔女，有着狠毒至极的蛇蝎心肠。"（朱建军，2001：82）。在《刺青》中，谷崎润一郎将女郎蜘蛛和少女相结合，女郎蜘蛛象征了邪恶、狠毒以及魅惑，而刺青的过程，就是将邪恶与纯洁少女融为一体的过程，"身子被蜘蛛抱得紧紧"的少女则是谷崎润一郎在初期崇尚的极致官能美的实体化成果，谷崎润一郎选用了蜘蛛这一具有性色彩的动物，也是将文身隐喻成一种间接的性行为，他将蜘蛛的动物意象在原有的基础上升华，将蜘蛛作为其作品中蛇蝎心肠且极具官能美的女性的象征。

麒麟是中国传统文化中的瑞兽，有祥瑞之兆。麒麟的意象主要来源于中国的诸多古籍。《十三经注疏·毛诗正义》卷一中提到："《草木疏》云：'麘，身牛，尾马，足黄色，员蹄，一角，角端有肉，音中锺吕，行中规矩，王者至仁则出。'服虔注《左传》云：'视明礼脩则麒麟至'。"从中可以看出，麒麟是中国古代人民将一

---

① 原文为「針の痕は次第々々に巨大な女郎蜘蛛の形象を具へ始めて、再び夜がしら／＼と白み初めた時分には、この不思議な魔性の動物は、八本の肢を伸ばしつゝ、背一面に蟠った。（中略）重く引き入れては、重く引き出す肩息に、蜘蛛の肢は生けるが如く蠕動した。」

切祥瑞象征统一而创造的动物意象。且麒麟象征了王道昌盛，天下太平。另外麒麟也经常与孔子联系在一起。《左传·哀公》中提到，"十有四年，春，西狩获麟"。乱世之时却捕获了代表祥瑞太平的麒麟，也是反常。且《十三经注疏·春秋左传正义》中描述麒麟为："麟者，仁兽，圣王之嘉瑞也。时无明王，出而遇获。仲尼伤周道之不兴，感嘉瑞之无应，故因《鲁春秋》而修中兴之教，绝笔于获麟之一句，所感而作，固所以为终也。"也提到了本应出现在圣德君主的朝代的麒麟却在此时被捕获，孔子感叹自己如麒麟一般，生不逢时。在这里，麒麟的意象又有道德、仁义、圣人（孔子）的意义。

在《麒麟》中，有一段南子夫人与孔子的对话：

"我有听闻德行高尚者，却不知道美貌的人。"孔子说道。

于是南子又问："我聚集了世上不可思议之物、珍稀之物，我的仓库里有大屈之金、垂棘之玉，我的花园里有偻句之龟、昆仑之鹤。可是我还没有见过圣人降生时出现的麒麟。"（谷崎润一郎，2006：18）

《麒麟》全文中，只有以上对话中提到了麒麟，但是题目却取为《麒麟》，这就与文章最后引用孔子的"吾未见好德如好色者也"相呼应，即谷崎润一郎想表达官能享乐最终会战胜伦理道德，伦理道德如同神话中的麒麟一般在这个世界不复存在。孔子和麒麟经常被关联到一起。《左传》中提到西狩获麟一事，但当时却处于乱世之中。麒麟出则圣人出，但当时没有明君却出现麒麟这样反常的事态，让孔子意识到自己如同麒麟一般生不逢时。且周道不兴如同被捕杀的麒麟一般，时局已无法转变，故有获麟绝笔一说。《麒麟》中，南子夫人是谷崎润一郎文学中具有官能美的毒蝎美人的代表，体现了谷崎润一郎对于官能享乐的崇拜。南子夫人聚集了世间一切珍稀之物却未曾见过圣人降生而出现的麒麟，谷崎润一郎在这里想阐述的是在其文学创作中是绝对排斥伦理道德存在的。谷崎润一郎虽将文章名字定为"麒麟"，而在文章中全然不提麒麟这一瑞兽，相反对于代表官能享乐的南子夫人多予笔墨，也从另一方面体现其官能至上的创作特色。

通过以上分析可知，谷崎润一郎在初期创作中对于伦理道德和官能享乐的态度是十分明确的，就如他在《金色之死》中所表达的："艺术就是性欲的发现。艺术的快感无非也就是生理的官能快感中的一种。"[①]（谷崎润一郎，1981b；笔者译）。代表官能的蜘蛛在少女背后长存，圣人和伦理道德化身的麒麟却生不逢时。谷崎润一郎的初期创作之所以出现以上特点，部分原因是他年少时期的经历。家道中落的谷崎润一郎在年少时饱经人生苦难。成绩优异的谷崎润一郎却因生计需要，付出体力帮佣来支撑自己的学业。自负与自卑让他陷入了现实与理想之间巨大差异而产生的苦闷之中。初恋的失败以及"江户儿"的优雅做派招惹来同学的不屑，让谷崎润一郎更添无法排解的苦闷。正是因为这些苦闷让他在花街柳巷中放纵自己，过着放荡不羁且纸醉金迷的生活。在伦理道德约束的现实世界，谷崎润一郎屡屡挫败，但刺激感官的声色场所却让他感到放松，这就为他初期创作以官能享乐为主题埋下了伏笔。另一个原因来自谷崎润一郎的处女作《刺青》的成功。西方的唯美主义思想传到日本后，很快受到众多作家的追捧，他们试图通过将西方唯美主义日本化，扭转日本文坛低迷的态势，谷崎润一郎就是这众多作家的一位。谷崎润一郎深受王尔德的影响，同时与泉镜花在艺术风格上保持一致，创作了《刺青》。《刺青》在一定程度上确立了谷崎润一郎的创作风格，在日本文坛高调登场。这篇真正意义上的处女作将"一切美的东西都是强者，丑的东西都是弱者"作为主题中心，强调官能享乐，忽视现实社会的伦理道德。这样离经叛道、充满个性的作品唤醒了当时被自然主义文学掌控的、低迷的日本文坛，这就让想要成为纯文学家的谷崎润一郎备受鼓舞，并借此机会发表了《麒麟》。《麒麟》的最后引用了孔子的那句"吾未见好德如好色者

---

① 原文为「芸術は性慾の発現也。芸術的快感とは生理的若しくは官能的快感の一種也。」

也"，表明了官能享乐在谷崎文学中不可撼动的地位——官能享乐终会战胜伦理道德。

人鱼与蛇——东方情趣向西方审美的过渡象征

在初期的创作《刺青》和《麒麟》中，大多是以中国古典文学或者日本古典社会的东方世界为背景。在《人鱼的叹息》中，开篇虽是以清代的中国为背景，其中运用的动物意象却多借用西洋的观点。同时故事发生的背景也从东方向西洋转移，这也是谷崎润一郎将其视点由东方转向西方的开始。人鱼和蛇是这部作品中重要的动物意象。

从心理学的角度看，鱼的意象也包含性，和鸟的意象相呼应象征男女之间的性关系。荣格认为，"鱼，特别是生活在海洋深处的鱼，表示人心理上的低级中心，表示人的交感神经系统"（朱建军，2001：137）。在此基础上，朱建军认为鱼代表了一些艺术家的神秘且难以捕捉的灵感。受到鱼的意象的影响，人鱼在一定程度上象征着痴情的女子。从心理学上看，人鱼是潜意识中的原型形象。人鱼是具有性感色彩的，也就是有着性的隐喻。从日本及西方的神话来看，在日本的神话中，如鸟山石燕的《百鬼夜行图》中的"人鱼"以及日本江户时代传说中的"矶姬"，她们都是以中国的《山海经》中的"鲛人"作为原型。和西方的美人鱼不同，日本的人鱼多为丑陋的半人半鱼形象，人鱼意象也多为邪恶、灾祸、长生。这就与西方人鱼的形象截然不同。西方人鱼最具代表性的如希腊神话中的塞壬，利用美色和歌声诱惑船员致使其丧身大海。因此，西方的人鱼意象多为美艳、邪恶、优雅、狠毒以及永生。人鱼均是以女子的形象出现的，这一点是东方人鱼和西方人鱼意象的共同点。

在介绍人鱼之时，谷崎写道：

人鱼的智慧，比起那印度的魔法师还掌握着不可思议的幻术。不过虽然她们拥有着人类不可探知的神通，却因为她们偶有有悖伦

理的恶性，堕落为比人类还要卑贱的水族生物。[①]（谷崎润一郎，1975：100；笔者译）

……

"我的身体虽如鱼一般冰冷，但是我的心脏却如人类一般温暖。公子啊，这就是我爱您的证据呀。"[②]（谷崎润一郎，1975：110；笔者译）

人鱼是具有神力的物种，但因为违背伦理道德而堕落为深海中生存的、低等的鱼类，虽是成为冰冷的人鱼，却也有着和人类一样温暖的心脏。在这里，谷崎润一郎认为艺术就是官能的刺激，他所使用的人鱼意象在一定程度上是想要表达他的官能崇拜的思想，通过触觉及视觉来刺激神经系统，达到极致官能享受。《人鱼的叹息》发表于大正五年，在此前发表的作品，例如《刺青》《麒麟》等大多是以日本或中国为背景，西洋审美只体现在作品中女性的躯体容貌方面。而《人鱼的叹息》虽是以中国为背景，但是谷崎润一郎用大部分笔墨来描述红发碧眼的洋商人和具有异域妖异美的人鱼，其以西洋审美的创作从试水，到将这种创作灵感扩大化，鱼这一动物意象就很明显地表达出谷崎润一郎在初期推崇西洋审美的执着。

文中的人鱼被谷崎描述为美和恶的完美结合的生命体。谷崎润一郎在文中是这样描述美人鱼的体态的：

她被幽闭于玻璃的，十分精美的水缸之中，长着如蛇的鳞片一般的身体下半部分弯弯曲曲地攀附于玻璃壁上。如今突然暴露在人类居住的阳光之下，这让她感到十分羞耻，她低着头，将脖子紧贴

[①] 原文为「人魚の智恵は、印度の魔法使いよりも不思議な術を心得ています。人魚の測り知られぬ通力を持ちながら、彼女はたまたま背徳の悪性を具えているために、人よりも卑しい魚類に堕されました。」

[②] 原文为「私の体は魚のように冷やかでも、私の心臓は人間のように暖かなのです。これが私の、あなたに恋いしている証拠です。」

在乳房上，手臂环抱在背后的腰处，一副十分难过的模样。[①]（谷崎润一郎，1975：104；笔者译）

在描写美人鱼的相貌时，谷崎润一郎[②]写道：

她确实同画中的人鱼毫无差别，有着鱼的下半身和人类的上半身。不过即使她有着人类一样的上半身，但是她的骨骼、肉体以及样貌，这些每一个单独的部位仔细地观察，都是与生活在陆地的人类有着很大的不同。（谷崎润一郎，1975：104；笔者译）

谷崎润一郎笔下的美人鱼脱离了日本传统中塑造的美人鱼的形象。他将视点转向西洋，以西洋神话中的人鱼形象为蓝本，塑造了一个具有西洋美的美人鱼。文中的美人鱼结合了蛇和鱼的特征，在一定程度上也可认为谷崎润一郎将鱼及蛇的意象的象征意义与美人鱼相结合。美人鱼来自深海，借用荣格的深海的鱼代表了心理上的低级中心，表示人的交感神经系统这一观点来看，谷崎润一郎将美人鱼作为引发官能刺激的触发装置，其实就是借用了美人鱼和鱼的意象中"性"的象征意义。与此同时，谷崎润一郎在文中除了借助外国商人对于美人鱼的邪恶诅咒的解释，来说明美人鱼（女性）是邪恶和美艳的化身，还借助蛇及美人鱼在宗教及神话中的意象，来强调美人鱼的惊世之美、致命的灾祸以及邪恶。谷崎润一郎最终目的即是借助这些意象来表达他的文学创作中对于邪恶美艳的女性的崇拜。

有关蛇的意象，首先就是取自《圣经》。《圣经》中，蛇是魔鬼的代表，是邪恶、狡猾、诱惑的象征。它引诱夏娃吃下禁果，将其

---

① 原文为「彼の女は、うつくしい玻璃製の水甕の裸に幽閉せられて、鱗を生やした下半部を、蛇体のようにうねうねとガラスの壁へ吸い着かせながら、今しも突然、人間の住む明るみへ曝された。」

② 原文为「彼女はなるほど、絵に画いた人魚のように、魚の下半身と人間の上半身とを持っているには違いありません。けれどもその上半身の人間の部分は、一骨組みだの、肉附きだの、顔だちだの、それらの局所を一々詳細に注意すると、日常自分たちが見馴れている地上の人間の体とは、全く調子を異にしているのです。」

拖入地狱。总而言之，"（蛇）它把人拖向黑暗、堕落和邪恶，它采取的手段主要就是诱惑"（朱建军，2001：137）。另外蛇也有"邪恶、狡诈、惯于欺骗、有催眠似的诱惑力或魅力的人"（朱建军，2001：137）的含义。

蛇的形象出现在《人鱼的叹息》的最后，人鱼用魔法将自己变为一条海蛇，借助贵公子孟世寿的帮助回到海洋。在其中，有这样一段描写：

某一天的夜晚，船只从新加坡的港口出发，沿着赤道航行之时，在甲板上沐浴着清冷的月光，行走在空无一人的船舷的贵公子悄悄地从怀中拿出了一个小小的玻璃瓶，将封在里面的海蛇捏了出来。海蛇如同依依不舍的惜别一般，来回缠绕在贵公子的手腕之上，不一会儿从他的指尖离开，在如油脂一样宁静的海上很快地向前滑行。[①]（谷崎润一郎，1975：111；笔者译）

人鱼用魔法将自己变为海蛇，其实从另一角度说明了谷崎润一郎文学中的女性同时具有蛇一样的诱惑性。人鱼引诱孟世寿，将他变成自己的傀儡以便为自己服务。漆黑平静的海面，妖术幻化而成的海蛇，深陷人鱼诱惑的孟世寿，向着神秘海域——人鱼的故乡行进的船只，谷崎润一郎将这些场景、人物连接起来，打造了一个神秘的唯美西方世界。谷崎润一郎将自己对于西方世界的向往注入孟世寿的身上，孟世寿随着人鱼去往西方的地点转移，所反映的也是谷崎润一郎将其文学创作的中心点由东方转向西方。

《人鱼的叹息》融入了谷崎润一郎对于东方情趣和西洋审美的独特思考，是东方思想和西方审美的结合体。另外，《人鱼的叹息》也是谷崎润一郎将东方视点转向西方视点的开始。这部作品的

---

① 原文为「あの夜、船がシンガポールの港が発して、赤道直下を走っている時、甲板に冴える月明を浴びながら、人気のない舷に歩み寄った貴公子は、ぞっと懐から小型なガラス壜を出して、中に封してある海蛇を摘み上げました。蛇は別れを惜しむが如く、二三度貴公子の手頸に絡み着きましたが、程なく彼の指先を離れると、油のような静かな海上を、暫らくするすると滑って行きます。」

背景是清朝乾隆年间，场景设定在中国南京。整部作品的前半部分是以中国为主场景，后半段则是以中国到英国的航线为中心，将视点转移到了西方。这样的故事背景地的转移也蕴含着谷崎润一郎由东方情趣转向西方审美的过程。《人鱼的叹息》创作于大正六年，而谷崎润一郎第一次到访中国是在大正七年（1918），也就是说，这部以中国为背景的作品在创作之时谷崎润一郎并未去过中国。因此，谷崎润一郎笔下所描述的中国其实是带有强烈的主观色彩的，是谷崎润一郎在其从小接受的汉学教育的基础上臆想出来的。一定程度上可以说谷崎润一郎对于东方情趣的理解是基于书本，而不是认知上的。谷崎润一郎在《人鱼的叹息》中有这样一段孟世寿的内心活动的描写：

> 更何况是生活在亚细亚大国的贵公子，即使他有着强烈的好奇心，但是对于在遥远的西方的天空之下，鬼怪毒蛇栖息的蛮荒之地，被称为欧罗巴的地方，他也从未生出想过要离开家乡去到海外看一看的想法。[①]（谷崎润一郎，1975：106；笔者译）

这段独白也表达了谷崎润一郎对于西方的向往之情，之后孟世寿恳求洋商人带他去到西方的急迫心情，也正是谷崎润一郎想要将视点转向西方、对西洋审美的崇拜之情日益狂热的表现之一。西原大辅提出："谷崎在作品中表达的西方中心主义，从某种意义上来说，正好反映了当时的世界形势。"（西原大辅，2005：64）当时，英国的殖民地遍布全球，在《人鱼的叹息》中提到的香港、新加坡等都成为了港口城市，这些港口成为连接东西方之间桥梁的一颗颗螺丝。这就让东方的人们开始对西方产生了浓厚的兴趣，将视点由东方向西方转移。而受西方唯美主义思潮的影响，谷崎润一郎进一步加深了对于西方审美的崇拜，将其与所理解的东方情趣和审美相结合。但是由于并未去过西方，这种对于西方审美的崇拜显得十分

---

① 原文为「まして亜細亜の大国に育った貴公子は、さすがに好奇心の強い性癖を持ちながら、遙かな西の空にある欧羅巴という所を、鬼か蛇の棲む蛮界のように想像して、ついぞこれまで海外へ出て見ようなどと思ったことはなかったのです。」

盲目，同时对西方的唯美主义的理解也是仅限于肤浅的"颓废主义"以及官能刺激，并未深刻理解其中对于人性的思考和内涵，这也就造成了谷崎润一郎"西洋梦"的破碎，让自己陷入了创作危机。

白鸟——现实生活与文学创作的矛盾象征

受西方唯美主义文学作家王尔德的影响，谷崎润一郎推崇"人生艺术化"。但是谷崎润一郎并没有吸收西方唯美主义文学中对于人生意义深刻讨论的内涵，单纯地将现实生活与文学创作相关联，造成了两者之间难以调和的矛盾。在《麒麟》和《异端者的悲哀》中，谷崎润一郎借用鸟的意象表达了想要冲破现实世界伦理道德的约束，将文学创作中的官能享乐实践于现实生活的渴望。

鸟的意象有多种解释。朱建军认为，鸟主要代表了"自然、直接、简明、不虚饰"（朱建军，2001：139）。鸟在众多文学作品和诗歌中都被作者当作"自由"的意象，朱建军又列举了其他两种意象。第一种为"鸟代表了一个进入精神力量（由天空来表征）的入口。……，这种鸟与太阳有关。太阳一般是作为真理（之光）和新生活的象征"（朱建军，2001：139）。第二种则认为鸟的意象也具有性的意味，"鱼所象征的女人和鸟所象征的男人之间的性关系"（朱建军，2001：139）。

在《麒麟》和《异端者的悲哀》中，谷崎润一郎都运用了鸟的意象，且都取其自由的意义。在《麒麟》中，孔子未授卫灵公为政之道时，卫灵公抱怨民众"为何我国民居里反看不见美丽的花朵、听不见悦耳的鸟鸣呢"（谷崎润一郎，2000b：14）。这时卫国由于灵公和南子夫人的残暴，天下民不聊生，民众"听不见鸟鸣"就是间接表达了人民生活困苦且没有自由的权利。当灵公远离了南子夫人的酒肉美色后，学习孔子的王天下之道，"山野小鸟鸣啭，民居鲜花盛开"。这和之前相对比，体现了此时人民和乐，自由幸福。总而言之，《麒麟》中鸟的意象表达了卫国人民的自由和幸福以及国家的兴旺。同时，鸟也象征了卫灵公，间接地反映了灵公由重色欲到重道德的转变。而在《异端者的悲哀》中，开篇就描写主人公章三郎与梦中的白鸟，"白色的鸟儿像缎子般展开闪光的翼，正在他的脸上方啪嗒啪嗒地扑扇着翅膀。……他一边想，'如果自己此刻想醒来，也能做得到的。'一边呆呆地眺望美丽的白鸟幻像，在灵魂里回味着不可思议的愉悦"（谷崎润一郎，2000b：37）。梦是虚幻的，白鸟的幻影只存在于梦幻之中，梦中的章三郎不愿醒来，因为他知道醒来后就会丧失这不可思议的愉悦。谷崎润一郎将章三郎渴求的、象征自由的白鸟放在他的梦中，间接地表达了自由如梦中白鸟一般虚幻不存在，表达了想要冲出世俗的束缚，追求官能享乐的渴望。谷崎润一郎在《〈异端者的悲哀〉前言》中提到："然而，只有这篇《异端者的悲哀》，旨趣稍有不同。周围的人姑且不论，至少小说中登场的四位两代人，正是他们讲我当时的心中真切流露出来的情绪，尽一切可能地、没有任何滞碍地、坦诚直率地、毫无遮掩地描画了出来。在这一意味上，只有这一篇才是唯一的告白书"（谷崎润一郎，2000a：422）。因此可以知道，《异端者的悲哀》里面有着变态性癖好的章三郎就是谷崎润一郎本人。在文章的开头就描写了章三郎在梦中追寻白鸟，结合鸟的象征意义来看，谷崎润一郎是借此表达自己对于冲出现实生活的束缚、追求官能享乐的渴望。谷崎润一郎与同为唯美派代表作家的永井荷风不同，谷崎润一郎在文学作品中将病态审美表现得淋漓尽致，但在生活中却是娶了良家女子为妻。在《为人父亲》中他反思道："（我本人呢，深感它们来源于比趣味更为遥远、深邃的所在，无论它是善是恶，它终究以一种我无法遏制的强大力量，时常带动着我，令我莫名激动。）不过在我身上是难以奔涌出那种把现今的这一倾向发挥到极致、当成自己的宗教般的、充分的勇气与热情。具体而言，我一方面对'恶'的力量予以肯定，加以赞美，也在不断承受'良心'的呵责。"（谷崎润一郎，2000a：327）承受着世俗道德和异端审美之间选择的矛盾与苦恼的谷崎润一郎渴望冲破伦理道德的束缚。

《异端者的悲哀》是谷崎润一郎初期创作中，将极端的官能享乐展现得淋漓尽致的作品。谷崎润一郎将这篇文章作为自己"唯一的自白书"，是自传性的小说。齐珮认为："对于这个完全否认自然主义文学及其文学观念的作家来说，创作'私小说'无异于是通过作品自我反思，寻求救济"（齐珮，2009：142）。这也就从侧面表达了，谷崎润一郎的文学创作已经陷入了困境。为了追求官能这种感性美，谷崎润一郎需要不断地用更加极端的方式来刺激创作灵感。他将生活变成了文学创作的实验室，首当其冲的就是他的婚姻。在《为人父亲》中，他自白道："于是作为建设一个家庭的道具之一，我娶了妻室。为此，在诸多意味上我的妻子只不过是为我所用的高级摆设而已。……对此我还有一种心理准备，即妻子呀家室呀之类的拖累，具有多大程度上牵制并矫正我的坏脾性的力量，我自己倒很想自投罗网一试轻重。"（谷崎润一郎，2000a：328）。将生活变成实验田，将妻子变成为工具，谷崎润一郎错误地将现实生活与文学联结在了一起，为追求"人生艺术化"所采取的行动逐渐走向偏激。与此同时，正如《麒麟》中卫灵公只见周身鸟鸣花开，就认为饿殍遍野的民间同他一样幸福一样，谷崎润一郎将现实和理想混为一谈。为了实现作品中的西洋式生活，谷崎润一郎搬到了外国人居住的横滨，衣食住行全为西式，在日本本土体验着异国生活。这就使谷崎润一郎的生活和创作之间产生了矛盾。现实生活是符合社会伦理道德而进行的，而文学作品中的生活却是与现实颠倒的。这一点也与当时的社会环境有关。那个时期的日本由于西方文化的大量涌入，不论是日本社会还是日本文坛都处于负饱和状态，这就造成了日本传统文化与西方文化混杂在一起，呈现出一片混乱态势。在个人生活与创作之间的内部矛盾愈演愈烈的同时，谷崎润一郎的创作与社会大环境之间的外部矛盾也是愈发尖锐。继《刺青》《麒麟》之后，谷崎润一郎更加追求近乎病态的官能刺激，由此创作的《飓风》被当局以伤风败俗勒令禁止发行。同时因"小田园换妻事件"与好友佐藤春夫交恶，更是被日本文坛当作饭后谈资。佐藤春夫在《秋风一夕话》中评论谷崎润一郎如同虚伪的政治家一样，是一位"伪恶魔"。同时，谷崎润一郎也是一位不折不扣的利己主义者，对于家庭不负责也被世人所诟病。因此，面对现实生活与文学创作"内忧外患"的局面，谷崎润一郎不得不正视自己的文学创作所面临的严峻问题。

纵览谷崎润一郎的整个创作生涯，他的早期审美取向主要表现为"感官享乐的艺术化、唯美化，追求官能享乐和声乐刺激"（齐珮，2009：132）。谷崎润一郎在《麒麟》的最后引用了孔子的那句"吾未见好德如好色者也"，其实就揭示了谷崎润一郎的创作理念是崇尚极致的官能审美，道德在官能享乐面前不复存在。在谷崎润一郎的文学创作中，代表官能美、享乐主义的女性是凌驾于男性之上的，其中也包括代表了伦理道德以及禁欲主义的孔子。然而在谷崎润一郎生活的年代，社会大环境是以汉学儒学为主流，强调遵从社会伦理道德。由于谷崎润一郎对于官能描写太过露骨，其作品被当局批评为"伤风败俗"并禁止发行。谷崎润一郎为了追求官能刺激和感性美，极端地排斥伦理道德的存在。这样虽然使得谷崎润一郎形成了独特的创作风格，但这种愈加极端的创作风格也使得谷崎润一郎对于感性美的理解变得狭隘并失之偏颇。一味地强调挣脱伦理道德追求官能享乐，这也为日后谷崎润一郎的文学创作陷入困境埋下了祸根。

谷崎润一郎的启蒙老师稻叶清吉不仅教授他和歌等日本传统文化，同时也注重培养谷崎润一郎的汉文学素养。这让从小在私塾接受儒学教育的谷崎润一郎更加深了对中国传统文化的理解。明治维新（1868）至 20 世纪初期，日本社会发生巨大变化，不仅表现在政治经济，更是触及了日本的传统思想文化。受到文明开化政策等影响，日本对于西方文明及文化进行了彻底的接受和吸收。在此期间，日本的社会思想虽然发生转变，不过也只是简单地模仿和照搬，并不成熟。社会形态也是如此，单纯地表现为模仿西洋式的衣食住行。因此，当时日本文坛也随着社会大环境的变化而发展。由于西方文化的大量涌入，无论是日本社会还是日本文坛都处于负饱和状态，这就造成了日本传统文化与西方文化混杂在一起，呈现出一片混乱态势。这一时期，相比于尊儒重道的汉学以及略显沉重的日本传统文化，刺激感官的西洋审美让谷崎润一郎耳目一新。谷崎润一郎在创作初期的后半段，作品对于西洋审美的崇拜是肤浅的。思想浅薄、内容空洞等暴露出来的问题受到了日本文坛的批判，他也进行了自我反思："青年时代的我们做过这类不着边际的梦，同时深虑此梦不能成真，由此而感到无比的凄凉，我亦是此其中之一。"（齐珮，2009：151）。1923 年 9 月，日本关东地区发生特大地震，这让许多在东京生活的作家被迫移居关西。大地震的发生也使谷崎润一郎的文学产生了"震颤"。恶魔主义的失败，"西洋梦"的破灭，使得谷崎润一郎陷入了创作的迷茫期。关西的优美景色以及市民生活给予了谷崎润一郎新的创作思路。"关东的震灾给了他将探索的触角伸向关西的契机，他在其中发现了超越创作危机的可能性，并且他对于美的内涵的理解得到了进一步的深化。他超越了感性美的世界，跃入理性美的世界，在这个世界中美得以永恒。"（齐珮，2009：153）来到关西之后，他对于自己热衷的西洋美重新加以审视。这些契机让谷崎润一郎突破了重重矛盾，也成就了回归古典的机缘。就此，谷崎润一郎的文学创作进入了新的阶段。

谷崎润一郎的文学在创作初期体现出来的除了道德与官能享乐、东方情趣与西洋审美之间的矛盾外，其文学创作与现实生活之间的矛盾也十分尖锐。文学创作与现实生活的矛盾不单表现在谷崎润一郎的创作与社会大环境之间的外部矛盾，他的个人生活与创作之间的内部矛盾也愈演愈烈。《刺青》的发表打破了文坛的低迷，同时也让谷崎润一郎收获了日本文坛对他的肯定和对他创作风格的认同。但从《金色之死》后，他的创作就开始向极端发展，标新立异、极致的官能刺激成为谷崎润一郎的代名词。后来陆续发表的《饶太郎》《异端者的悲哀》等，都是将恶魔性发展到极致，以至于过分强调官能享乐和刺激导致了内容上的空洞化及思想浅薄，且对于西洋审美的理解一直停留在表面。"美比善多余，与恶一致。"（叶渭渠，2005：37）正是谷崎润一郎总结了自己在创作初期所追寻的理念。但是在生活中却大相径庭，崇尚西洋美、对于西洋式的肉感美女十分倾心的谷崎润一郎在《东西方美人》中提出："不过论及手脚肌肤的柔美，日本的女人恐怕是世界数一数二的。便是肥瘦状况等，西洋人油脂厚腻，日本人则苗条结实。若以四肢的匀称论之，就更不在话下了。"（谷崎润一郎，2000a：322）而且他的妻子石川千代也是艺妓出身的日本传统女子。因此，现实生活和文学创作之间产生了矛盾，谷崎润一郎自己也意识到了这一点。决心将生活和艺术统一的他举家迁至横滨的洋人聚集地，行为做派衣食住行也变为了西洋式。在《为人父亲》中，谷崎润一郎有一段自白："对我而言，首先是艺术，其次才是生活。起初我尽量努力使生活与艺术一致，或让它从属于艺术。我在创作《文身》、写作《遗弃之前》、创作《饶太郎》时，这一想法还勉强可能实验。到某种程度为止，我极其隐秘地过着病态的官能生活。不久，当我感到自己的生活跟艺术之间产生了不可回避的矛盾。"（谷崎润一郎，2000a：329）为了突破这种困局，调和矛盾，谷崎润一郎在之后的创作中逐渐走向偏激，以至于连生活也走向极端。他甚至完全否定了社会伦理道德的合理性，单纯追求感官刺激，沉浸于异常的性行为带来的快感。

　　丰富的动物意象让谷崎润一郎的初期创作特色更加鲜明，同时也让读者挖掘到在其背后的道德与官能享乐、东方情趣与西洋审美以及现实生活与文学创作之间盘根错节的矛盾。

参考文献

[1]【美】D. M. 巴斯. 2007. 进化心理学：心理的新科学（第二版）[M]. 熊哲宏、张勇、晏倩，译. 上海：华东师范大学出版社，107.

[2] 谷崎潤一郎. 1981a. 谷崎潤一郎全集 第一卷[M]. 東京都：中央公論社.

[3] 谷崎潤一郎. 1981b. 谷崎潤一郎全集 第二卷[M]. 東京都：中央公論社.

[4] 谷崎潤一郎. 1975. 谷崎潤一郎文庫 第二卷 恐怖の時代・人魚の嘆き[M]. 東京都：六興出版.

[5]【日】谷崎润一郎. 2000a. 饶舌录[M]. 汪正球，译. 北京：中国文联出版社.

[6]【日】谷崎润一郎. 2000b. 恶魔[M]. 于雷，等译. 北京：中

国文联出版社.

[7] 【日】加藤周一. 2011. 日本文学史序说 下[M]. 叶渭渠、唐月梅，译. 北京：外语教学与研究出版社.

[8] 《十三经注疏》整理委员会整理，李学勤，主编. 1999. 十三经注疏·毛诗正义（上·中·下）[M]. 北京：北京大学出版社.

[9] 《十三经注疏》整理委员会整理，李学勤，主编. 1999. 十三经注疏·春秋左传正义（上·中·下）[M]. 北京：北京大学出版社.

[10] 坪内祐三，久世光修. 2001. 明治の文学 第 25 卷 永井荷風·谷崎潤一郎[M]. 東京都：積信堂.

[11] 齐珮. 2009. 日本唯美派文学研究[M]. 北京：中国社会科学出版社.

[12] 童庆炳. 文学理论教程（第五版）[M]. 2015. 北京：高等教育出版社.

[13] 【日】西原大辅. 2005. 谷崎润一郎与东方主义——大正日本的中国幻想[M]. 赵怡，译. 北京：中华书局.

[14] 叶渭渠. 2005. 谷崎润一郎传[M]. 北京：新世界出版社，37.

[15] 袁行霈. 1987. 中国诗歌艺术研究[M]. 北京：北京大学出版社.

[16] 朱建军. 2001. 我是谁——心理咨询与意象对话技术[M]. 北京：中国城市出版社.

[17] 赵澧，徐京安，主编. 1988. 唯美主义[M]. 北京：中国人民大学出版社.

[18] 【美】勒内·韦勒克、奥斯汀·沃伦. 2017. 文学理论[M]. 刘象愚、邢培明、陈圣生、李哲明，译. 浙江：浙江人民出版社.

[19] 【日】鸟山石燕，绘，宫竹正，编著. 2014. 百鬼夜行：鸟山石燕传世作品集[M]. 南京：江苏凤凰美术出版社.

[20] 【瑞士】卡尔·古斯塔夫·荣格. 2011. 人、艺术与文学中的精神[M]. 姜国权，译. 北京：国际文化出版公司.

[21] 刘琼. 2017. 神圣与世俗：唯美主义的价值意向[M]. 北京：中国社会科学出版社.

[22] 千葉俊二. 2002. 谷崎潤一郎必携[M]. 東京都：學燈社.

[23] 夏之放. 1993. 文学意象论[M]. 汕头：汕头大学出版社.

[24] 叶渭渠. 2009. 日本文学思潮史[M]. 北京：北京大学出版社.

本文为北方工业大学学生科技活动"日本近代唯美派文学研究"的项目成果。

德斯蒙斯·莫里斯《利他行为》文体分析

北方工业大学　龚志琳

摘　要： 文体学广泛用于各类文本中。本文以德斯蒙斯·莫里斯的《利他行为》("ALTRUISTIC BEHAVIOR")为语料，运用文体学的相关理论，对此文本从词汇、句法、修辞三个方面进行文体分析，旨在描写此文本的语言特点，以便深入理解其文体及深层含义，从而对利他行为的内容及本质有更深刻的认识。

关键词： 文体学　利他　词汇　句法　修辞　文体分析

1 引言

如今，采用文体学的理论去分析各类文本，受到学界的广泛关注。"文体学发端于 20 世纪 50 年代语言学理论在文学文本分析中的应用，目前已经成长为一个以文学研究和语言学研究为母学科的交叉学科。"（转引自宋成方、刘世生，2015：278）刘世生（2018）提出文体学的六大要素是"文本分析、理论工具、意义阐释、评估整合、未来研究、话题多元"，陈雪、郑家建（2006）认为"文体学研究是当前学术界逐渐（升温）的课题，这是一个需要多学科共同参与、对话、合作、共享的问题域"。"文体"成为"文章体裁"的简称，从此文体与体裁获得同义，所谓的文体研究实质就是体裁研究"（吕红光，2019）。不同学者对文体学的研究内容有自己的独特见解。"文体学就是要研究个体或集体在不同的语境下使用语言的规律，制订文体规范或者描写各类文体特征，从而指导人们'到什么山唱什么歌'，不讲外行话，这里外行话不仅包括话语的内容，还应包括语言的风格，即文体，使言语的形式、内容、风格与交际目的和交际条件保持一致"（何淑琴，2005）。"文体学是一种把语言摆到首要位置的文本阐释方法。"（转引自申丹，2005：57-58)，雷茜（2018）认为，"现代文体学是利用语言学理论系统研究文学和非文体学语篇意义建构的科学，它期望通过对文本词汇语法的分析达到更加科学地进行文本意义解读和文本评论的目的"。"文体学是利用语言学理论研究语言文本体裁的学科，它旨在研究语篇的意义建构和前景化的文体特征，以完成对语篇交际目的的正确解读。"（宋凯歌，2019：87）唐晓则（2017）认为，"文体学是用现代语言学的原则和分析方法，对语言文体进行研究的一门科学。它的研究目的在于通过对具有文体意义的语言特征进行分析来关注语言运用的表达效果"。吴源（2007）认为，"文体学是跨语言学和文学两种学问的跨专业学科。它有力地打破了人们一贯认为的文学与语言学互不相干的认识"。"文学文体学是连接语言学和文学批评的桥梁，其主要探讨的就是用语言的形式来分析和阐释文学作品的主题意义和美学效果。"（王敏、毛嘉薇，2019）张婷婷（2019）认为，"语料库文体学研究利用文学作品语料库和语料库分析工具，通过词汇分析、文体特征分析、情节分析等制图统计来提炼文学语言句子结构、文学叙事的模式，考察作家的写作特点、主题思想和文体风格"。以上是学者们对文体学研究内容及其分类的看法，总体来说，都是对文本（包括小说、戏剧等）的语言特征、内容、风格多方面的解读，目的在于对所分析的文本能够更好地理解，同时能从文本中挖掘出其本质和价值。

接下来对德斯蒙斯·莫里斯的《利他行为》一文的主要内容做一简要阐述，作者开篇为利他行为下了定义，即利他主义是无私行为的表现。接着从进化论角度谈到利他主义并不是一个可行的命题，之后作者从人类的发展史讲起，并举了一个男人在看到燃烧的房子，在面对自己的女儿、朋友、陌生人及一只尖叫的小猫做出的反应。对此，作者分别进行了论证，最后得出结论：之所以人们有根深蒂固的冲动去救人或救猫，是因为我们认为自己是人，而不是"基因机器"，进而把这种行为称作是爱的行为，同时是无私的、利他的，而不是自私的。在后面的几段，作者非常细致地分析了利他行为的"真正内涵"，那就是没有真正意义上的利他行为，因为无论迟早，通过这种乐于助人的行为，我们是可以得到回报的。通过读这篇文章，笔者对利他行为有了新的认识，同时笔者个人最大的感受是若从人类发展史及生物学理论来说，并不存在利他行为，这些理论使得利他行为不再是传统上的意义，进而对利他行为有了全新的认识。给笔者的启发是在追求真理的道路上，我们要客观地看待事物，从科学的角度出发，才能对事物的本质有一个清晰的认识。本文主要针对利他行为这一文本，运用文体学的分析方法解读作者想要表达的主要内容，通过词汇、句法及修辞方面分析文章，品味文章中利他行为的深层次内涵，从而使我们客观看待利他行为。

2 "利他行为"的文本特征分析

2.1 词汇分析

"词汇是组成句子的最小单位，也是构成作品风格的最小要素。文体分析注重考察词汇的正式与非正式、复杂与简单、抽象与具体及其音节的多少。"（转引自伍静、肖飞，2019）词汇在语篇分析中起着重要的作用，一篇文章中的词汇通过文体学的分析，可以帮助我们了解文章的难易程度。向琳（2018）认为，"词汇是构成句子与语篇的基本单位。词义主要包括词的词汇意义、词的语法意义、词的色彩意义。其中词的色彩意义通常是指词汇的感情色彩、语体色彩、形象色彩等。由此可见，构建文本的过程中对词汇的选择和把握具有十分重要的意义，不同的词汇可能会产生完全不一样的效果"。

在这篇文章中，我们发现文章中重要词汇频繁出现，而且使用了许多重要词汇的派生词，其中，名词、动词和形容词都有所体现，反映了作者对词汇掌握到位，能灵活运用其所有的形式。此外，文中大量使用了形容词和副词，用来丰富文章内容，使得文章内容翔实，富有感染力，读者读起来铿锵有力。这些都反映了文章的词汇特征。接下来，我们将对《利他行为》这一语篇中的词汇进行分析。

2.1.1 重要词汇突出

文中与"利他行为"的相关词汇一共出现 15 次，与"self"相关的词汇一共出现 16 次。我们看到与中心内容有关的词汇频繁出现，说明了这篇文章所要表达的内容。先看几个例子：

① Altruism is the performance of an unselfish act.

分析：作者在开篇就给利他主义下了定义，非常明确地表达了主题，其中两个重要的词汇"Altruism""unselfish"出现在第一句中，将"Altruism""unselfish act"画上了等号。表达的中心意思是利他主义是无私行为的表现。通过使用重要词汇直接突出中心内容，对全文做了概括性的陈述。

在文中，我们在前几段还看到了与"Evolutionary，gene 相关的术语出现，如"evolutionary history""Evolution theory""the biological""evolutionary argument""genetic"等词。词汇出现频率多少反映内容的重要程度，根据这些词汇的频繁出现，我们得知利他主义与人类进化和人类基因有关系，例子如下：

② Since human beings are…they cannot be genetically programmed to displayed true altruism. Evolution theory suggests that they must, like all other animals, be entirely selfish in their actions…

分析：在这句话里出现了"evolutionary history""genetically" "Evolution theory""altruism""selfish"等重要词汇，通过这些词汇，这段内容所表达的意义是从人类历史发展的角度看，并不存在真正意义上的利他主义，从进化论的角度，人类像其他动物一样，他们的行为完全是自私的，即使对于自我牺牲和慈善事业也是如此。通过几个重要词汇我们可以看出作者想要表达的核心观点。

2.1.2 大量形容词和副词的使用

经过统计，文本中使用了大量的形容词和副词，全文总共使用了 130 个形容词和 44 个副词，在整个文本中占有很大的比例。形容词和副词的大量使用能够反映文本语言的水平，形容词和副词的直接重复起到了加强语气，强调的作用。举几个形容词和副词："biological""evolutionary""unquestioningly""unanalytically"等。

2.2 句法分析

句法对于分析文本有很重要的作用。"句法是普通语言学的一个分支，从语言学来看，它是研究句子的一个个组成部分和它们排列顺序的一个学科。根据交际的不同目的，句法能发散出无数的可能性。因此，研究句法具有一定的意义。"（唐晓，2017）伍静、肖飞（2019）认为句子是构成文体风格的要素，由词汇组成，又是篇章的基本语言单位，与文体效果关系十分紧密。

从本文来看，句法特征主要表现在长短句的灵活使用，同时，作者在文章中以复合句和陈述句为主，体现了文章有深度，具有客观性。作者仿佛"置身事外"，只是陈述科学研究的发现，不掺入自己主观的意见，主要通过句子长度和使用复合句来体现文章的句法特征。因此，想要把一篇文章分析到位，我们需要从句法角度做探讨。

2.2.1 句子的长度

句子长度是构成文体特征的重要参数。长短句都有其各自的文体特征，长句覆盖的内容多，篇幅较长，容量大，短句则内容简单，让人容易理解。正如向琳（2018）提到的，"长句结构复杂，容量大，可以表达复杂的思想；短句结构简单，语法关系明确，明白易懂，能产生生动活泼、干脆利落的表达效果，即长句可以表达丰富的内涵，结构严谨，层次分明，以实现意义的完整和形式的整齐；短句则表意简练明确"。"长句的优势在于表达复杂的意思和细腻的情感，增加表达的深度和广度，同时又能产生庄肃而凝练的文体效果。"（伍静、肖飞，2019）

从这一文本来看，其中既有短句也有长句，且长句为多。长短句错落有致，让整篇文章看起来结构匀称，层次分明。请看下面的例句：

长句：①Our love for our children is what we say we are obeying when we act "selflessly" for them, and our love of our fellow-men is what we feel when we come to the aid of our friends.

②Following this line of thought through, there is, of course, an afterlife, but it is not in some mysterious "other world," it is right here in the heaven (or hell) of the nursery and the playground, where our genes continue their immortal journey down the tunnel of time, re-housed now in the brand-new flesh-containers we call children.

分析：这是摘自文本的两个长句子，我们发现第一句是两个并列的从句，表达了复杂的内容，是典型的长句，需要分析句子结构才能将内容完全理解。第二句长短句兼有，可以让我们感受到作者有深厚的写作功底，句式多样，文章多彩丰富。

短句：①Altruism is the performance of an unselfish act.

②The biological truth appears to be rather different.

分析：这是从文本中找到的两个短句。第一句是开头句，是给利他主义下的定义，说到利他主义是无私行为的表现。简单明了、干脆利落是短句所独有的特点。第二句表达的是生物学真理似乎与众不同，同样是简明扼要表达了想法。这两句是精炼短小的总结句，干脆利落，可以使读者很快掌握文本大意。所以，不论长句还是短句，在文本中都是需要的，有利于读者更好把握文本的核心意义。

2.2.2 复合句和陈述句使用较多

从语法结构的角度看，英语句子分为简单句、并列句和复合句。在此文本中，复合句和陈述句占了大量的篇幅，只有少量的问句穿插在它们之间，以此来体现《利他行为》句型复杂、形式多样的文体特点。复杂结构在此文体中使用，句子的内容不但得到了扩展，而且句子的功能也得到了充分发挥。

我们看以下句子：①A certain degree of altruism was therefore appropriate where all the other members of your tribe were concerned.

②Following this line of thought through, there is, of course, an afterlife, but it is not in some mysterious "other world," it is right here in the heaven (or hell) of the nursery and the playground, where our genes continue their immortal journey down the tunnel of time, re-housed now in the brand-new flesh-containers we call children.

分析：这是典型的两个例子，从中可以看出，复合句和陈述句的使用使得这篇文章的内容具有客观性，不偏不倚，作者客观地表达自己的立场。

2.3 修辞分析

修辞手法在很多文本中都有使用，修辞手法的使用可以帮助作者更好地表达自己所形容的事物，同时给读者留下深刻的印象。在本文中，作者使用了排比、比喻等手法。通过使用排比，作者强调利他行为表现出来的是爱的行为，是无私的，但前提是我们把自己当作人来看待，而非机器。这是文章的独特之处。此外，作者还使用比喻的修辞手法，从生物学角度看待人们表现出来的利他行为。正是采用了修辞手法，作者非常客观地说明了主题内容，巧妙地反映了作者的立场。

伍静、肖飞（2019）认为"修辞手法是一种特殊的语言表达方式，为了取得特殊的修辞效果，在文学作品中被大量使用。在一些特定场合下也会使用修辞手法，可以使语言富有形象，增强语言的感染力和表现力，吸引听众的注意力，拉近与读者的距离，避免诘屈聱牙"。"修辞手法即修辞格，是一些特殊的表达方法，以达到特殊的修辞效果。运用修辞手法能使语言生动形象，更具有感染力和说服力。"（李绚丽，2018）

2.3.1 结构修辞

结构修辞主要有排比、反复、对偶等。"排比就是把结构相同、意义并重、语气一致的词组或句子排列成串，形成一个整体。运用排比可以加强语义，起到'壮文势，广文义'的作用。反复就是反复使用同一个词、句或段落，借以加强语气和感情，增强语言的感染力。排比也是一种反复，除了增强语势，排比和反复还使得语篇结构工整，具有韵律感。"（李绚丽，2018）例如：

Our love for our children is what we say we are obeying when we act "selflessly" for them, and our love of our fellow-men is what we feel when we come to the aid of our friends. These are inborn tendencies and when we are faced with calls for help we feel ourselves obeying these deep-seated urges (basic or essential instincts) unquestioningly and unanalytically.

分析：这句话使用了排比的修辞手法，句式虽稍微有一点不同，但从结构上是排比形式，都是"when we"式的结构，分别对应"当我们为孩子无私行事时""当我们帮助朋友时""当我们面临呼救时"，通过使用排比使文章整体结构紧凑、内容丰富。在这里，作者表达出这些爱的行为是无私而不是自私的。

2.3.2 语义修辞

语义修辞包括比喻、夸张、拟人、层进和突降等。

①比喻：用跟 A 事物有相似之点的 B 事物来描写或说明 A 事物。如：

But biologically it is more correct to think of yourself as merely a temporary housing, a disposable container, for your genes.

分析：在这句话中，作者用了比喻的修辞手法把人类自身比作一个临时住房、一个一次性容器。在此处，作者表达了人类自身的身体是他们从一代运到另一代的载体，我们的身体只是一个临时住房或者一个一次性容器。这是作者从生物学角度对"自我"的解读。

② 突降：语言表达的内容由强到弱，层层递减，把最重要的

放在前面说，给读者带来较高的期望值，最后出现的却是一些琐碎之事，造成思想内容或观念上的反差，带给读者与预期不同的甚至相反的结论。如：

If a man sees a burning house and inside it his small daughter, an old friend, a complete stranger, or even a screaming kitten, he may, without pausing to think, rush headlong into the building and be badly burned in a desperate attempt to save a life.

分析：这句话出现在第 4 段里，作者也是从进化论、生物学的角度论证的。句子的意思是说一个男人看到燃烧的房子里有自己的女儿、自己的朋友、陌生人或一只尖叫的猫，男人会毫不犹豫冲进大楼，并在绝望的企图中去拯救生命。此处，从与自己有血缘关系的孩子到自己的朋友，再到与自己素不相识的陌生人，进而到属不同物种的猫，从血缘关系到不属同一物种，这是一种层层递减的关系，给读者一种不同的感受，因为在以牺牲自己为代价去拯救陌生人或猫体现的是无私的行为，令人诧异。作者通过使用突降这种修辞手法来体现主题思想。

3 结语

通过文体学分析的方法，我们对《利他行为》这一文本的主要内容有了更加清晰的认识。就本研究来说，在对利他行为这一文本的词汇、句法和修辞进行仔细分析后，我们对利他行为不再只是停留在表面的认识上，而是有了更加全面、更加深入的了解。我们发现利他行为与基因、人类进化论、环境等有密切的关系，利他行为并不是简单意义上的"无私行为"，我们从基因角度和人类发展史看，利他行为并不可行，因为人类像其他动物一样，他们的行为完全是自私的。每当人们奋不顾身去救别人时，此时他们把自己当作人，而非基因机器。作者还从人类发展的历史看，之所以人们要救人，是因为在原始社会人们在大部落生活，相互之间是近亲关系，救人属于生理上的冲动，而随着城市化的快速发展，原始部落没有时间让他们的基因适应新的环境，于是所谓的利他行为也遗留下来。此外，作者还提及政治家们利用这种冲动大肆宣扬爱国主义，鼓吹人们为国，为事业献身。之后，作者提到人性本恶，通过道德家们的教诲，人们才表现出了慈善行为。最后作者以助人就是助己收尾，表明没有真正意义上的利他行为，点明主题。可以说，文体学为文本解读提供了新的视角和方法。

参考文献

[1] 陈雪，郑家建. 2006. 文本文体学：理论与方法[J]. 《福建论坛·人文社会科学版》，（5）：96.

[2] 何淑琴. 2005. 谈英语文体的定量分析[J]. 外语研究，（1）：31.

[3] 雷茜. 2018. 多模态功能文体学理论建构中的几个重要问题探讨[J]. 外语教学，（2）：36.

[4] 李绚丽. 2018. 特朗普首次国会演讲文体分析[J]. 湖北第二师范学院学报，（5）：18.

[5] 刘世生. 2018. 中国文体学的成长与发展[J]. 外国语言文学，（4）：440.

[6] 吕红光. 2019. 二十世纪中国古代文体学百年研究述评[J]. 文学教育，（5）：185-187.

[7] 申丹. 2005. 关于西方文体学新发展的思考——兼评辛普森的《文体学》[J]. （3）：57-58.

[8] 宋成方，刘世生. 2015. 功能文体学研究的新进展[J]. 现代外语（双月刊），（2）：278.

[9] 宋凯歌. 2019. 多模态文体学在中国：回顾与思考[J]. 濮阳职业技术学院学报，（2）：87.

[10] 唐晓. 2017. 美国总统在中国名校英语演讲的文体学分析[J]. 海外英语，（11）：207.

[11] 王敏，毛嘉薇. 2019. 文学文体学视角下《边城》两个英译本的比较研究——以杨宪益、戴乃迭和 Kinkley 的译本为例[J].

文化创新比较研究，（8）：35.

[12] 吴源. 2007. 由文体学的特点看运用文体学的方法分析文学文本[J]黑龙江科技信息，（1）：185.

[13] 伍静，肖飞. 2019. The Clipper 两个译本的文体分析[J]. 英语广场，（4）：36.

[14] 向琳. 2018. 习近平主席十九大报告的文体特征分析[J]. 海外英语，（4）：224.

[15] 张婷婷. 2019. 语料库文体学视角下《简·爱》特色的研究[J]. 海外英语，（3）：227.

国内卫三畏研究现状及展望

北方工业大学　郭雪晴　李翔

　　摘　要：卫三畏是美国早期来华传教士之一，一生出版多本汉学著作，在美国汉学历史上有着不可忽视的重要地位。本文从有关卫三畏的出版作品、汉学思想、翻译理论三个方面，对现有研究成果进行梳理，认为关于卫三畏研究的论文无论是数量还是深度都有一定进展，但还需继续深入，研究方向集中。未来对卫三畏的研究可以拓展领域，深化内容，改进研究方法与手段。
　　关键词：卫三畏　中国观　汉学　翻译理论

1 引言

　　在 19 世纪中西文化交流的过程中，来华传教士扮演着沟通桥梁的重要作用，卫三畏（Samuel Wells Williams，1812—1884）就是最早来华的美国传教士之一。卫三畏于 1833 年来到中国，1876年返回美国，在中国共生活了 43 年。卫三畏来华后，他的主要工作是负责《中国丛报》的编辑和印刷，其间出版多部汉学著作。无论是卫三畏的中国观还是他的汉语教学思想，都对后世美国汉学的发展影响深远。卫三畏返回美国之后，依旧致力于中国文化的传播。本文将从有关卫三畏的出版作品、汉学思想、翻译理论三个方面，将现有研究成果进行梳理以及综述。从研究结果中得出，国内学者对卫三畏的关注日益增多，论文无论是数量还是深度都有一定进展，但还处于起步阶段，研究方向也集中于《中国总论》《拾级大成》和《汉英韵府》。笔者认为未来卫三畏研究应注意以下三个方面：研究领域的拓展、研究内容的深化、研究方法与手段的改进。

2 卫三畏的作品及其在国内的出版情况

卫三畏在华期间一边向中国人传播基督教，一边研究中国文化、汉字。卫三畏的代表作有《中国总论》《拾级大成》《英华韵府历阶》《英华分韵撮要》和《汉英韵府》。其中，《中国总论》是一部对当时中国现状全方位描写的著作，《拾级大成》是汉语教材，《英华韵府历阶》《英华分韵撮要》和《汉英韵府》是卫三畏编纂的英汉与汉英词典。

《中国总论》（*The Middle Kingdom*）是一部关于中国的百科全书式的著述。该书于 1848 年在纽约出版，后于 1883 年出修订第二版。全书分为上下卷，共 23 章，对中国的自然地理、行政区划、人口民族、各地物产、法律政府、语言文字、历史文化、衣食住行、社会生活、工艺美术、科学技术、对外交往等诸多方面做了全方位的论述。《中国总论》中文版由陈俱翻译，于 2005 年由上海古籍出版社出版，2014 年修订，英文版于 2013 年由郑州大象出版社出版。

卫三畏的其余专著虽然在国内还未出版，但在卫三畏研究中也有不可忽视的重要地位，所以在此做简单介绍。《拾级大成》（*Easy Lessons in Chinese: or progressive exercises to facilitate the study of that language*）于 1842 年在澳门出版，是卫三畏在中国编写的第一本初级汉语教材，尤其适用于广东话的学习。全书分为十章，内容包括汉字部首、字根、书法、阅读方法、文选、对话练习、量词、英汉翻译课程与练习等。

《英华韵府历阶》（*English & Chinese Vocabulary in the Court Dialect*）是一部关于汉语官话方言的英汉对照词典。该书于 1844 年在澳门出版，全书分为序言、导论、正文和索引四个部分。导论又分成七个部分，介绍了该书的写作过程、独特的汉字注音法、声调和送气音标法、南京官话音节表、南京官话的同音字、广州话音节表和福建方言音节表。正文部分是词典的具体内容，按英文字母顺序先列英文单词，然后给出相应汉语词语和南京官话读音。

《英华分韵撮要》（*Ying Wá Fan Wan Tsütlú: A Tonic Dictionary of the Chinese Language in the Canton Dialect*）是一部关于广州方言的汉英词典。该书于 1856 年在广州出版。卫三畏根据《江湖尺牍分韵撮要合集》刻本出版了《英华分韵撮要》，它是一部按韵部编排的汉英字典，每个汉字除了有英文释义外，还分别记录粤语和官话的拼写。字典正文共收录 7850 个汉字，按照罗马字母拼音顺序排列。

除了卫三畏的原版专著外，有关卫三畏生平的一些史料也在国内出版。2004 年广西师范大学出版社出版了由顾钧和江莉翻译的《卫三畏生平及书信——一位美国来华传教士的心路历程》，全书共 12 章，内容包括卫三畏于 1812 年至 1884 年的事迹以及书信，英文版于 2013 年由大象出版社出版。2014 年，大象出版社出版了由宫泽真一转写、整理的《北上天津北京远征随行记（1858—1859）》。1858—1859 年，卫三畏作为秘书和翻译，参加了美国使团北上天津和北京的行动，这次行动的主要目的是谈判《天津条约》和面见清帝，卫三畏的日记详细记录了这次行动的全过程，该书是对卫三畏这两年日记的转写。同年，大象出版社出版了《佩里日本远征随行记（1853—1854）》，记录了卫三畏在日本的经历。2017 年，大象出版社出版了陶德民编写的《卫三畏在东亚——美日所藏资料选编》，主要内容为卫三畏在东亚的活动资料汇编，编者陶德民从耶鲁大学档案馆里复制出来，分类梳理汇编。这些史料贯穿了卫三畏的一生，尤其是其在中国和日本时期的详细记载和书信的翻译对研究具有重大贡献，同时也为研究明清传教士的学者提供了丰富的研究资料。

　　近年来，也有学者出版了关于卫三畏汉学研究的专著。由顾钧（2009）编写的《卫三畏与美国早期汉学》，从卫三畏的基本著作和生平经历出发，结合美国早期汉学的研究情况，对卫三畏在汉学研究方面所做的工作和贡献进行了全面的介绍。由孔陈焱（2010）编写的《卫三畏与美国汉学研究》，以卫三畏为切入点勾勒出美国早期汉学的概貌，同时以卫三畏的汉学原著、传教档案等原始资料和学者既有研究成果为基础，考察卫三畏在中国的早期活动和其《中国总论》《拾级大成》等汉学著作，系统阐述了卫三畏的汉学研究成就和他对美国早期汉学发端的影响。由黄涛编写的《美国汉学家卫三畏研究》，围绕卫三畏三种社会身份——传教士印刷工、传教士外交官、汉学家——的延伸顺序和相关过程中的历史事件，深入阐释卫三畏与晚清中国所发生的各种关系及其历史价值或意义，揭示这些阶段中中美关系史上的因果关系。可见，目前关于卫三畏，国内出版的专著集中于其汉学成果并且是站在宏观角度上对卫三畏的几部著作进行研究，缺乏对其某部著作的专门研究。

3　国内卫三畏的汉学思想研究

　　本文将卫三畏的汉学思想分为中国观与汉语观两部分展开叙述。"所谓'中国观'，一般是指域外人士关'中国'的观感和理解，或可界定为域外人士关于'中国'的论释。"（李同法，2009）。国内有关美国中国观，特别是早期来华传教士的中国观的研究起步相对较晚。在 19 世纪中美文化交流的过程中，卫三畏可以算是一个里程碑式的人物，其著作《中国总论》可以说是早期传教士的代表作之一，卫三畏的汉学思想也在其多部作品中体现。

3.1　卫三畏的中国观

　　说起卫三畏的中国观，就一定会提到卫三畏的代表作之一《中国总论》。《中国总论》内容包括中国地理、法律制度、文字文学、建筑工艺、饮食服饰、科学宗教、对外政策以及重大历史事件，可以说涵盖了中国的方方面面，被学者作为研究卫三畏中国观的首选资料。

卫三畏的中国观有其积极的一面，也有消极的一面。与以往美国人对中国的片面化认识不同，"卫氏中国观清理了部分早期传教士中国认识中的简单化倾向，卫氏从近代化的视角对中国文化展开更深层次透视"（马少甫，2007），同时"卫三畏特别关注中华文明，不主张中国全盘西化，他希望中华文明中好的因素能够保留下来并获得新生"（王安，2008），并且"他把西方具有近代意义的科学知识和价值观念等传入中国，从而构成了对中国传统文化的挑战，这样就诱发了中国的有识之士寻求变革的意识，同时也刺激了中国现代化知识阶层的崛起。"（李艳，2011）。

研究此方向的学者都意识到虽然《中国总论》很好地向西方世界介绍了中国的面貌，从西方文化的背景分析了中国当时的社会情况，但同时卫三畏的有些观点也失之偏颇。孔陈焱（2006）将卫三畏的中国观概括为："中国是一个半文明半野蛮的国家，文明陷于停滞和堕落中。中国社会存在严重缺陷，这与中国人的性格相适应，所以自身力量已经无可挽救，必须由西方近代文明国家来帮助它突破障碍获得进步。中国人不仅需要西方的科学技术，也需要西方的制度和精神，最重要的是向中国人传播基督福音，从根本上改造国民精神。"从该结论可以看出，卫三畏对中国的认识是基于其传教士的独特身份，虽然中国需要学习西方的先进技术来发展自身，但他认为中国无法自救等观点不够客观与理性。与此同时，卫三畏认为中国"精神文明处于停滞状态，归其原因为中国地理以及语言的孤立。"（李同法，2009）。不过，不止卫三畏对待中国传统文化的态度具有矛盾性，这是在早期传教士中普遍存在的（马少甫，2007）。卫三畏中国观所体现的矛盾性在今天的美国中国观中还可以观察到些许踪迹。正因如此，对卫三畏中国观的研究十分有意义。

事实上，能够研究卫三畏中国观的材料不仅有《中国总论》，还有卫三畏在华年期间的其他著作，如汉语初级教材《拾级大成》《中国地志》《英华韵历阶》《英华分韵撮要》《汉英韵府》《英华合历》《中国商务指南》等都应该列入研究范围。

3.2 卫三畏的汉语观及汉语教育思想

汉语是汉学研究的重要组成部分，也是汉学研究的传统主题之一。卫三畏在华期间编著了《拾级大成》《英华韵府历阶》《英华分韵撮要》《汉英韵府》等教材和字典，主要目的是帮助外国人学习汉语和传教士布道，但这些教材和字典本身同时体现了他的汉语观以及汉语教育思想。

《拾级大成》是集中体现卫三畏汉语教学思想的一本初级汉语教材，是研究的重点之一。汉字上，"卫三畏提出应通过学习汉字的构成部分来记忆汉字"（何婷婷，2008），"卫三畏认为对于初学者来说汉字按照部首排列更容易学习，使用字根排列的方法更适合学者或有基础的汉语学习者。因为字根排列虽然有助于按照汉字字根来理解字义，但当时西方人按照字根排列汉字的方法显得过于复杂，不利于汉语初学。"（孔陈焱，2006）。这也是为什么卫三畏将汉字部首、字根和书法包含进汉语的初级学习内容中。韩英（2018）集中对卫三畏关于汉字的构造、造字法以及编写的教材进行研究，提出卫三畏"关于汉字造字法六书方面的研究也存在不足之处"，因为这种教学方法实施难度较大。

语音上，王欢（2013）总结了卫三畏探讨的汉语语音学习过程中遇到的问题：汉语声调、送气音和同音字。汉语有声调以及汉语有大量的同音字是汉语与英语的明显不同之处，所以也是英语母语者学习汉语的重难点。在语音学习方面，卫三畏认为既然不能通过观察字形或者利用任何发音规则来掌握汉语语音，只能在具体语言环境中遵循人们传统的方式，那么就应该跟着当地人来学发音，因此他特别强调学习语音要在中国当地老师的帮助下进行，如果没有他们的帮助，那么学生自己就不要也不值得花时间在语音学习上。

卫三畏在《拾级大成》中未对语法进行大篇幅讲解，更为注重汉语的实际应用，所以将阅读、对话和翻译作为教材的主要内容。

何婷婷（2008）认为《拾级大成》的教学法主要是翻译法和例证教学法。"卫三畏还把这些课程设计成同时可以用于向有一定英语基础的中国青年教授英语，让他们对照两种语言的习惯用语，学会使用地道的习语把汉语翻译成英语，把英语短语译成汉语。"（孔陈焱，2006）除此之外，卫三畏还对汉语中的量词单独列为一个章节，专门对汉语量词的使用进行了详细的解释。

《英华韵府历阶》也逐渐进入卫三畏汉学研究学者的视野。薛素萍（2016）从音韵学的角度对《英华韵府历阶》的声韵调系统进行了详细描写和分析，发现其符合当时南京官话的特征，但也开始混入一些北京官话。程美宝（2010）在《粤词官音——卫三畏英华韵府历阶的过渡性质》一文中指出，"该书收入的字词虽全部标以官音但部分字词只在广州话或某些方言区通用"，并简要分析了出现这种情况的原因。

从以上综述可以看出，虽然近年来学术界对卫三畏的关注度越来越高，相关研究的著作、论文在广度和深度上也都有较大进展，但数量并不多，而且研究视角比较狭窄，较多地只是从其中的一本或两本著作去观察卫三畏的汉语教学方法。

4 国内卫三畏的翻译理论与实践研究

关于卫三畏翻译作品的研究主要集中在其翻译的《聊斋志异》上，研究焦点集中在《聊斋志异》的最早译介以及卫三畏的译介。王丽娜（1998）认为最早发表《聊斋志异》单篇译文的译者是卫三畏，凭据是卫三畏于 1848 年在《中国总论》中提到的两篇英译文《种梨》和《骂鸭》。但这一结论引起了争议，王燕（2008）认为德国传教士郭实腊（Karl Friedrich August Gützlaff, 1803—1851）才是最早的译介者，因为他于 1842 年就在《中国丛报》上简介了《聊斋志异》的 9 篇小说，比卫三畏翻译的两篇作品早 6 年。随后，顾钧（2012）提出郭实腊的翻译重点在于介绍文章，而非翻译，所以卫三畏才是《聊斋志异》的最早译者。李海军和张艳（2014）对卫三畏的译文进行了研究，发现其译文基本忠实于原文，主要采取意译方式，最典型的例子是故事标题的翻译。但在《商三官》的译文中有两处因译者理解错误而导致误译和两处删节。张建英（2016）对比了郭实腊和卫三畏二人在译介方式、译介目的、译介特点三个方面的不同，指出"卫三畏的译介相对忠实、完整"。张强（2018）认为卫三畏在翻译《聊斋志异》时存在对原文删减的情况，并且有时会"选取宗教隐喻强烈的词语，甚至重写文末评论的方式暗示以基督教改造中国社会的可行性、必然性，以及迫切性"。

除《聊斋志异》外，也有学者开始将卫三畏于 1858 年中国和美国签订《天津条约》兼做翻译时留下的资料纳入卫三畏翻译理论与实践研究的范围。《天津条约》是英法美俄四国与清政府修约外交的成果，关于条约谈判的实施和中美两国的情况都掌握在卫三畏和丁韪良两个翻译的手中，熊辛格（2018）论证了中美《天津条约》中英文本翻译差异的情况，"主要表现在取消中美官员会同商议租地、船钞测量标准和基督教传教特权这三项"，这有助于深入了解相关背景。

关于卫三畏翻译作品的探讨为数不多，主要是对《聊斋志异》《天津条约》的翻译以及《拾级大成》的研究，这有对翻译练习的些许涉及。

5 卫三畏研究的未来展望

从上述的研究综述中可以看出，国内学者对卫三畏的关注日益增多，有关卫三畏的史料和专著持续出版，论文无论是数量还是深度都有一定进展，但还处于起步阶段，如对翻译实践活动研究较少，多出现在清代历时研究中，同时也反映出针对卫三畏的研究方向也主要集中于《中国总论》《拾级大成》和《汉英韵府》。笔者认为未来卫三畏研究应注意以下三个方面：

研究领域的拓展。如《中国总论》为清代历史留下了珍贵的记载，其内容涉及中国社会的方方面面，可被不同学科作为研究资料。卫三畏出版过的词典也可为词典发展史、词汇学和方言的语音、语调等提供参考。目前关于卫三畏翻译实践活动的研究较少，应该引起足够的重视。

研究内容的深化。卫三畏有部分代表作还未引起学界的重视，如《英华韵府历阶》《英华分韵撮要》《英华合历》《中国商务指南》。虽然《英华韵府历阶》和《英华分韵撮要》只是字典，但其选词标准和解释方法也会透露出卫三畏的汉语观，可与卫三畏其他作品同样作为研究卫三畏汉语观的材料。卫三畏的作品本身也存在着一定的内在联系，其作品中体现的对于汉语初学者的学习建议，还需要更加细致深入归纳和总结。《汉英韵府》中汉口、上海、宁波、汕头和广州音系研究亦还未有人涉足。

研究方法与手段的改进。关于卫三畏的研究过去总是在清代历时研究中略有涉及，也主要是对卫三畏作品的简要概述。随着近年来卫三畏研究的发展，一些新的研究方法如共时研究也应该纳入其中，这样才能使研究更加深入和完整。

6 结语

本文梳理了目前国内卫三畏研究的发展现状，包括卫三畏的出版作品、汉学思想、翻译理论三个方面，并将现有研究成果进行了梳理以及综述。卫三畏研究已走过第二个十年，国内学者研究卫三畏的论文和专著数量都在持续增加，研究方向集中于《中国总论》《拾级大成》和《汉英韵府》，所以关于卫三畏的研究领域需拓展，研究内容需深化，研究方法与手段待改进，可通过与词典史等学科相结合、增加《英华韵府历阶》等研究对象和使用共时研究方法等手段继续丰富卫三畏研究。我们有理由相信，关于卫三畏汉学思想与翻译观的研究，会为美国早期汉学研究与对外汉语教学研究带来新的活力。

北京市哲社科一般项目：跨文化背景下的西方汉英词典中国文化对外传播策略研究（编号：16YYB007）

参考文献

[1] 程美宝. 2010. 粤词官音——卫三畏《英华韵府历阶》的过渡性质[J]. 史林，（6）：90-98.

[2] 顾钧. 2012. 也说《聊斋志异》在西方的最早译介[J]. 明清小说研究，（3）：198-202.

[3] 顾钧. 2009. 卫三畏与美国早期汉学[M]. 北京：外语教学与研究出版社.

[4] 韩英. 2018. 卫三畏与汉字西传研究[D]. 哈尔滨：黑龙江大学.

[5] 何婷婷. 2008.《拾级大成》与卫三畏的汉语教学[D]. 长春：吉林大学.

[6] 孔陈焱. 2006. 卫三畏与美国早期汉学的发端[D]. 杭州：浙江大学.

[7] 孔陈焱. 2010. 卫三畏与美国汉学研究[M]. 上海：上海辞书出版社.

[8] 李海军，张艳. 2014. 卫三畏对《聊斋志异》的译介[J]. 江西社会科学，34（7）：113-116.

[9] 李同法. 2009. 卫三畏的中国观[D]. 石家庄：河北师范大学.

[10] 李艳. 2011. 卫三畏思想研究[D]. 济南：山东师范大学.

[11] 马少甫. 2007. 美国早期传教士中国观和中国学研究[D]. 上海：华东师范大学.

[12] 王安. 2008. 论卫三畏的中国观[D]. 苏州：苏州科技学院.

[13] 王欢. 2013. 卫三畏的汉语著作及教学思想研究[D]. 长沙：湖南大学.

[14] 王丽娜. 1988. 中国古典小说戏曲名著在国外[M]. 上海：学林出版社，214.

[15] 王燕. 2008. 试论《聊斋志异》在西方的最早译介[J]. 明清小说研究，（2）：214-226.

[16] 熊辛格. 2018. 中美《天津条约》中英文本差异探析[J]. 邢台学院学报，33（4）：118-122.

[17] 薛素萍. 2016.《英华韵府历阶》音系研究[D]. 南京：南京师范大学.

[18] 张建英. 2016.《聊斋志异》在《中国丛报》的译介[J]. 东方翻译，（6）：26-32.

[19] 张强. 2018. 中国志怪小说的叙事重构：以卫三畏英译《聊斋志异》为例[J]. 中国比较文学，（3）：52-65.

日剧对日语专业大学生学习的影响

北方工业大学　焦璇飞

摘　要： 对于日语专业的大学生来说，日剧在日语学习的过程中起着非常重要的作用。日剧不仅能培养日语专业的大学生的学习兴趣，还能提高日语水平，拓宽日语专业大学生的视野，利于学习优秀的日本文化。但如果没有正确的指导，日剧也会给日语专业大学生的学习带来很多负面影响。因此，研究日剧对日语专业大学生的影响以及对策，具有非常重要的理论和现实意义。

本文从日剧对日语学习者影响的角度出发，以日语专业的大学生为研究对象，采用问卷调查法、文献检索法、归纳分析法，从积极影响和消极影响两个方面分析日剧对日语专业大学生学习的影响。积极影响包括可以提高日语专业大学生的学习欲望，提高听力和会话能力。消极影响有四方面，分别是：1）难以习得标准的日语；2）过于依赖日剧会丧失探求语言本身的精神；3）沉溺于日剧会影响正常的学习和生活；4）日剧中消极的内容会影响日剧专业大学生的身心健康。

关键词： 日剧　日语学习　积极影响　消极影响

1 引言

日剧在当今世界的流行文化中占有举足轻重的地位，越来越多的日语专业大学生利用日剧这一渠道学习日语，它打破了传统的通过教科书学习语言的方法，对语言学习的帮助越来越大。随着国内日语专业大学生的增加，日剧对年轻一代的日语专业大学生产生了越来越大的影响。日剧作为外来的影视作品，在日语专业的大学生学习日语的过程中起着非常重要的作用。日剧不仅能培养日语专业的大学生的学习兴趣，还能提高日语水平，拓宽日语专业大学生的视野，利于学习优秀的日本文化。另一方面，如果没有正确的指导，日剧也会给日语专业大学生的学习带来很多负面的影响。因此，研究日剧对日语专业大学生的影响是极为重要的。

2 研究设计

（1）研究的问题

本论文研究日剧对日语专业大学生学习的影响，主要从积极影响和消极影响两方面论述，意在给日语专业的大学生一些启示，更好地利用好这一渠道帮助他们学习日语。

（2）研究的对象

本论文以日语专业的大学生为研究对象，通过调查问卷的形式，随机调查了日语专业的 1000 名大学生。

（3）研究工具

本论文与笔者硕士毕业论文紧密相关，因此直接引用为毕业论文所做的问卷调查。通过问卷星，2019 年 11 月发布了笔者自行设计的问卷调查，共回收了 1000 份有效问卷，其中与本论文相关的问题主要有 1）看日剧的目的；2）会通过日剧学习日语吗；3）学习效果如何；4）对哪一方面帮助最大。

3 问卷调查结果分析

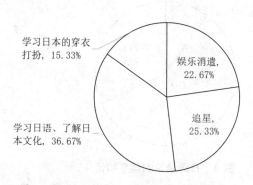

图1 观看日剧的目的

从图1可以看出，日语专业的大学生观看日剧的主要目的是学习日语和了解日本文化，达到了 36.67%。其次是因为追星和娱乐消遣，分别为 25.33% 和 22.67%。最后是为了学习日剧中的妆容和穿搭，比率为 15.33%。通过分析数据可以得出，超过三分之一的日语专业大学生最初接触日剧的目的是出于提高日语能力，因此在日语学习中日剧占有举足轻重的地位。

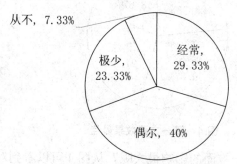

图2 利用日剧学习日语吗

从图2可以看到，大约 92.67% 的日语专业的大学生通过观看日剧学习过日语。其中，经常观看日剧学习口语的人数比例达到了 29.33%，偶尔高达 40%，从来没有观看的仅有 7.33%。分析可以得出，超过 90% 的日语专业大学生虽然通过日剧学习过日语，但经

常学习的也只有 30%，因此如果利用好日剧的优势，将日剧应用
到日语学习中，会使更多的大学生受益。

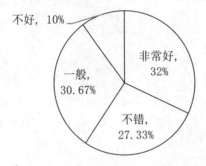

图 3　日语学习的效果如何

从图 3 可以看到日语学习的效果，非常好的几乎接近三分之
一，还不错的有 27.33%，一般的 30.67%，效果不好的只有 10%，
可以看到，观看日剧对学习日语的效果还是非常不错的。通过详细
分析造成学习效果理想和不理想的原因，总结利用日剧学习日语的
优点和缺点，可以增加学习的兴趣，提高日语学习的效率。

图 4　哪一方面效果最佳

那么具体对哪一方面的影响最大呢？从图 4 可以看到对听力和
语法的影响是最大的，会话和词汇虽然比例相对较低，但也在
20%左右。日语专业的大学生在日语学习的过程中，比较明显的一
个问题是听力和会话较弱，日剧正好可以弥补这一缺失，为日语专
业大学生的学习提供更好的服务。

总体来说，日剧对大部分日语专业大学生产生的积极影响大于

消极影响，不仅可以培养日语专业大学生的学习兴趣，提高日语水平，还可以了解许多日本文化。但是观看日剧也同样带来了沉迷于日剧、追星等消极方面的影响。下面根据调查问卷的结果，分别从积极影响和消极影响两方面来论述日剧对日语专业大学生产生的影响。

4 对日语学习的积极影响

4.1 提高日语学习的学习欲望

通过问卷调查可以看到，学习日语和了解日本文化的日语学习者占 36.67%，大约 92.67% 的日语专业大学生通过观看日剧学习过日语，并且 90% 的日语专业大学生认为日语学习效果很不错。由此可以看出，日语专业的大学生或多或少都会选择日剧这一途径来帮助自己更好地学习日语。众所周知，学习一门技能的过程是很枯燥的，而语言可以说是其中最难的。学习日语的时候，一般是从词汇和语法开始，而词汇和语法通常要通过机械的背诵，缺乏趣味性。这时候，就可以借助日剧这一辅助工具，将词汇和语法放入情境中，迅速掌握学习日语的方法。

日剧以乐观积极的人生态度为基调，让人对未来总是充满希望，日剧中每个人物虽然生活各不相同，但都有作为普通人的魅力，总是能从他们身上学到很多人生经验。这种形式可以成为日语专业大学生的精神食粮，激发学习日语的欲望，做到事半功倍。日剧使日语专业大学生的日语学习变得更加丰富多彩，形式多种多样，产生了非常浓厚的兴趣，增加了日语学习的乐趣，提高了学习者的日语学习积极性，帮助学习者理解日本文化。

4.2 提高听力和会话

问卷调查的结果显示，日剧对听力以及会话的影响最大，分别是 30.67%、27.33%。要提高日语会话水平，首先需要扎实的语法基础。如果机械地将几个语法和词汇原封不动应用的话，学习效果也会大幅度打折扣。因此我们需要把所有的语法巧妙地结合到"情景"中，通过"情景"学习，模仿剧中人物的语言表达，尽量掌握对话者对现场气氛的感受和人物的说话方式，可以更好地把握每一个语法。观看日剧的过程，可以丰富日语专业大学生的日本常识，感受人物的情感和语气，提高听力，增强语感，为日语专业大学生提供学习日语的环境。

通过不断地听电视剧中大量的会话，不仅能锻炼日语学习者的会话水平，还能了解日本的风土人情，使学生学到的书面日语可以真正地运用到生活当中，学习效果也比传统的方法更佳。学习外语最好的方法就是置身于这门外语的环境中，日剧正好可以弥补这一缺失，日语专业的大学生观看日剧时，完全置身于特定的场合和语言环境中，可以身临其境地感受到每一个词汇、语法以及句子的使用场景，在理解的基础上再进行记忆就会更牢靠。另外，除去书本上的一些知识，可以更多地了解日常生活用语，培养日语专业大学生的语感，提高学习兴趣。

5 对日语学习的消极影响

许多日语专业的大学生通过观看日剧对日语学习产生了浓厚的兴趣，电视剧这一媒介也提高了语言学习的趣味性，提高了日语专业大学生的积极性，为他们更好地理解日本文化提供了有效的渠道。但是在给日语专业的大学生带来积极的影响的同时，也产生了一些消极的影响，我们应该重视这些消极影响，并为解决这些问题提出相应的对策，使日剧更好地服务于日语学习。

（1）仅靠日剧难以学习到标准的日语。无论是哪个国家的电视剧，采用的都是相对日常的口语，但对于日语专业的大学生来说，不仅要熟练地掌握日语，还要具备作为日语专业大学生的素养，那就是掌握比其他人更为专业的日语。因此，必须在熟练掌握标准的词汇、语法的基础上，借助日剧这一手段让日语学习锦上添花。

（2）过于依赖日剧的话，日语专业大学生深层次探寻语言本身的精神将会减弱。作为日语专业的大学生，要知其然更要知其所以然，不单单只是学习这门语言，更多的是要了解这门语言深层次的东西。这就需要沉静下来，既要通过日剧来加快对日语的掌握，更要潜心钻研，不只停留在表面。

（3）沉溺于日剧会影响日语专业大学生正常的学习生活。许多大学生因为没有形成成熟的价值观体系，难以平衡追星与学习生活之间的关系。也有一部分电视剧迷将自己过多的时间用于追剧，占据了学习的时间，把握不好学习与娱乐之间的度，得不偿失。

（4）日剧中的不良内容会对日语专业大学生的身心健康造成负面影响。日剧题材丰富，涉及的类型多种多样。日剧的一类深夜剧题材一般较为血腥暴力，以出轨为主题的日剧也并不罕见。一部分还未步入社会的日语专业大学生，缺乏甄别的能力，看过这类题材的日剧，很容易误入歧途。因此，大学生必须提高自己的辨别能力，守住自己的底线，政府和媒体也应该履行自己的监督责任，创造一个良好的环境。

作为日语专业的大学生，必须要辩证地看待日剧给学习带来的两方面影响，做到取其精华去其糟粕。利用日剧学习日语，要避免过于沉迷于日剧，而是把日剧作为日语学习的桥梁，在娱乐中学习，在学习中娱乐。

参考文献

[1] 侯琳琳，吴莹. 2015. 跨文化交际背景下的日语学习对策——通过日剧学日语[H]. 才智，28：126.

[2] 赖宣羽. 2020. 浅析影视剧对英语学习的影响[J]. 神州·下旬刊，1 期，http://www.fx361.com/page/2020/0212/6732577.shtml

[3] 文钟莲，于子微，杨怡. 2017. 论日本动漫对日语学习影响的两面性[H]. 上海电力大学.

[4] 徐萌. 2015. 日本影视作品对日语教学的作用——以日剧《日本人不知道的日语》为例[J]. 成都理工大学学报（社会科学

版），23（1）：101-104.

[5] 赵力生. 2018. 浅谈影视剧对于外语学习的影响[J].青年生活.
http://www.chinaqking.com/yc/2019/1556589.html.

国内二语学习动机调控策略研究综述

北方工业大学　　许心怡

摘　要：动机调控策略研究是二语习得研究领域相对较新的研究课题。鉴于动机调控策略在激发和维系学习者学习动机方面的重要性，21 世纪初国内学者开始关注此研究领域并取得了较为丰富的研究成果。本文通过文献综述的方法，对国内二语动机调控策略（2000 年—2020 年）从策略分类、研究对象、影响因素和影响结果等层面进行了归纳和梳理，进而探讨了目前存在的研究背景较为传统、研究对象不均衡、研究方法较为单一等问题和不足，旨在为后续研究提供进一步的借鉴和思考。

关键词：二语学习　动机调控策略　研究综述

1 引言

在二语学习中，动机是决定二语学习成就的主要因素之一（Dörnyei，1994：273）。学习动机会激发学习者的积极性，但是学习动机并非是静态、一成不变的，而是动态、不断发展变化的。在二语学习过程中，学习者学习动机有时会受到各种因素的影响而出现动机减退的情况，如学习者的专业、性别、语言水平等因素。在二语习得研究领域，国内外学者对二语学习者的二语学习过程展开研究，已有研究证实在二语学习过程中，学习者使用学习动机调控策略能更好地激发和维持学习动机，促进自身努力程度，间接影响学习成绩（王幼琨，2014；惠良虹和张莹，2016）。在二语习得研究领域，敦烨（Dörnyei，1994：283）最初提出的二语动机策略，是指语言教师在教学实践中采取的促进二语学习者学习动机的教学策略，同时这些策略还能帮助语言教师在二语课堂上，更好地了解和激发学生学习的动机。在之后的研究中，敦烨（Dörnyei，2001：109）指出学习者也会进行自我调控，来克服环境干扰、竞争导致的情绪波动或身体状况等方面的影响，并将学习者采取的这些措施归纳为自我激励策略（self-motivating strategies），即学习者自身在二语学习中使用的动机调控策略。为了便于表述，本研究将这些统称为学习动机调控策略，即学习者在二语学习过程中，为维持系统而持久的积极学习效果而有意识采取的动机调控策略（Dörnyei，2001：28）。

近年来已有许多研究对动机调控策略进行了一系列的研究，包括动机调控的分类。惠良虹等人（2019）针对移动学习环境对大学生英语学习动机调控策略现状展开实证研究，并提出了新的动机调控策略"同伴互助"和"设备控制"，但是国内有关移动环境下的学习者动机调控研究仍比较匮乏。此外，以往研究多以本科大学生和高中生为研究对象，通过中国期刊全文数据库、CNKI 中国博士论文全文数据库和 CNKI 中国优秀硕士学位论文全文数据库的检索，发现只有华维芬和冷娜（2017）以及高园园（2015）以研究生为研究对象。研究生亦是教学研究中不可忽视的重要群体，针对研究生二语学习动机调控策略的研究有助于了解研究生的英语学习动机，帮助研究生学习者更好地运用动机调控策略激发和维持自身二语学习动机，挖掘自身语言潜能，提升语言水平，同时在一定程度上弥补相关研究空缺。

其次，在二语学习过程中，有许多因素对学习者的动机调控产生影响，除了继续深入探索学习者的专业、性别、语言水平、学习者的学习动机信念、元认知策略等因素对动机调控策略的影响和作用，还应该加强移动学习环境下学习者二语动机调控策略相关研究。基于动机调控的影响结果的相关研究发现，在二语学习过程中，学习者使用学习动机调控策略不仅能更好地激发和维持学习动机，还能通过促进自身努力程度，最终影响学习成绩（李昆，2008，2011）。而学习者使用的动机调控策略在专业、性别等变量上也存在差异（李昆，2008，2011；高越，2014）。但是有关学习者自身对动机调控策略的认知的研究还比较缺乏，因此，有必要对国内二语学习动机调控策略相关研究文献进行梳理。

综上所述，本文通过文献综述的方法，针对近 20 年来国内二语动机调控策略研究现状进行总结，从策略分类、研究对象、影响因素和影响结果四个层面的研究成果分别进行梳理，进而探讨了目前动机调控相关研究存在的一些问题和不足，旨在为后续深入研究提供基础。

2 国内二语学习动机调控策略研究现状

2.1 动机调控策略的分类

国内学者对二语动机调控策略进行了一系列研究，其中，国内动机调控策略的分类主要包括以下内容：首先，国内学者李昆（2008，2009，2011）以大学生和中学生为研究对象，采用因子分析确认了学习者使用的 8 种动机调控策略，分别是内在动机调控（兴趣提升、掌握目标唤起、任务价值提升和自我效能提升）、外在动机调控（表现目标唤起、自我奖励和后果设想）和意志控制，并探讨了动机调控策略对非英语专业大学生和中学生学习策略及英语成绩的影响，证实积极调控学习动机有助于提升英语成绩；高越、刘宏刚（2014）通过探索性因子分析确认了 6 种动机调控策略，分别是兴趣控制策略、元认知控制策略、自我奖励策略、情感控制策略、成绩目标唤起策略和归因策略，并对非英语专业大学生的二语动机调控策略使用情况展开研究。

同时，随着时代的发展，学习环境的变化，以及研究对象的扩展，一些学者提出了新的动机调控策略。刘宏刚（2014）提出了"跨文化交际策略"，即通过欣赏英美剧、阅读英美文化相关材料等方式来提升对英语及其文化的认识，从而增强英语学习动机；高园园（2015）以非英语专业研究生为研究对象发现了"寻求帮助"策略，表明学习者在英语学习中遇到困难时会采用寻求帮助的手段；惠良虹，张莹和李欣欣（2019）对移动环境下大学生英语学习动机调控策略使用情况进行实证研究，除了"价值调控""掌握目标唤起""兴趣提升""自我奖励"这 4 种策略，还提出了"同伴互助"和"设备控制"这两个策略，其中同伴互助是学习者通过与同学一起学习，互相监督，互相帮助来维持自身学习动机的一种策略；设备控制特指移动学习环境下，学习者用以维持注意力，确保良好的学习效果，免受手机设备中娱乐应用等干扰的动机调控策略。

2.2 动机调控策略的研究对象

此外，笔者以"动机调控"为关键词，通过中国期刊全文数据库对近 20 年来在全国中文核心期刊所发表论文进行检索，发现 21 篇动机调控策略相关研究文献，其中"SCI""CSSCI"来源的文献为 14 篇；通过对 CNKI 中国博士论文全文数据库和 CNKI 中国优秀硕士学位论文全文数据库的检索，发现 1 篇博士论文和 32 篇优秀硕士学位论文。上述文献的研究内容，主要包括学习者动机调控策略实证研究，动机调控与学习策略、学习成绩和自主学习能力的相关研究；研究对象主要包括大学生（李昆，2008，2011；王幼琨，2014；冯艳，2014；钟琳，2017；惠良虹，马烁，杜芳，2017）、高中生（范春霞，2014）、初中生（王建，2018）。此外，只有两篇文献以研究生为研究对象，即华维芬和冷娜（2017）通过问卷调查和访谈探究英语专业研究生的自主学习现状、动机调控策略的使用情况以及两者之间的关系，高园园（2015）以非英语专业研究生为研究对象，探讨其英语学习动机调控策略的使用情况，学习者动机调控策略使用在性别、专业、年级上的差异。

2.3　动机调控策略的影响因素

为了解动机调控的影响因素，国内学者开展了广泛的研究。目前关于动机调控策略影响因素的研究，一方面包括学习者的专业、性别对动机调控策略的影响和作用，如李昆（2009）发现女生对动机调控策略的使用频率高于男生，而文科学生和理科学生在动机调控策略的使用上不存在差异；高越和刘宏刚（2014）证实女生在动机调控策略的使用上优于男生，同时文科生在动机调控策略的使用上优于理工科学生，但是研究对象分别是非英语专业大学生和高中生。此外，高园园（2015）发现非英语专业研究生动机调控策略使用在专业和性别上不存在显著差异，因此有关学习者的专业和性别对动机调控使用的影响有待更多探索。

另一方面，学者们探索了学习者学习动机信念、元认知策略等因素对学习者动机调控策略使用的影响。王幼琨（2018）发现自我效能感、掌握目标定向和任务价值这三种动机信念对英语学习动机调控产生直接正向的影响，其中自我效能对动机调控的直接影响最大。惠良虹、马烁、杜芳（2017）发现在外语学习过程中元认知策略对认知策略产生直接显著的影响，认知策略直接影响动机调控和努力程度，即元认知策略通过认知策略的中介作用间接影响动机调控策略的使用。

此外，学习动机、英语语言水平、英语学习自我系统也对动机调控策略使用产生影响。惠良虹、惠晓萌、魏静静（2018）的研究发现英语学习动机与动机调控都呈显著正相关，即英语学习动机对于学习动机调控策略的使用有显著预测作用。高越和刘宏刚（2014）通过实证研究，证实在英语学习过程中语言水平对动机调控策略的使用具有非常显著的影响，语言水平越高的学生越善于使用动机调控策略激发和维护自身学习动机。王幼琨（2020）通过结构方程模型的方法探索英语学习动机自我系统对动机调控策略的影响，研究发现理想英语自我与应该英语自我，不仅直接正向影响动机调控策略的使用，还通过英语学习经历间接正向影响动机调控策略的使用；而英语学习经历则直接正向影响动机调控策略；至于对动机调控策略使用的影响，理想英语自我的影响最大，其次是应该英语自我，最小是英语学习经历。对动机调控策略影响因素的研究有助于教师更好地因材施教，培养学生更好地使用动机调控策略来维持学习动机。

2.4 动机调控策略的影响结果

关于动机调控策略的影响结果，国内学者们积极地展开了一系列的探索，通过中国期刊全文数据库对近 20 年来在全国中文核心期刊所发表论文检索发现，主要有如下几项：首先，研究发现动机调控策略对学习者学习策略、学习成绩有影响，如李昆（2011）以非英语专业本科生为研究对象，探索动机调控策略对学习策略和英语成绩的影响，研究发现动机调控策略可以预测学习策略的使用以及英语成绩；基于相关分析和多元回归分析，研究发现整体上八种动机调控策略对英语成绩有显著预测力，但不同策略对英语成绩的预测力不同。钟琳（2017）对非英语专业本科生动机调控策略进行研究，发现动机调控策略能预测英语成绩，但预测力较小。

其次，学习者动机调控策略对认知策略、元认知策略也有影响。李昆（2011）发现学习者动机调控策略的使用和认知、元认知策略的使用呈显著正相关，即能够使用动机调控策略调节学习动机的学生也能较好地使用认知策略和元认知策略。周雪婷和张莞莎（2015）对大学生展开研究，发现动机调控策略可以预测元认知策略的使用和英语阅读成绩，动机调控策略可以通过元认知策略的使用对英语阅读成绩产生影响。

接着，关于动机调控策略对学习成绩、努力程度的影响，学者们也做了许多研究。如王幼琨（2014）以大学生为研究对象，研究结果表明动机调控对学习者努力程度产生直接影响，而对英语成绩的直接影响程度较小，动机调控通过努力程度间接影响英语成绩。惠良虹等人（2016）通过问卷调查法对不同的受试者展开调查，研究结果表明动机调控策略通过努力程度的中介作用间接影响成人英语学习者的学习成绩；只有大学生的努力程度对英语成绩有直接影响；而动机调控通过直接影响努力程度这一中介变量而影响英语成绩（惠良虹、马烁、杜芳，2017）。

此外，学者们还发现学习者动机调控对学习者的学业拖延、自主学习也产生相应的影响，这一点也为二语教学提供了参考和启示。动机调控对学习拖延产生直接影响，学业拖延在动机调控策略与英语成绩中起部分中介作用（钟琳，2017）。高越（2015：78-82）发现动机调控对于学生的学习动机和自主学习能力产生直接影响，经实证研究发现多数动机调控策略用能有效地调节学生的学习动机，其对融入型动机的影响显著大于工具型动机；尽管不同动机调控策略对自主学习各要素的预测力不同，但是动机调控策略整体上对自主学习能力各要素均有显著的预测力；动机调控策略不仅对学习动机、自主学习能力产生直接影响，还通过学习动机间接影响自主学习能力。华维芬和冷娜（2017）针对英语专业研究生的自主学习行为和动机调控策略之间的相关关系进行了探讨；研究结果表明自主学习行为与动机调控策略两者之间呈较显著相关关系。惠良虹、王成和马烁（2015）基于自我调节学习背景下的研究，探索动机调控对课堂教学的启示，表示在课堂教学过程中，教师必须充分认识动机调控策略的重要性，培养学生的动机调控意识，恰当地根据学习情境，指导学生灵活地使用动机调控策略应对学习问题，提高学习的持续性，减少学业拖延行为，从而提高学生的学习成绩。

2.5 不足之处

首先，近年来已有学者提出了较新的动机调控策略如"跨文化交际策略"、"寻求帮助"策略、"同伴互助"和"设备控制"，但是随着移动网络的发展、学习环境的变化以及研究对象的扩展，仍存在一定的研究空缺，基于移动环境下的学习者动机调控相关研究仍较为缺乏。

其次，以往动机调控相关研究多以本科生为研究对象，动机调控策略相关研究以研究生为研究对象的较少，存在一定研究空缺。

研究生亦是外语教学研究中不可忽视的重要群体，不同于本科生语言基础能力的境界，研究生更侧重于研究能力的培养，良好的英语语言水平是影响研究生科研能力发展的重要因素，而高园园（2015）的研究并未涉及语言水平这一变量。针对非英专研究生英语学习动机调控策略的研究有助于了解其动机调控策略的使用，进而帮助不同专业的非英专研究生更好地激发和维持学习动机，提升其英语语言水平。

学习者动机调控策略使用会受到诸多因素的影响，一方面包括学习者的专业、性别、语言水平对动机调控策略的影响和作用，但是有关学习者的专业和性别对动机调控使用的影响有待进一步研究，而且以往研究较少地涉及语言水平变量；另一方面包括认知策略（惠良虹、马烁、杜芳，2017）、动机信念（王幼琨，2018）、学习动机（惠良虹、惠晓萌、魏静静，2018）、英语学习动机自我系统（王幼琨，2020）等因素对于动机调控策略使用的影响。但是近年来随着网络发展，学习者的学习环境和学习方式也产生了相应的变化，因此针对移动学习环境对学习者动机调控策略使用的影响仍需要进行更多的实证研究。

通过前人对动机调控策略与学习策略、学习成绩等因素的相关研究，发现动机调控策略的影响结果如下：一方面，证实在二语学习过程中，学习者使用动机调控策略能有效地激发和维持学习动机，虽然不能显著地预测学习成绩，但是大多数研究认为动机调控通过努力程度的中介作用间接影响学习成绩（王幼琨，2014；惠良虹、张莹，2016）。然而，学习者如何通过英语动机调控策略正确影响自身学习成效还需要更多的实证研究，至于哪些动机调控策略能较好地影响学习成绩也有待进一步探讨；另一方面，学习者使用动机调控策略时除了调节自身的学习动机，也会对学习者其他方面产生影响，实证研究发现动机调控策略的影响结果包括学习策略（李昆，2011；高越，2015）、学习拖延（钟琳，2017）等。但是有关学习者自身对动机调控策略的认知情况等相关研究还比较缺乏。动机调控是自我学习调节的重要手段。而教学发展强调以学生为中心，应当帮助学习者充分挖掘自身潜能，形成自我学习动机调控意识。此外，以往动机调控策略相关研究多以问卷调查为主要研究方法，而定量、定性相结合的相关研究较少。王峥（2016：67）指出为了深入研究二语动机成因、波动特点以及动机与其他心理构念或情境因素的相互作用等问题，需要通过访谈、日志、叙事等方式进一步探索，深入了解量化方法无法获取的富含个体与情境因素的细节性信息。那么是否也可以通过质性研究来深入研究二语学习者对动机调控策略使用的认知情况，还有待进一步探讨。

3 结语

本文发现目前国内二语学习动机调控策略主要研究了传统学习环境下二语学习者的动机调控策略使用情况以及相关研究，但已有研究从新的角度提出了新的动机调控策略；研究对象以本科生和高中生为主要研究对象，以研究生为研究对象的研究较少；现有研究探究了学习者的专业、性别、语言水平，以及学习者的认知策略、动机信念、学习动机、英语自我系统等因素对动机调控的影响和作用，以及动机调控对学习者的学习策略、学习成绩、学习拖延的影响，但是这些因素与动机调控之间的因果关系尚不明确，需要进一步探索；此外以往研究多以问卷研究为主，而定量、定性相结合的研究较少。

通过文献综述发现以往研究存在一些不足。首先，在新时代背景下，动机调控策略的研究背景需要与时俱进，随着网络移动环境的高速发展，移动学习环境对学习者的学习方式具有非常大的影响，然而国内相关研究仍比较匮乏，未来可以基于移动学习模式与传统线下学习模式的混合学习模式来展开更多动机调控相关研究；其次，动机调控策略研究的研究对象不均衡，还需要进一步拓宽，应当涵盖更多的学习者群体，为更多不同的学习者群体动机调控策略研究提供实证依据；此外，在不同的学习环境条件下，动机调控的影响机制和影响结果可能存在差异，相关研究仍有待进一步拓展。关于学习者自身对动机调控策略认知情况的研究较少；最后，研究方法较为单一，应当丰富动机调控研究方法和数据统计手段，加强质性研究，扩大动机调控策略的应用范围，为二语学习动机调控策略研究提供更多实证依据。

参考文献

[1] Dörnyei, Z. 1994. Motivation and motivating in the foreign language classroom[J]. *Modern Language Journal,* 78: 273-284.

[2] Dörnyei, Z. 2001. *Motivational Strategies in the Language Classroom*[M]. Cambridge: Cambridge University Press.

[3] 范春霞. 2018. 高中生动机调节策略与英语成绩的相关性研究[D]. 沈阳：沈阳师范大学.

[4] 冯艳. 2018. 非英语专业大学生动机调控策略与英语学习成绩的相关性研究[D]. 石家庄：河北师范大学.

[5] 高园园. 2015. 非英语专业研究生英语学习动机调控策略研究[D]. 武汉：华中师范大学.

[6] 高越，刘宏刚. 2014. 非英语专业大学生二语动机调控策略实证研究[J]. 解放军外国语学院学报，37（2）：33-42.

[7] 高越. 2015. 动机调控策略对英语学习动机和自主学习能力的影响研究[J]. 西安外国语大学学报，23（2）：78-82.

[8] 华维芬，冷娜. 2017. 自主学习与动机调控策略研究[J]. 外语研究，（4）：49-52.

[9] 惠良虹，惠晓萌，魏静静. 2018. 英语学习动机对努力程度的影响：动机调控的中介效应——以河北三所重点高中为例[J]. 内蒙古师范大学学报（教育科学版），31（10）：97-102.

[10] 惠良虹，马烁，杜芳. 2017. 动机调控与元认知、认知对大学生英语学习成绩的影响机制研究[J]. 西安外国语大学学报，25（4）：54-57.

[11] 惠良虹，王成，马烁. 2015. 动机调控及其对课堂教学的启示：基于自我调节学习背景下的研究[J]. 教育探索，（7）：

19-22.

[12] 惠良虹，张莹，李欣欣. 2019. 移动学习环境下大学生英语学习动机调控实证研究[J]. 外语教学，40（1）：59-65.

[13] 惠良虹，张莹. 2016. 动机调控对成人英语学习成绩的作用研究[J]. 成人教育，（12）：55-58.

[14] 李昆. 2011. 动机调控策略对学习策略和英语成绩的影响研究[J]. 外语与外语教学，（2）：28-32.

[15] 李昆. 2009. 中国大学生英语学习动机调控策略研究[J]. 现代外语（季刊），32（3）：305-313.

[16] 李昆. 2008. 中国大学生英语学习动机调控研究[D]. 上海：上海交通大学.

[17] 刘宏刚. 2014. 高中生英语学习动机调控策略实证研究[J]. 课程·教材·教法，34（10）：95-100.

[18] 王建. 2018. 初中生英语动机调控策略与学习成绩的相关性研究[D]. 石家庄：河北师范大学.

[19] 王幼琨. 2020. 大学生英语学习动机自我系统对动机调控策略的影响[J]. 外语教育研究前沿，3（1）：53-61.

[20] 王幼琨. 2014. 动机调控策略对大学生英语成绩的影响及努力程度的中介效应[J]. 福州大学学报（哲学社会科学版），（6）：89-94.

[21] 王幼琨. 2018. 非英语专业学生英语学习动机信念对动机调控策略影响的结构方程模型研究[J]. 西华大学学报（哲学社会科学版），37（1）：92-101.

[22] 王峥. 2016. 我国二语动机研究的基本认识、方法与理论应用：问题与建议[J]. 外语界，（3）：64-71.

[23] 钟琳. 2017. 非英语专业大学生动机调控策略、学业拖延和英语成绩关系研究[J]. 高教探索，（11）：58-63.

[24] 周雪婷，张莞莎. 2015. 动机调控策略、元认知策略与大学生英语阅读成绩的相关性[J]. 沈阳大学学报（社会科学版），17（4）：543-546.

日本动漫《哆啦 A 梦》中角色自称词的使用及分析

北方工业大学　翟艳美

摘　要： 自称词作为人物对自己的称谓，在日本动漫等虚构作品中时常以各种形式出现。本文从角色语言的角度出发，试分析《哆啦 A 梦》中的主要角色所使用的自称词，进而探究使用原因。研究发现，同样身为小学生角色，由于所处的场景不同以及角色的性格特征，所使用的自称词也会有所差异。研究认为，日语的自称词不仅赋予角色个性特征，同样可以丰富角色的形象，有利于厘清角色间的关系。

关键词： 《哆啦 A 梦》　自称词　角色语言　角色特性

1 引言

日语中存在数量丰富的人称词，例如，第一人称的"わたし""あたし""ぼく""おれ"等、第二人称的"あなた""きみ""おまえ"等以及第三人称的"彼""彼女""あいつ"等。这些人称词作为交流的手段，还在各种不同的情境下，发挥其相应的作用，根据彼此的关系及双方所处的情境，表示自己与对方的称谓，随着谓语的形式一同发生变化。

日本的动漫作品在世界上人气颇高，且受众范围广，覆盖年龄层广，许多日语学习者通过动漫开始接触日语，进而学习日语，可以说日本动漫是许多日语学习者的启蒙教材。与此同时，动漫中存在丰富的人称代词，其中自称词更是频繁出现。因此对于动漫中自称词乃至人称代词的研究，不仅有助于理解动漫中人物的性格特点，同样有助于厘清人物之前的关系。

本文将从社会语言学的观点出发，研究日本国民动漫作品——《哆啦A梦》中角色所使用的自称词，试分析使用差异产生的原因，以期丰富日语学习者对于日语自称词乃至人称词的理解和认识。

2 文献综述

2.1 自称词的定义

自称词属于日语人称词的下位分类之一。日语的人称词，广义上分为"自称词""对称词""他称词"三大类。铃木孝夫（1973）在《ことばと文化》中对自称词有如下描述："話し手が自分自身に言及する言葉のすべてを総括する概念。"此外，铃木孝夫（1982）对"自称詞"还有如下定义为："発話の中で話者が自分自身を指示したり、自分自身に言及するために用いる語のことを言う。つまり話者が自分を何と称するかという意味を自称詞である。"从这些定义可以得出，简单说来，自称词即汉语中的第一人称词①。

同时，关于日语中自称词的使用，小林美惠子（1997）中有如下表述：

---

① 日语的自称词（自称詞）在汉语中被称为"第一人称"，本文研究日语的第一人称，因此沿用日语中的说法，以下统称为"自称词"。

自称詞はまず，該当場面がフォーマルか，インフォーマルか
によって，使い分けられる。フォーマルな場面であればあるほど
"わたくし""わたし"をよく用い，"おれ""あたし"などはイン
フォーマルな場面，それも大体同等か目下の人を相手にしてしか
用いられない。"ぼく"はちょうどその中間的な位置を占めてい
るので，その使用範囲も一番広いと言える。年齢的に 言えば，
若い年代の女性が"わたし"よりは"あたし"を，年配の男性が
"おれ"よりは"ぼく"をよく使う傾向が見られる。

2.2 研究现状

据笔者调查，对于日语自称词的研究，在日本研究界，铃木孝
夫（1973）的著作《ことばと文化》提出日本的人称代词与西方的
人称代词本质上是不同的概念，日本的自称词是说话人根据与特定
人的权力关系和亲密程度，明确自己的位置从语言上界定自己的行
为。以铃木孝夫的观点为开端，关于日语自称词的研究层出不穷，
大体如下：首先，对国外日语学习者的日语教育研究（大浜るい子
等，2001；对男性（王龍，2010）、女性（有松しづよ・皆川晶，
2011、西川由紀子，2011）、男女性自称词的使用差异研究（松村
瑞子，2001、高橋美奈子，2009）；对特定自称词，如"ひと""あ
たし""わし""自分"等使用方法研究（鈴木孝夫，1976；山西正
子・山田繭子 黒崎佐仁子，2011）等。中国国内对于日本自称词
的研究，大致有以下几类：关于自称词的中日对比研究（于学英，
2012）、自称词与对称词的比较研究（龙江，1994；郝夜静，
2011；祁福鼎，2012；陈飒莎・倪麒，2014）、对特定自称词的使
用方法研究（白晓光、姚灯镇，2010；祁福鼎，2017；郝心怡，
2020）、电视剧以及文学作品中自称词的研究（亓琳，2008；祁福
鼎，2012；邹芳莲，2019）。

综上所述，不难看出，对日语中自称词的研究种类丰富，角度
多样，但从社会语言学的角色语言角度研究动漫作品中角色所使用
的自称词和原因的却少之又少。因此，本文从社会语言学的角度出

发，研究动漫《哆啦 A 梦》中五位主要角色所使用的自称词，分析使用自称词是否存在性别差异和场景差异，并试以角色语言的视点对其原因进行阐释。

3 研究对象的选定

作为动漫作品，《哆啦 A 梦》最初以漫画的形式刊登在 1969 年末发行的小学馆学习杂志上，之后在各种各样的杂志上刊登，并且还接连制作动漫作品，在日本乃至全世界均享有极高人气。本文选择《哆啦 A 梦》为研究对象的理由主要有以下三点：

首先，动漫《哆啦 A 梦》每一集的出场角色大致相同，很少出现大的变动频繁出现的是主人公哆啦 A 梦、野比大雄（下文称作大雄）、刚田武（下文称作胖虎）、骨川小夫（下文称作小夫）和源静香（下文称作静香）等角色。同时动漫主角设定在固定年龄段内，因此很少出现哪个角色说话方式发生大的变化的情况，有利于系统研究角色的语言习惯。这些角色的性格鲜明独特，都使用与自身性格习惯相符合的自称词，对这些角色自称词研究的可能性大且研究价值较高。

其次，动漫《哆啦 A 梦》以孩子为主要受众，哆啦 A 梦的配音演员之一大山羡代，在 2005 年 3 月 2 日接受《朝日新闻》采访中提到，动漫与漫画原作的不同之一是，哆啦 A 梦与大雄等小学生的语言措辞。大山羡代等声优希望"子供たちにはきちんとした言葉遣いをしてほしい""いい言葉しか使わない"，因此研究动漫《哆啦 A 梦》中角色的自称词，有助于加深对于角色语言措辞的认识，培养日语学习者掌握严谨标准的语言习惯。

最后，《哆啦 A 梦》从连载开始至今已过去了 50 多年，动漫作品在 1979 年 4 月 2 日由朝日电视台首播，作为日本的国民动漫对许多漫画家及作品产生影响，因此，研究动漫《哆啦 A 梦》中角色的自称词，对于其他动漫的研究也具有很大的借鉴意义。

4《哆啦 A 梦》中人物自称词使用及其原因分析

本章将选取动漫中的台词①，分别分析哆啦 A 梦、大雄、小夫、胖虎、静香五人所使用的自称词，对使用该自称词的原因进行分析。

4.1 哆啦 A 梦使用的自称词及分析

（1）こんにちは、ぼくはドラえもんです.

（与大雄初见面时，哆啦 A 梦与大雄打招呼）②

（2）ぼく、知らな～い。

（每次大雄借助哆啦 A 梦提供的道具最后却自食恶果，向哆啦 A 梦求助时哆啦 A 梦的回复。）

（3）<u>ぼく</u>、狸じゃない。

（在第一次见哆啦 A 梦的人会称呼哆啦 A 梦为"<u>青い狸</u>""<u>狸さん</u>"或"<u>耳がない狸</u>"，此句为哆啦 A 梦听到时的回应）

从上述台词可以看出，动漫中哆啦 A 梦使用"ぼく"这一自称词。哆啦 A 梦设定性别为男，因此使用男性自称词是毋庸置疑的。但为何选用"ぼく"这一自称词？昭和 27 年（1950 年）5 月，日本国语审议会发布了《<u>これからの敬語</u>》（国语审议会决定，1952）这一关于敬语问题的准则性文件，其中在自称词的第三项指出："<u>「ぼく」は男子学生の用語であるが，社会人となれば，あらためて「わたし」を使うように，教育上，注意をすること。</u>"哆啦 A 梦与大雄第一次见面时使用"ぼく"，因此，不存在受大雄语言习惯的影响。本文的观点是：哆啦 A 梦使用"<u>ぼく</u>"的原因，在基于《<u>これからの敬語</u>》这一规定性文件的同时，同样为了强化哆啦 A 梦这一角色的"人类感"。哆啦 A 梦作为来自未来

---

① 本文所选取的台词均为动漫《哆啦 A 梦》中台词，由于动漫集数太多且国内能收看到的集数标注与日本的有出入，因此未标注具体集数。

② 括号内内容为所选台词场景的解释。

的育儿机器人，在陪伴孩子成长过程中，培养孩子学会使用标准语言也是哆啦Ａ梦任务之一。为了培养孩子的语言习惯，使用"ぼく"这一自称词，同时也为了体现哆啦Ａ梦懂礼貌、有礼仪的一面。此外，哆啦Ａ梦并非当时的人类，而是来自未来世界，使用人类男孩普遍使用的自称词"ぼく"，可以拉近与人类比如大雄的的距离，并且弱化哆啦Ａ梦猫型机器人的身份所带来的不合群感。

4.2 大雄所使用的自称词及分析

在动漫中大雄的角色设定是：性格懒惰，天生迟钝，学习成绩差，运动神经不发达，性格懦弱，胆子小，但有责任心，善良正直。为了更好地对大雄在不同场景以及面对不同的说话对象时所使用的自称词进行研究，本部分分别选取了日常时、被欺负时、骄傲自得时以及自负无礼时四个具有代表意义的场景，并分析使用原因。

（4）やっぱりぼくの重さを支えきれないんだ。（日常时）

（5）どうしてぼくは意志が弱いんだろう、情けないなあ。（被欺负时）

（6）骄傲自满时

a. ぼくに不可能な文字はないって。（听话人：胖虎小夫）

b. ぼくが100点取っちゃわないように頑張って難しい問題を作ってくださいよ。（听话人：老师）

（场景：被大家取笑，毫无自信的大雄，戴上自信头盔后，调到最大功率，变为即使听到别人讽刺挖苦嘲笑的话，也会自动理解为是对自己的夸奖。）

（7）自负无礼时

a. ぼくは本物の首相だ

b. ぼくの銅像を建てて…

（场景：大雄借助哆啦Ａ梦的道具成为地底国首相，变得专制独裁且再三提出无理要求剥削他人。）

从上述台词可以看出，无论是被欺负时，还是变得强大时，不论面对什么样的说话对象，大雄从始至终使用"ぼく"这一自称词。虽然"ぼく"为男性学生通用的自称词，和前文提到的哆啦A梦使用"僕"的原因不同。金水敏在《〈役割語〉小辞典》中提到："「ぼく」は相対的に弱い男性性を示す代名詞ともなり、さらには弱々しい、マザコン的なニュアンスも帯びるようになった。"即，使用自称词"ぼく"的角色会给人"弱々しい"的印象，这也与大雄的角色设定不谋而合。因此本文认为，大雄使用"ぼく"这一自称词，是为了符合大雄这一角色的懦弱的性格。

4.3 小夫所使用的自称词及分析

小夫在动漫中的角色设定是：家境富裕，母亲溺爱，头脑灵活，对自己外貌充满自信，在外装冷酷内里却有恋母倾向。秋月高太郎（2014）将小夫以及《樱桃小丸子》中的花伦之类的角色称为"知性派男子"。为了更好地研究小夫在不同场景以及面对不同的说话对象时所使用的自称词，本部分同样选取了动漫中的几个具有代表性的场景，分析说明小夫所使用的自称词是否发生变化并分析原因。

（8）ぼくは暑くてホットな夏を楽しんてくるよ。（向大雄等人炫耀时）

（9）听话人：邻居阿姨

a. ぼくの友達が、花泥棒だったなんではずかしい、おばさん、ぼくからも、おわびしますから、許してもらえませんか。

b. ちょっとや、そっとじゃ、なくなりゃじゃないよ！ぼくちゃんなんか、ここから毎日、とってろんだぞ。

（10）a. ジャイアン：腰、打ったぜ。

スネ夫：ぼくちゃんも。

b. あんながたべたら、ぼくちゃんの繊細なしたがぶっこれちゃう。

（胖虎威胁小夫吃胖虎妹妹做的咖喱，小夫自言自语想象自己吃后的悲惨下场。）

从上述台词可以看出，小夫使用"ぼく"和"ぼくちゃん"来称呼自己。小夫大多在与同龄人炫耀、彰显自我优越感时，面对邻居、老师等长辈时使用"ぼく"这一自称词，如（8）和（9）a。究其原因，本文的观点是：与哆啦A梦使用"ぼく"有一处共同点——为了体现人物有礼仪、有礼貌的一面。但与哆啦A梦不同，小夫使用"ぼく"在彰显自身有礼貌一面的同时，还为了强调自己是顺从长辈的好孩子、优等生的形象。换言之，小夫使用自称词"ぼく"有刻意伪装成分包含其中，是面对固定对象，如老师、长辈等上级时所使用的默认语言。

"'ぼくちゃん'という自称詞は主に小さい男の子（お金持ち）が使用する。かわいこぶっていたり、ふざけて使う場合がある。"（维基百科）同时，金水敏在《〈役割語〉小辞典》中还提到："親の庇護下にある、弱々しい男性を揶揄する「ぼくちゃん」という言葉も生まれた。"原本是为了打趣他人使用的"ぼくちゃん"，在此处作自称词。小夫家境优越，有恋母倾向，从小受母亲溺爱，母亲称呼他为"スネっちゃま"。同时他也认为自己是如王子般的存在。因此在自言自语、说真心话、展现自己的高贵感，即为了体现内心深处所认为的真实的自己时，会称呼自己为"ぼくちゃん"。同时，在面对比自己强大、有身材优势的胖虎时，也会使用"ぼくちゃん"来称呼自己，体现自己是受父母保护、弱小的男孩子。

有趣的一点是，（9）a和（9）b是在同一集面对同一位邻居阿姨时前后所说的不同的话。同一场景面对同一位说话对象却使用不同的自称词，原因在于哆啦A梦的道具——ウラオモデックス（真心话贴纸）。正如前文所说，（9）a是为了在长辈面前伪装正直懂事的孩子，因此使用符合这一人设的"ぼく"，而（9）b则是被道具控制，被迫只能表达内心的真实想法，即表现自己是备受宠爱的弱小男孩形象，因此使用更加符合小夫内心真实的自我的"ぼくちゃん"。

4.4 胖虎所使用的自称词及分析

在动漫中，胖虎的角色设定是长相普通，不擅长学习，任性蛮横贪婪，经常借助身体优势欺人，是孩子王，总是把别人的东西占为己有，借别人东西从未归还；重视友情，有时也充满勇气与义气。秋月高太郎（2014）将这类角色称为"野性派男子"的形象。本部分选取部分场景的台词，分析胖虎使用的自称词并考察使用的原因。

（11）a. オレも連れていってくれ、いいだろ（请大雄帮忙时对大雄说的话）

b. だめだ、オレはいま、愛を考えるので忙しいんだ！（为创作新歌而烦恼时）

（12）a. そんなに喜ぶな、ちょうど、あさっては、お待ちかね、俺様の誕生日だ。

b. どうだ、俺様の新曲…そんなことだと、俺様の芸術を、そんなことだと…

从上述台词可以得知，胖虎与动漫中其他同龄角色不同，经常使用较私人、粗鲁的"オレ"以及粗鲁程度更甚的"俺様"等自称词。拜托别人帮忙时以及日常不发怒不欺凌同伴时，胖虎多使用"オレ"；而当他欺负别人时、发怒时以及对自己的事情（如唱歌等）抱有极度自信甚至自负时，则使用"俺様"来称呼自己。

胖虎为何使用与同龄人不同的"オレ"与"俺様"。金水敏（2003）曾说，"少年漫画の主人公の一人称代名詞は、当初は"僕"であったが、1960 年代後半の『巨人の星』や『あしたのジョー』などから"俺"が主流になった。ヒーロー像がエリート少年から野性的な少年に変わったためと考えられる"。本文的观点是：胖虎凭借身材优势。在同龄人中是一呼百应的孩子王，因此胖虎自我代入英雄角色人设，这也与胖虎勇敢与重视友情这一性格相符合。因此身为小学生的胖虎与同龄人不同，使用"オレ"这一自称词来称呼自己。

为何使用粗鲁程度更甚的"俺様",可以参考諏訪哲二『オレ様化する子どもたち』(2005)中所提到的"'俺様'は'あいつは俺様な奴だから'などと他者から揶揄・批判される場合"。胖虎在孩子们中间长期掌握独裁权力,不允许有抗议声音的存在,因此当他威胁他人以及强迫他人时,使用"俺様"可以增强其权威感,达到恐吓的目的。同时,胖虎对自己的歌唱水平抱有极度的自信,当他自得于自己的歌唱才能时,也使用"俺様"来表现他的骄傲自得。正如胖虎那句"オマエのものはオレさまのもの、オレさまのものもオレさまのもの"作为残暴独裁的代名词催生了"ジャイアン主義"这一术语的诞生。因此,胖虎绝不会称呼自己为"ぼく"(排除使用哆啦 A 梦的道具的情况)①。究其原因,正如前文所说,与哆啦 A 梦、大雄以及小夫使用"ぼく"相反,他要避免"ぼく"这一自称词所带来的懦弱感、精英感、乖巧感,在同龄人中强调自身的权威感和领导意识,摆脱真实年龄所带有的幼稚感,体现自己成熟强大的一面。

4.5 静香所使用的自称词及分析

静香作为动漫《哆啦 A 梦》的女主角,角色设定是:心地善良,温柔可爱,聪明伶俐,很受大家欢迎。本部分选取动漫中静香的台词来说明静香使用的自称词并分析使用的原因。

(13) わたし、小さい頃、人魚みたいに泳ぐなんか夢だたの。

(14) わたし、これを着て、すてきな天女になるわね。

从上面的台词可以看出,静香使用"わたし"这一自称词。"わたし"属于正式场合且多用于女性的自称词。静香从小一直被母亲严厉要求以淑女为目标,生活中需要保持标准的站姿与坐姿,

---

① 在动漫《哆啦 A 梦》中,存在许多秘密道具,借助这些道具可以轻易伪装成他人。本文只研究在征得当事人同意的前提下,不作恶用情况下的伪装成他人。比如小夫在大雄不知情的情况下,为了恶作剧,借助道具伪装成大雄,故意做不符合大雄人设的行为,说不符合大雄性格的话这类情况不在本文研究范围内。

因此使用标准的、正式场合的，更符合小女孩身份的人称词，也是父母对她的期望。为了强调言语端庄、大方得体的淑女形象，静香使用正式场合下符合淑女形象的"わたし"来称呼自己。

5 结语

本文以动漫《哆啦 A 梦》为研究资料，从社会语言学的视角出发对主要角色所使用的自称词进行研究，较为全面地分析了各人物使用自称词的特点并分析其原因，结果如下：哆啦 A 梦、大雄及小夫都使用"ぼく"这一自称词。哆啦 A 梦身为育儿机器人，使用"ぼく"是为了强化角色的人类感，弱化其不合群感，并体现有礼貌的一面；大雄使用"ぼく"，则是为了体现符合角色设定的懦弱性；小夫使用"ぼく"则根据场景决定：在面对同龄人时，是为了彰显自我优越感；面对邻居、老师等长辈时是为了巩固自己是顺从长辈的好孩子、优等生的形象，同样是为了体现一种不真实的、伪装的自我。此外，小夫在自言自语、说真心话、过度自信以及展现自己的高贵感、强调自己是备受宠爱的弱小男孩形象时，称呼自己为"ぼくちゃん"，这也是为了体现内心深处小夫所认为的真实的自我。与其他同龄角色不同，胖虎使用较为粗鲁的"オレ"以及粗鲁程度更甚的"俺様"等自称词，为了增强自己的权威感，摆脱真实年龄所带来的稚嫩感。作为女主角，静香使用符合父母期望的淑女形象的、正式场合下的女性自称词"わたし"。

结合研究结果，研究认为：自称词的使用随场合以及说话对象的变化而变化，自称词的使用可以体现角色的性格特征，使用与角色性格相符的自称词使角色的形象更加丰满。同时，自称词的使用中蕴含角色对自我的认知，体现角色所认为的真实的自我，有助于加深观众对于角色的理解。

参考文献

[1] 白晓光，姚灯镇. 2010. 日汉间接指称类自称词的对比研

究——以日语"人"和汉语"人""人家""别人"为例[J]. 解放军外国语学院学报，（3）：26-30，129.

[2] 陈飒莎，倪麒煌. 2014. 日语中不同第一、二人称代词使用差异分析[J]. 产业与科技论坛，（2）：203-205.

[3] 大浜るい子・荒牧ちさ子・曾儀篁. 2001. 日本語教科書に見られる自称詞・対称詞の使用について[J]. 中国四国教育学会教育学研究紀要 第47巻 第2部.

[4] 高橋美奈子. 2009. 地域語からみた自称詞における性差再考[J]. ことば（30）.

[5] 郝心怡. 2020. 日语"角色语"用法探析——以自称词「小生」为例[J]. 文化创新比较研究，（4）：94-95.

[6] 郝夜静. 2011. 日语中自称词和对称词在使用中的区别[J]. 天津市经理学院学报，（3）：68-69.

[7] 金水敏. 2014.《役割語》小辞典.[M]. 研究社，9.

[8] 金水敏. 2003. 『ヴァーチャル日本語役割語の謎』[M]. 岩波書店.

[9] 鈴木孝夫. 1973. ことばと文化[M]. 岩波書店.

[10] 鈴木孝夫. 1976. 自称詞としての「ひと」[J]. 慶応義塾大学言語文化研究所紀要 慶応義塾言語文化研究所 No. 8.

[11] 鈴木孝夫. 1982.「自称詞と対称詞の比較」.『日英語比較講座 第5巻 文化と社会』[M]. 17-59. 大修館書店.

[12] 龙江. 1994. 日语自称词和对称词中的身份名称的使用[J]. 日语学习与研究，（4）：74-76.

[13] 亓琳. 2008. 从文学作品中比较日汉自称词的使用差异[J]. 科教文汇（中旬刊），（3）：191.

[14] 祁福鼎. 2012. 浅析日语中自称词、对称词、命令表现的关系——以近代文学作品为中心[J]. 外语教育，（1）：114-122.

[15] 祁福鼎. 2017. 日语"角色语"形成原因探析——以自称词「わし」为例[J]. 日语学习与研究，（4）：43-48.

[16] 祁福鼎；王猛. 2012. 日语自称词的切换——以日本近代文艺

作品为中心[J]. 日语学习与研究，（5）：32-38.

[17] 秋月高太郎. 2014. 脇役男子の言語学－スネ夫やジャイアン
はどのように話すのか－[J]. 尚絅学院大学紀要 67，41-
54，07.

[18] 松村瑞子. 2011. 日本語の会話に見られる男女差[J]. 比較社
会文化 第7巻.

[19] 王龍. 2010. 日本の男性の話し方の特徴－年代の異なる男性
の自称詞使用－[J]. 比較社会文化研究 第29号.

[20] 西川由紀子. 2011. 女子学生の自称詞の使い分け－私・う
ち・名前－[J]. 日本発達心理学会第22回大会発表論文集.

[21] 小林美恵子. 1997. 「自称・対称は中性化するか」『女性の
ことば・職場編』[M]. ひつじ書房.

[22] 有松しづよ・皆川晶. 2011. キャンパス内における女子大学
生の使用自称詞とその選択基準－日本語教育における自称
詞の提示に係る基盤研究として－[J]. かやのもり：近畿大
学産業理工学部研究報告).

[23] 于学英. 2012. 中日自称代名词的比较[J]. 职大学报，（6）：
108-111

[24] 邹芳莲. 2019. 关于日本电视剧中自称词使用情况的考察[D].
苏州：苏州大学.

[25] 諏訪哲二. 2005. 『オレ様化する子どもたち』[M]. 中公新
書ラクレ.

[26] 国語審議会決定. これからの敬語. 1952年4月14日.

[27] 金水敏. 2010. 「男ことばの歴史-「おれ」「ぼく」を中心
に」中村桃子（編）『ジェンダーで学ぶ言語学』[M]. 世界
思想社.

[28] 刘静. 2015. 日本动漫《魔法少女まどか☆マギカ》中的角色
语言及其人物特征表现[J]. 科教导刊（中旬刊），（2）：142-
143.

[29] 杉山眞弓，大山中勝. 2014. 自称詞と対称詞、および他称詞
に関する試論――英米小説を資料として[J]. 言語文化論叢/
千葉大学言語教育センター編 (8)，3.

［30］鄭恵先. 1999. 「ぼく」と「おれ」の待遇価値の変化に関する考察一文学作品の調査を基にして一[J]. 人間文化学研究集録（通号 9）.

关于汉日医学词汇的研究综述

北方工业大学　　王怡

摘　要: 随着日本近代化的发展,在日本以译词为中心的大量汉语词汇被创造出来。这些大量的汉语词汇,在对日语以及日本的近代化带来很大影响的同时,也给同处汉字文化圈的中国带来了巨大的影响。特别是在语言方面,新汉语被创造的时候,在同一汉字文化圈的日本和中国之间,对于同一事物或概念,经常会有几种相同的表现或不同的表现共存。另外,还经常有互相借用新造词的现象。近年来,关于近代译词的诞生以及日本和中国之间词汇交流的研究引人注目,以地理学、植物学、哲学等领域的专业词汇的借词研究为主,但是对与人类生活密切相关的医学词汇的研究很少。迄今为止,关于医学词汇的研究,主要以日本最初的和译兰医书《解体新书》、(幕府时期传入日本)汉译文献《医学英华字释》等书中的医学词汇的研究为主,而对明治维新后日译的西洋医学著作中的词汇研究较少。因此,本文简要对近代中日医学词汇的研究情况进行综述,试图为之后的研究找到突破口。首先,按照时间顺序将收集到的资料分为以汉语中的日语借词为研究对象的研究和以中日医学词汇为研究对象的研究,后者又细分为汉语方面的研究及日语方面的研究。通过对所收集到的资料进行分析总结,试提出新的研究题目。

关键词: 汉日对比　医学词汇　借词研究　词汇翻译

1 以汉语中日语借词涉猎医学词汇的相关研究

1.1 对《现代汉语从日语借来的词汇》的相关研究

建国后，有关汉语中出现的日语借词受到重视。从《现代汉语从日语借来的词汇》一书中，可以发现一些来自日语的医学用语的借词。王立达（1958）指出，现代汉语中所借用的日语词汇经统计有 589 个，分为 8 类。其中，以下 37 个词可以作为医学词汇。

1 虎列剌	2 淋巴	3 窒扶斯	4 动脉	5 静脉	6 内分泌
7 外分泌	8 保健	9 卫生	10 细胞	11 结核	12 流感
13 神经	14 生理	15 解剖	16 放射	17 注射	18 脑炎
19 传染	20 胃炎	21 血色素	22 腺	23 肺炎	24 神经衰弱
25 病理学	26 卫生学	27 解剖学	28 腔	29 肠炎	30 神经过敏
31 悬壅垂	32 肋膜炎	33 关节炎	34 气管炎	35 摄护腺	36 催眠术
37 心臟内膜炎					

1.2《现代汉语外来词研究》和《汉语外来词典》中来自日语医学词汇的借词

有关 20 世纪日语借词的研究成果主要集中在 20 世纪 50 年代和 60 年代。1958 年，高名凯、刘正埮所著《现代汉语外来语研究》被公认为是这一时期有关现代汉语中日语借词研究的最大成果。该书全面收集并分类了当时汉语从日语中所借用的词汇。由该书第三章可知，当时的汉语从日语中借用的词汇经统计有 458 个，其中与医学相关的词汇有以下 17 个，仅占统计词汇中的 3.7%。

1 保健	2 内服	3 内用	4 症状	5 传染病	6 动脉
7 动脉硬化	8 法医学	9 放射	10 医学	11 静脉	12 溃疡
13 结核	14 甲状腺	15 催眠术	16 消毒	17 消化	

此后，高名凯、刘正埮等人基于《现代汉语外来词研究》的研

究成果，于 1984 年编纂了《汉语外来词典》。这部词典收录了一万余个从外语、少数民族语言中所借用的词汇。经统计，该词典中有关汉语中的日语借词约有 890 个，其中医学词汇约有 42 个，占全体的 4.7%。

1 百日咳	2 传染病	3 催眠	4 催眠术	5 膵脏	6 蛋白质
7 动脉	8 放射	9 辐射	10 黑死病	11 虎列拉	12 虎列刺
13 化脓	14 交感神经	15 结核	16 静脉	17 看护妇	18 淋巴
19 临床	20 流感	21 流行病	22 脉动	23 毛细管	24 内分泌
25 内服	26 偻麻质斯	27 摄护腺	28 神经	29 神经过敏	30 神经衰弱
31 胃溃疡	32 细胞	33 腺	34 猩红热	35 血色素	36 血栓
37 野兔病	38 医学	39 遗传	40 优生学	41 预后	42 坐药

2 以汉日医学词汇为中心的相关研究

2.1 汉语方面的研究

首先，从中日文化交流方面来看，李经纬（1998）对历史上的中外医学交流进行了全面的分析，特别对明治维新时期的医学交流史提供了详细的资料。牛亚华（2006）大致回顾了中日两国传统解剖学的发展情况和知识水平，全面介绍了 17—19 世纪前叶中日两国所流传的解剖学知识。尤其是，明确了文化、制度、政策对引进西方解剖学和医学的重要作用和影响，探讨了西方解剖学在中国的本土化过程，分析了中日吸收西洋解剖学产生不同效果的原因。沈国威（2010）的考察对现代中日词汇交流研究产生了巨大影响。该书介绍了合信的《医学英华字释》，分析了"-炎"的发展，提出了"俗语性"是合信作品的特征，简单介绍了来自日语的医学借词。这本书虽然关于医学词汇的内容很少，但是在新汉语的创造和中日词汇交流方面，具有一定参考价值。

何华珍通过考察日译西医著作《医语类聚》中的汉译医学词汇的词源，对中日医学词汇交流做出了巨大贡献。何华珍（2011）考

证了《医语类聚》中汉语医学译词"包皮""便秘""感染"等 26
个词的词源，并在此基础上利用词典考证、数据调查、中日对比等
方法，在考察《医语类聚》中约 150 多个汉语医学译词的语源的基
础上，将本书中的汉字译词分成三类，包括中国传统医学词汇的直
接使用类、古代汉语词汇的再使用类和日本人为自己制作的和制汉
语，为当今研究提供了丰富的资料和新的视点。

孙琢（2010）将合信的《医学英华字释》中所翻译的医学词汇
与之前美国传教士德万及其友人罗存德翻译的医学词汇进行对比，
对《医学英华字释》的造词数和特征进行统计分析，详细分析五个
代表性的医学词汇"全体""血管""脑气筋""炎""甜肉"。此
外，胡泽华（2012）以 372 个中日同形医学词汇为对象并进行了分
类，通过语源考察，分析了中日两国汉语造词的产生情况。余园园
（2013）以合信《医学五种》中的医学词汇为研究对象，分析了传
统中医词汇与西医新词汇的关系，对西医新词以结构、发音、语义
进行分类，在西学东渐的背景下，探索医学词汇的中、日、欧
交流。

此外，香港的"语文建设通讯"中所刊载的相关研究包括：罗
婉薇（2004）考察了"炎"的历史；王敏东（2006）考察了医学词
汇"结核"；黄河清（2006）考察了"前列腺"的词源，在此基础
上，王敏东、许巍钟（2006）考察了"摄护腺"和"前列腺"的词
源；王敏东（2010）探究了"神经病""神精病"和"精神病"的
区别。以上文章通过查阅古代文献，探究了中国和日本的部分医学
词汇的变迁和词源。

2.2 关于日语方面的研究

日本比中国更早地开始了医学词汇的研究。特别是日本受兰学
影响产生了与《解体新书》相关的许多研究。沈国威在 1996 年发
表了《近代における漢字学術用語の生成と交流——医学用語編
（1）》和《近代における漢字学術用語の生成と交流——医学用語
（2）》。（下文简称为《医学用语（1）》和《医学用语（2）》）

《医学用语（1）》是用日语写的，《医学用语（2）》是用中文写的。《医学用语（2）》首先在历史考察中，简单介绍了 19 世纪以前关于西洋医学和医学词汇的书籍概观，并且对 19 世纪有关中国医学词汇形成的西洋医学书进行了概述，分为以下 3 种：

Ⅰ. 西洋人宣教師や伝統医師らが中国語で書いた西洋医学に関する論文、著書、小冊子、教科書.医学用語と関係のある化学書も一部収めた.

Ⅱ. 西洋医学書（化学書も一部含む）の翻訳.

Ⅲ. 医学用語などを収録した用語集、辞書など.

Ⅰ 是西方人传教士和传统医生用中文写的关于西医的论文、著作、小册子、教科书，还收了一部分与医学术语有关的化学书籍。Ⅱ 中为了让中国人更容易接受而进行的内容调整比较多，并不是单纯的翻译。Ⅲ在早期，像合信那样通过翻译、实践进行的词汇积累，更多地是由个人完成，但是到了 19 世纪 80 年代以后，政府有组织地选定医学词汇，进行考察研究。从数量上看，在传教士主导的西洋医学引进的过程中，产生了 127 本书。因此，作者整理了 19 世纪的汉译西方医书，在词汇的创造上，发现存在"合信以前的医学术语""合信的医学术语""嘉约翰的博济医院的医学术语""德贞的北京同文馆的医学术语""傅兰雅的制造局翻译管的医学术语"等主张。《医学用语（2）》主要对 1850 年前后刊行的三部著作《泰西人身说概》《人身图说》《五脏躯壳图形》中的医学词汇进行了简单的对比分析。该文在最后称"本物の近代西洋医学用語の紹介は合信により開始した"，承认了合信对于西洋医学词汇介绍方面的价值。

舒志田（2004）在研究中把中国清代洋学书《全体新论》中的词汇与近代日本医学书《解体新书》以及《重订解体新书》中的词汇进行对比，提出了日语对中国洋学书可能会产生影响，给后来的研究带来了新观点。

从笔者收集的日语方面的资料来看，日本学者关于医学词汇的研究主要集中在与解剖学相关的医学词汇上。松本秀士在 2006 至

2009 年间发表了几篇关于中日医学用语的论文。首先，松本秀士（2006）着眼于合信所传达的人体解剖学体系，从《总体新论》和《医学英华字解》抽出汉语解剖学词汇译词进行分析，认为像"神经"这样近代才出现的词汇有很多版本的译词，译词缺乏一贯性。同年，他对《全体阐微》以及合信的《整体新论》《医学英华字释》中的神经系解剖学"nerve"的汉译词进行了对比分析，认为《全体阐微》的解剖学词汇的汉语译词更具有合理性。并且，松本秀士（2008）对中国接受西洋解剖学的研究以中华民国时期为研究对象，对从西洋医学传入中国的"神经""血管""腺""胰脏"等译词进行了详细的探讨。最后，他对早期动脉、静脉概念的流入进行了日中对比研究，考察了在西医东渐的背景下"筋""精"的概念，主要研究了"动脉""静脉""精""筋"等中日解剖学译词的发展情况。

3 研究展望

综上所述，以往以汉语中的日语借词为对象的相关研究，医学词汇所占的比例极少。而且，以专业词汇为对象的借词的研究也主要集中在地理学、植物学、哲学等领域，与人类生活密切相关的医学词汇的研究不足。迄今为止，有关医学词汇的研究，主要集中在对日本最初的和译兰医书《解体新书》（幕府时期传入日本）汉译文献《医学英华字释》中的医学词汇的研究，而对明治维新以后的日译西洋医学著作中的医学词汇研究较少。且医学词汇作为上位概念，虽然包含了内科学词汇、外科学词汇的下位概念，但有关解剖学的医学用语研究较多，而关于内科学词汇特别是诊断方法或诊断学词汇的研究几乎没有。因此，有必要对日本明治维新后日译西洋医学著作中的词汇进行考察。后续笔者将会以日本明治维新后冈玄卿所译德医学著作《诊断捷径》中的词汇为考察对象，将之与现代中国医学词汇进行对照，考察这些词汇的造词特征、使用状况以及意义变化等，以探究由日本传入中国的医学词汇所产生的影响。

参考文献

[1] 刘正埮，高名凯. 1958. 现代汉语外来词研究[M]. 北京：文字改革出版社.

[2] 王立达. 1958. 现代汉语中从日语借来的词汇[J]. 中国语文，（2）：90-94.

[3] 刘正埮，高名凯，麦永乾，史有为. 1984. 汉语外来词词典[Z]. 上海：上海辞书出版社.

[4] 李经纬. 1999. 中外医学交流史[M]. 长沙：湖南教育出版社.

[5] 罗婉薇. 2004. "炎"（inflammation）的历史[J]. 香港：语文建设通讯录，（79）.

[6] 牛亚华. 2005. 中日接受西方解剖学之比较研究[D]. 西安：西北大学.

[7] 黄河清. 2006. 有关"前列腺"的汉语名称考源[J]. 香港：语文建设通讯录，（83）.

[8] 王敏东，许巍钟. 2006. "攝護腺"与"前列腺"之名称历史考源[J]. 香港：语文建设通讯录，（85）.

[9] 王敏东. 2010. "神经病""神精病"和"精神病"[J]. 香港：语文建设通讯录，（95）.

[10] 沈国威. 2010. 近代中日词汇交流研究——汉字新词的创制、容受与共享[M]. 北京：中华书局.

[11] 孙琢. 2010. 近代医学术语的创立——以合信及其《医学英华字释》为中心[J]. 自然科学史研究，29（4）：456-474.

[12] 何华珍. 2012. 明治初期的『医語類聚』与中日医学汉字词研究[J]. 香港：语文建设通讯录，（101）.

[13] 何华珍. 2012. 近代中日医学词汇探源——以《医语类聚》为例[J]. 香港：语文建设通讯录，（101）.

[14] 胡泽华. 2012. 中日同形西洋医学用语考察[D]. 苏州：苏州大学.

[15] 余园园. 2013. 西学东渐背景之下的医学词汇研究[D]. 杭州：浙江财经学院.

[16] 沈国威. 1996. 近代における漢字学術用語の生成と交流——医学用語（1）[J]. 文林, （30）: 59-94.

[17] 沈国威. 1996. 近代における漢字学術用語の生成と交流——医学用語（2）[J]. 文林, （30）: 59-94.

[18] 舒志田. 2004. 『全体新論』と『解体新書』（重訂版を含む）との語彙について——日本の洋学から中国への影響の可能性[J]. 或問, （8）: 53-74.

[19] 松本秀士. 2006. 人体解剖学の専門書『全体闡微』の解剖学用語について[J]. 或問, （12）: 11-24.

[20] 松本秀士. 2006. ホブソン（合信）に見る解剖学的語彙について[J]. 或問, （11）: 101-117.

[21] 松本秀士. 2008. 中国における西洋解剖学の受容について——解剖学の受容について[J]. 或問, （15）: 29-44.

[22] 松本秀士. 2008. 動脈・静脈の概念の初期的流入に関する日中比較研究[J]. 或問, （14）: 59-80.

[23] 松本秀士. 2009. 西医東漸をめぐる「筋」の概念と解剖学用語の変遷[J]. 或問, （17）: 49-61.

[24] 松本秀士. 2009.「精」の概念をめぐる西医東漸における中国解剖学用語の変遷[J]. 或問, （16）: 33-48.

[25] 張哲嘉. 2012. 『全体新論』と『解体新書』の漢字医学術語について[J]. 東アジアにおける近代諸概念の成立, （26）: 173-178.

[26] 小川鼎山. 1983. 医学用語の起こり[M]. 東京: 東書選書.

网络时代外语教学的回顾与展望

北方工业大学　李慧妍

摘　要：本文介绍了信息化时代互联网、大数据和人工智能的主要概念，并以此为基础探索其在外语教学中的实际体现与应用。作者通过检索知网中的文献，按年份统计了网络时代外语教学的相关文献数量及趋势。通过图表对相关文献进行研究，简单分析了我国网络时代外语教学的情况，并对即将到来的 5G 时代外语教学场景进行了展望。本文对信息化技术在教学应用场景的落地进行了分析和归纳，以期对外语教学提供一些新的视角。

关键词：互联网　人工智能　大数据　外语教学

1 引言

互联网诞生于 1969 年，到 2020 年已有 51 年的历史，这五十多年里，互联网的应用场景从二战时期的军方项目扩展至人类社会生活的方方面面。Internetworldstats.com 的数据统计资料表明，截至 2020 年第三季度，全球网民数量已达 49.29 亿。

网络的发展势不可挡，随着网络技术逐渐渗入我们社会生活中的各个领域，信息技术的发展为教育教学的研究提供了十分有利的条件，网络技术的应用对外语教学的发展也发挥了越来越明显的作用。尤其是受 2020 年疫情的影响，外语教学从教育理念、载体、方式和内容等层面都发生了变化（姜蓓蓓，2020）。微课、慕课（MOOC）等录播课程成为教学环节的重要组成部分，企业微信、钉钉、雨课堂、云朵课堂等成为重要的网络在线教学平台。

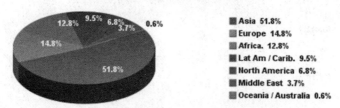

图 1　2020 年世界互联网用户人数统计
（Internetworldstats.com—World Internet Statistics）

网络教学势必成为今后教育的发展趋势，也将成为人们关注的焦点。当前的教学理念只有勇于更新、大胆变革，并且敢于拥抱新思维、新体系、新技术，才能更好地推进现代信息技术与外语教学的深度融合，才能满足新时代人才培养的新变化、新挑战、新要求。本文将简要概述信息化时代互联网、大数据、人工智能的主要概念，并以此为基础总结其在外语教学中的实际体现与应用。对于即将到来的 5G 时代，鲜有学者提出对于 5G+外语教学的畅想，本文将探索性地对 5G+外语教学的运用场景进行展望。

2　互联网与外语教学

互联网是网络与网络之间所串连成的庞大网络，在这个网络中有交换机、路由器等网络设备，也有各种不同的连接链路、种类繁多的服务器和数不尽的计算机、终端。互联网可以将信息瞬间发送到千里之外的人那里，它是信息社会的基础。互联网始于 1969 年的美国，首先是应用于军事连接，后来用于美国四所高校之间的信息互联。

2015 年政府工作报告中提出"互联网+"的概念，短短五年间从概念到行动，互联网迅速融入政治、经济、文化、军事、医疗等各个领域，成为人们日常生活中不可或缺的一部分（王延香2020）。当笔者在知网中检索主题关键词互联网和外语教学，搜索到的文献一共有 291 篇，发文量的年度趋势如图表 1 所示。

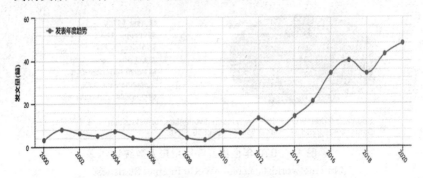

图 2　互联网外语教学知网发刊年度趋势

从图表 1 中可以看出，互联网外语教学这一概念在 2000 年之后逐渐进入人们的视野，尤其是在 2015 年政府工作报告提出"互联网+"后，相关文献更是如雨后春笋般增长。笔者找到了 2000年武和平教授发表的一篇论文："Internet 时代的英语教师与英语教学"。文章主要阐述了网络对我国外语教学的影响，并着重讨论了互联网对于创设外语交际教学环境的作用及外语教师在互联网时代的角色转换（武和平，2000）。令人印象深刻的是，文中提到了使用 E-mail 辅助英语写作教学的案例："学生在网上用 E-mail 写作时，思路显得更加活跃，语言更富于创造性。例如，我国苏州大学与北京师范大学应用语言学课程的研究生之间在 1997 年用电子邮件进行英语论文写作合作项目就是这方面的一个成功的范例。"（武和平，2000）

查阅资料得知，1997 年被普遍认为是中国的互联网元年。这一年中国电信面向国内推出了价格较为低廉的 163 网和 169 网，让普通用户也可以走进网络世界。互联网的普及让知识不再掌握在少数人的手中（王洪林，2019）。人们借助互联网可以更便捷、有效地获取知识。同时在外语教学领域，也有很多学者提出了自己的展望。

20 年前的外语学习者获取相关的知识，主要依靠外语学习网站、网络聊天室和外语教师论坛。而现在的外语学习者们早已习惯了使用五花八门的知识类 APP 甚至智能学习机器人。置身于时代发展的浪潮中，人们对这些新鲜的事物已经习以为常，对于生活因网络而发生的巨变或许已很难有具体的感知，但当笔者看到处于互联网发展初期的人们对未来的畅想时，不禁感叹网络带来的变化其实已经远远超出了我们的想象范围。

3 大数据与外语教学

什么是大数据（Big data）？笔者认为麦肯锡研究所给出的定义最为直白明了："一种规模大到在获取、存储、管理、分析方面大大超出了传统数据库软件工具能力范围的数据集合，具有海量的数据规模、快速的数据流转、多样的数据类型和价值密度低四大特征。"

当前，我们的世界已经迈入大数据时代，信息技术与人类社会的各个领域不断交叉融合，催生出超越以往任何年代的巨量数据。遍布世界各地的各种智能移动设备、传感器、电子商务网站、社交网络，每时每刻都在生成类型各异的数据（任磊，2014）。大数据作为具有潜在价值的原始数据资产，只有通过深入分析才能挖掘出所需的信息，也正因为如此，未来我们将日益依赖大数据分析的结果，而非单纯的经验和直觉。对于外语教学而言，授课时使用的计算机与其他硬软件设备很容易积累并存储庞大的数据，即大数据，这些庞大的数据能帮助我们实现较为完善的学生学习行为分析（陈坚林，2020）。比如，自动记录学生在线学习时全流程的情况，包括课前预习时的重点和难点记录、课程进行中学生的应答状态以及课程后学生作业的反馈情况等。

同样的，笔者在知网中检索主题关键词"大数据+外语教学"，搜索到共 132 篇文献。发文量的年度趋势如图 3 所示：

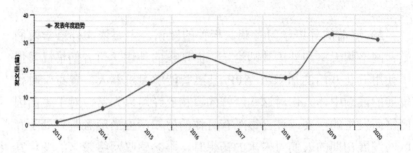

图 3　大数据外语教学知网发刊年度趋势

从图 3 中可以看到，大数据外语教学这一概念从 2013 年以后开始被越来越多提及。通过查阅知网，笔者找到一篇 2013 年在清华大学举行的会议的论文"智慧时代的教育创新——首届中国教育信息化行业新年论坛"，从这篇会议报告获悉，参会者有高校的院校代表和行业内的领军企业代表共 300 余人，共同研讨慕课（MOOC）的发展趋势、智慧教育的发展前景、大数据教育的应用、微课程制作等当时热门的议题。不难发现，这些曾经新颖且热门的议题已被广泛地应用于现在的外语教学过程中了。

4　人工智能与外语教学

人工智能就是使计算机来模拟人类的某些思维过程和智能行为，如学习、推理、思考、规划等。换言之，就是"用人工的方法和技术，模仿、延伸和扩展人的智能，实现机器智能"（史忠植，2004）。人工智能技术涉及许多学科的理论和原则，如脑科学、认知科学、生理学、心理学等。人们通过人工智能技术高效整合各种复杂数据，使计算机网络中的信息资源得到充分共享，最终使计算机拥有像人类一样解决问题的智能，从而提高人类工作和生活的效率。

在外语教学上，外语教学+人工智能的结合催生了机器翻译、机器人教师和人机对话装置等，也就是说，让计算机在教学中扮演老师的角色。同样，作者在知网中检索主题关键词"人工智能+外语教学"，搜索到共 128 篇文献。发文量的年度趋势如图 4 所示。

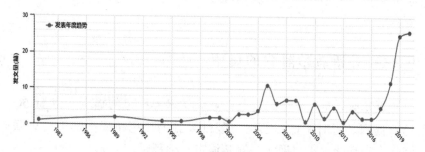

图 4 人工智能外语教学知网发刊年度趋势

笔者在知网中搜索主题词"人工智能"和"语言教学"，最早出现的文章是一篇 1981 年在核心期刊《外语界》上发表的《应用语言学导论》译本的介绍。文中提到翻译这本书的意义在于向语言教学工作者介绍应用语言学的知识。虽然这本书并没有深刻地阐述外语教学和人工智能的联系，但至少让我们了解到在 20 世纪 80 年代，人工智能这个新颖的概念已经进入我国外语教师的视野了。除此之外，知网中还有一篇科威特大学英语学院阿里·法赫拉（Ali Farghaly）发表于 1989 年的英文文献，标题是 "A model for intelligent computer assisted language instruction（MICALI）"。这篇文章虽然找不到原文，但摘要中提到了计算机辅助教学（CALL）这一概念："This paper presents the view that Computer Assisted Language Instruction（CALI）software should be developed as a natural language processing system that offers an interactive environment for language learners."（Farghaly，1989）。

再来看图 4 可以发现，2016 年以后有关外语教学和人工智能的文献数量迅速增加，通过查阅文献得知，教育部于 2017 年和 2018 年相继颁布了《新一代人工智能发展规划》和《高等学校人工智能行动计划》，意味着教育行业开始迈入人工智能时代（陈坚林，2020）。进入人工智能时代，我们实现了外语教学的多元交互，网络技术让计算机可以模拟人类的思维方式和行为举止，这也使得其在外语教学中扮演老师这一角色成为可能。云计算同时实现了教学信息的数据化和教学资源的多样化，从而推动教学环境的多元化。

5 5G+外语教学时代的展望

近年来，5G 已经成为通信业和学术界探讨的热点。由于 5G 速率提高、延时降低，其网络基础设施的使用将极大地推动物联网、人工智能、虚拟现实、智慧城市、远程医疗、无人驾驶等领域的发展。5G 展示出巨大的发展空间，它将给我们的生活带来多方面深层次的影响。随着"智慧+"概念的提出，出现了"智慧城市""智慧政府""智慧医疗""智慧农业"等许许多多的新概念。在教育界，也出现了"智慧课堂"与"智慧学习"这样的新名词。

智慧课堂的介绍是：利用学校里的网络技术对授课、调研、管理等一切行为进行整合、集成。它能够增强课堂的互动反馈，实现个性化教学，方便老师调整授课速度和方向，轻松实现实时的检测评价。依托于大数据和人工智能等计算机技术，再加上 5G 带来的高速网络体验，笔者对未来的智慧课堂有以下几方面的畅想。

（1）教学环境

当前我国的教学环境大致可分为线上与线下两种形式，线上包括教室、图书馆等校内以及校外的各类线下物理学习空间，线上则是一些网络学习平台等。5G 时代笔者相信我们将会走进虚拟学习空间，这间"教室"可能已经突破了 3D 的范围，除了实物教具之外，课堂上也许会提供更多个性化的资源和更灵活的学习工具，比如利用温度、光线、声音、气味等种种感官因素来营造一个更加立体丰富的教学环境，以增进学生的学习兴趣并促进学生的记忆力，从而营造一个更加轻松有效的学习环境。

（2）教学检测

教学检测是指教师在授课环节中，对每一位学生的学习状态的实时监控。首先是电子教材的运用，电子教材可以实现学习数据的"云同步"，这样既能够记录学生在学习过程中的状态，也能将学生的学习数据上传至云平台进行统一的分析与整理。其次是利用一些穿戴设备、红外捕捉设备、眼动仪等，来记录学生在获取知识时的情况，并追踪课堂学习的全过程，以便于教师全方位把握学生在上课时的状态，从而调整授课进度及方法。

（3）教学反馈

大数据的广泛应用，让我们能更容易地获取学生在学习过程中的全样本信息。这些数据我们既可以拆分又可以汇总，小到某所学校，大到某各地区、某座城市、某个国家，在互联网技术的驱动下，未来可以实现学习数据的云同步，使其能够记录学生学习的全过程、分析学习数据得到学习成果，并能结合计算机的意见对学生的学习提供全方位的指导和帮助。

笔者认为在理想的智慧学习环境中，教学环境中的所有人与物都互相连接，计算机技术赋予了无生命物体以人的智慧，又同时无限地延伸了人类的智力。智慧学习环境能把一切都有机融合，同时满足学习者与教育者的需求。

6 结语

我们如今身处 5G 时代的浪潮中，回望过去的十年，智能手机大量涌现，信息爆炸式地增长，各类 APP 开始活跃，它带给我们的是前所未有的新奇体验。作为语言专业的我们，对时代前沿的科学技术可能很难有灵敏的把握，但对于未来，我们每个人都有无限畅想的能力。未来，我们也许会实现万物互联、自动驾驶、远程医疗、VR 全面应用，这些概念虽然模糊但并不遥远。关于网络时代的外语教学，或许在不久的将来，纸质的书本将变成电子教材，现在的计算机辅助教学模式将会逐渐变成计算机主导教学、教师辅助授课的形式。笔者相信，通过信息技术所创造的智慧学习环境会更好地促进"学习共同体"之间的知识建构，以推动全人类文明的进步。

参考文献

[1] 陈坚林. 2020. 试论人工智能技术在外语教学上的体现与应用 [J]. 名家论坛, 2: 14-24.

[2] 姜蓓蓓. 2020. 基于大数据的人工智能与高校外语教师专业发展耦合路径探究[J]. 电脑知识与技术, 16 (32): 195-196.

[3] 任磊, 杜一, 马帅, 等. 2014. 大数据可视分析综述[J]. 软件学报, 25 (9): 1910-1936.

[4] 史忠植. 2016. 突破通过机器进行学习的极限[J]. 科学通报, 61 (33).

[5] 王洪林. 2019. AI 时代基础外语教学改革的进路: 从独白到对话再到多元交互 1[J]. 基础外语教育, 6: 3-9.

[6] 王延香. 2020. "互联网+" 时代外语教学空间的深度探索[J]. 林区教学, 11: 60-62.

[7] 武和平. 2000. Internet 时代的英语教师与英语教学[J]. 多媒体与网络教学, 8: 41-44.

[8] Kennedy J. 2014. Characteristics of Massive Open Online Courses (MOOCs): A research review, 2009—2012[J]. *Journal of Interactive Online Learning*, 13(1): 1-16.

[9] Warschauer M. & Healey D. 1998. Computers and language learning: An overview[J]. *Language Learning*, 31(2): 57-71.

[10] 陈坚林. 2005. 从辅助走向主导——计算机外语教学发展的新趋势[J]. 外语网络教育研究, 104: 9-49.

[11] 陈坚林. 2017. 大数据时代的信息化外语学习方式探索研究 [J]. 外语电化教学, 176: 3-16.

[12] 杜景芬, 娄瑞娟, 姜佳. 2019. 互联网+技术和大学英语文化教学的融合[J]. 信息化教学, 22: 108-116.

[13] 方兴东, 钟祥铭, 彭筱军. 2019. 全球互联网 50 年: 发展阶段与演进逻辑[J]. 传媒观察, 7: 4-25.

[14] 靳树东，李红菊. 2000. 网络在英语教学中的应用初探[J]. 昆明师范高等等专科学校学报，22（2）：80-86.

[15] 李克东. 2001. 数字化学习（上）——信息技术与课程整合的核心[J]. 电化教育研究，8：46-49.

[16] 林奕欧，雷航，李晓瑜，等. 2017. 自然语言处理中的深度学习：方法及应用[J]. 电子科技大学学报，46（6）：914-917.

[17] 刘晓琳，黄荣怀. 2016. 从知识走向智慧：真实学习视域中的智慧教育[J]. 理论与争鸣，3：14-20.

[18] 马小强. 2014. 首届中国教育信息化行业新年论坛召开[J]. 学习资源与技术，1：92-92.

[19] 吴小坤，赵甜芳. 2019. 自然语言处理技术在社会传播学中的应用研究和前景展望[J]. 计算机科学，10：185-193.

[20] 张璐妮. 2013. 基于语义网的外语网络教学模式探索与研究[J]. 中国现代教育装备，15：59-76.

自然语言处理工具在语料驱动批评话语分析中的运用

——以政务微博话语与政府形象建构为例

北方工业大学　　王免

摘　要：以自建"共青团中央"官方微博话语语料库为例，通过自编程序，运用自然语言处理工具的高频词、主题建模、情感分析等功能，结合批评话语分析方法，探讨政务微博话语如何建构政府形象的问题。结果显示，这种语料驱动研究模式有助于从语料中快速发现有价值的线索，找到研究切入点，为后续深入分析奠定基础，对批评话语分析具有重要意义。

关键词：批评话语分析　语料驱动　自然语言处理工具　政府形象建构

1 引言

自然语言处理（Natural Language Processing，NLP）从 20 世纪 40 年代末至今已成长 70 余年。在数据驱动模式下发展起来的各种 NLP 技术和工具在众多领域得到广泛应用（Kurdi，2017：ix-x）。一方面，NLP 领域可以引入语言学的研究成果来使自身得到发展；另一方面，该领域的部分研究成果也逐渐得到语言学界的认可，开始反哺语言学研究，进入历史语言学等领域（Sharma，2010）。但在 CDA 领域，NLP 却难觅踪影。

由于 NLP 工具不但具备支持传统语料库分析工具以词为基础的词表、主题词、索引行等功能，还集成了词性标注、情感分析等功能，而且 NLP 工具内在的数据驱动性与未知线索挖掘需求高度契合，所以自然语言处理工具可以为在词以上层次抽象表征语言符号进而挖掘相关线索提供便利。

因此，本文以政务微博话语与构建政府形象为例，试探讨在语料驱动批评话语分析中，如何通过自编程序，运用现有自然语言处理工具中的高频词、主题建模、情感分析等功能，从语料中进行线索挖掘，并进行批评话语分析。

2 批评话语分析

"话语"作为术语首先出现在语言学的相关研究中。在福柯（Foucault）将话语引入哲学分析后，话语开始广泛应用于历史、社会学、文学和新闻等许多领域。20 世纪 80 年代前后，以费尔克劳夫（Fairclough）、范迪克（Van Dijk）为代表的批评话语分析学者，提出可以将话语理论应用到对媒介话语的研究中，继而研究者开始尝试揭示媒介话语中所包含的意识形态特征，正如费尔克劳夫（1992）所言，"批评话语分析"（CDA）是"致力于探索语言、权力与意识形态三者之间关系的研究"，揭示了话语实践如何被社会现实所塑造和影响又如何反作用于社会现实这一多层互动过程。

批评话语分析的研究是在理论的驱动下进行的，往往从宏观层面出发，研究者们通常会更关注常被提及的霸权意识形态或某种意识形态的历时变化，然后研究这些在各种事件和社会实践的语境化中是如何运用的。在以往较为传统的研究方法中，研究者们通常会通过有代表性的抽样来使用数据选择，以便找到假定这些意识形态转变发生的"典型文本"。

随着语料库语言学的发展，学者们逐渐发现如果将语料库语言与批评话语分析相结合，可以有效地避免批评话语分析中一直被部分学者质疑的主观性问题，加强批评话语分析的科学性，并能够解决数据量的限制问题。将批判话语分析和语料库方法结合起来，既能展示话语中无法一目了然的现象，也能揭示文本的隐含内容，还可以直接关注各种社会实践的重新语境化，然后探索和识别共同的话语、意识形态，从而扭转自上而下主观判断的过程。

作为研究者与语料间的接口，语料库分析工具决定着研究者可从语料库中获取的信息，在一定程度上影响语料库价值的发挥。现有的传统语料库分析工具主要包括以 WordSmith Tools、AntConc 等为代表的单机版工具和以杨百翰大学系列在线语料库、SketchEngine 等为代表的网络版工具（Anthony，2013）。单机版工具能高效处理离线（自建）中小规模语料库，但面对大规模语料库时存在效率较低的问题（Anthony，2013）；网络版工具虽能较好地克服效率问题，但存在自建语料库处理不便、结果获取受限等问题。

3 研究方法

3.1 语料来源

本研究的语料均来源于自建的"共青团中央"官方政务微博话语语料库，本库拟收集该微博自开博以来至 2020 年 10 月的所有微博内容，但目前由于编程能力以及精力有限，只收集了该微博从 2020 年 1 月 28 日到 10 月 25 日的微博博文，规模约 37 万词。本研究主要探讨两个问题：第一，如何借助自然语言处理工具挖掘文本线索？第二，根据自然语言处理工具挖掘的线索，试探讨"共青团中央"政务微博话语构建了怎样的政府形象。

3.2 研究工具

选择 Python 3.8 作为编程语言，Visual Studio Code 作为编程工具，WordCloud、SnowNLP、LDA 主题建模以及 t-SNE 作为 NLP 工具。SnowNLP 等 Python 库存在以下不足：第一，均非成品工具，要求一定的编程能力；第二，面向 NLP 应用，与语言学研究的高精度要求有较大差距，需人工介入；第三，需要针对特定语料进行训练；第四，均为通用型工具，与 CDA 的具体需求不直接对应，需综合运用不同工具。但相比传统语料库分析工具，现有 NLP 工具在算法迭代升级、运行效率、可定制能力等方面优势明显，符合人机结合的语料驱动研究模式的特点。

3.3 技术路线

本研究主要分为四个步骤，技术路径见图1。

第一，通过取样论证，探讨本研究的可行性与数据代表性。

数据获取。首先进行文本采集，通过 Python 编写爬虫程序进行微博内容抓取。"爬虫"指的是通过运行"爬虫"程序，计算机可以模拟用户浏览网页的行为，向特定网站发送请求，然后获取网站返回的数据。所以首先需要确定请求的目标网址，其次需要确定发送请求的 URL 中所需要携带的请求参数，最后则是如何从返回的网页数据中，找出自己需要的有效信息。由此，对微博内容进行爬虫，首先需要确定数据来源，之后进行微博列表请求分析，应答报文分析，获取微博正文以及获取多页微博内容。随后进行数据清洗，包括去重、降噪等样本内容预处理步骤。在数据清洗过程中，主要去除标点。

第二，符号和停用词等数据。

第三，数据分析。生成"共青团中央"微博话语语料库。利用 Python 软件进行词频统计，用第三方中文分词库 jieba 分词，再用 WordCloud 生成词云图；再通过 LDA 主题建模与情感分析进行形象建构，借助 Python 软件进行数据分析及可视化。

第四，得出研究结论。

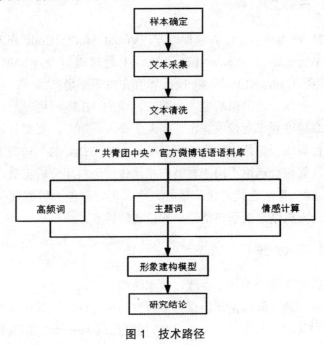

图 1　技术路径

4　运用 NLP 工具初步挖掘线索

4.1　高频词初步挖掘

高频出现的形式、意义和功能往往揭示了语言使用的核心和典型要素，揭示了交际过程中最经常使用的形式、最经常实现的意义和功能（卫乃兴，2009）。所以高频词在某种程度上可以反映文本的内容倾向和语言特点。本文利用 Python 软件进行词频统计，并利用 WordCloud 生成微博高频词词云图（见图 2），关于词云图生成过程，需要用到第三方库——中文分词库 jieba 分词，准备一张背景图片，生成的词云字体颜色主要从图片背景中获取，之后用 Worldcloud 库生成词云图即可。

图 2 "共青团中央"微博高频词词云图

从上图中我们可以看出,"共青团中央"作为中央机构政务微博,除了微博特有的词语(微博、视频等)外,出现频数最高的词是"中国"和"美国"。从"武汉""疫情""众志成城"等词语可以看出 2020 年上半年,微博主要还是以新冠肺炎疫情有关。

4.2 主题建模初步挖掘

运用语料库对主题词和与主题词相关的词汇进行分析,可以揭示出文本的一些语篇信息,如"语义宏观结构""主题"等。以此为基础,对这些信息进行批评性话语分析,可以发现其中隐藏着一些特殊的意义,如话题的变化是如何被控制的、由谁控制的(Van Dijk,2009)。

在数据挖掘的过程中,由于大量的数据是非结构化的,很难直接从相关的信息获得所需的信息,主题模型(Topic Model)是一种数据挖掘的方法,用来识别文档,发现语料库中的隐藏信息。主题可以定义为"语料库中具有相同语境的词语的集合模式"。例如,主题模型可以将"疾病""医生""护士""患者"设置为"医疗"主题;将"大米""农民""水稻"设置为"农业"主题。

潜在语义分析(LSA)、分层 Dirichlet 过程(HDP)和潜在 Dirichlet 分配(LDA)都是当下被广泛应用的主题建模算法。本文将使用 LDA 算法进行主题建模。LDA 模式是一种生成式模型，假设需要建模的数据为 A，标签信息为 B。生成式模型是指描述一个联合概率分布 P（A，B）的分解过程，这个分解过程是虚拟的过程，虽然还不产生真实的数据，但任何一个数据的产生过程可以在数学上等价为一个联合概率分布（迪潘简，2018：176-177）。

　　本文首先应用 LDA 算法来发现每个文档中的基本主题，再使用 t-SNE 使这些主题显示为组；之后对进行清理后的数据进行矢量化并训练 LDA 模型；最后使用 Python 中的可视化库 pyLDAvis 来对数据组和关键字进行可视化操作。可视化的结果见图3。

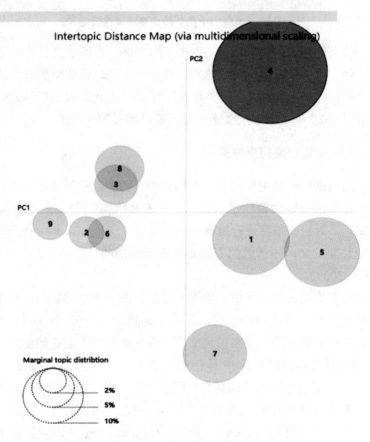

图3 "共青团中央"微博主题建模可视化

图 3 中，每个圆形代表不同的主题以及它们之间的距离，越相似的主题，圆形就靠得越近，反之则更远。图中每个圆的大小相当于语料库中主题的相对频率，频率高的，则圆的半径相对较大。图中 4 号为"疫情"主题，2020 年人们最关心的事情就是新冠肺炎疫情，疫情也是我们国家关注的重大事件，说明中央机构微博关心人们最关心的事情，实时播报疫情情况，发布并解读国家有关疫情的相关政策措施等政务信息；1 号和 5 号分别为"祖国"和"梦想"主题，从中我们可以看出中央机构政务微博大多通过弘扬民族精神等传播正能量，激励人们特别是青年们的梦想、家国情怀和爱国意识；3 号和 8 号分别为"青春"与"青年"主题，彰显出一股青春的活力，引领广大青年学生奋力向前，追求梦想。

4.3 情感倾向初步挖掘

情感计算的概念是由美国麻省理工学院的皮卡德（Picard）教授在 1997 年提出的。情感计算的定义是对情感、情感的起源及其影响的计算，希望计算机能够实现对图像、声音或文本所表达的情感的理解。方法上运用自然语言处理、计算语言学和语义分析技术，在情感语料库中提取主观情感，确定文本的情感态度倾向等（迪潘简，2018：249）。通常这类问题也被称作情感倾向分析（Sentimental Orientation Analysis）、极性分析（Polarity Classification）、情感分类（Sentiment Classification）等。

本文利用自然语言处理工具 SnowNLP 对文本的倾向性进行了计算。目前大部分的自然语言处理的第三方库都是针对英文的，SnowNLP（https://github.com/isnowfy/snownlp）则可以方便处理中文文本内容，是开发者受到 TextBlob 的启发而写的一个方便处理中文的类库，但和 TextBlob 不同的是，SnowNLP 没有用自然语言处理工具包（NLTK），其所有的算法都是开发者实现的，并且自带了一些训练好的字典。

本文首先对语料进行了情感分类，这项任务可以基于原有SnowNLP 进行积极的和消极的情感分类和训练。随后自编程序对每条内容进行读取并依次进行情感值分析，最后生成一个 0—1 之间的值，当数值大于 0.5 时，表示该条语句的情感偏向积极，当分值小于 0.5 时，则偏向消极，如果越偏向两边，即越接近数值 0 或数值 1，则代表情绪越偏激。如图 4 所示，纵坐标为微博总频次，横坐标为情感倾向数值。

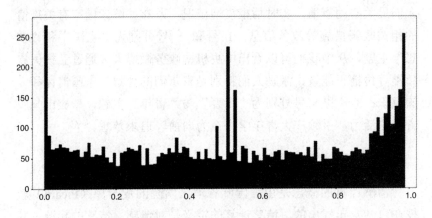

图 4 "共青团中央"微博情感倾向分布图

从图 4 我们可以看出，微博中正面情感倾向的微博文本分布占绝对优势。这是因为，政务微博平台上发布信息时通常会选择积极正面的信息，通过宣传国家的良性发展、关注人民的幸福生活，为人们的生活提供便利等，进而提高凝聚力和向心力。

4.4 形象建构初步分析

本文借助 NLP 工具，采用语料库和批评话语分析相结合的方法，通过高频词、主题词、情感倾向等分析了"共青团中央"中央机构政务微博话语，探讨其对政府形象的建构问题。主要结论如下：

首先，在对象上准确到位。这主要体现在微博发布内容的选择上：中央机构政务微博视野宏观，主要从大处着眼，一般不会针对某一具体地区，而是更多地承担着传播社会正能量的功能，其高频词表明重在关注今年的新冠肺炎疫情，以及全国的青年及其学习、生活和梦想；其次，在内容上全面细致。政务微博以发布政务信息和与人民日常生活密切相关的服务信息为主，关注民众的切身需求；再次，在服务语态上亲切贴心。以正向情感倾向为主的微博话语引领、影响、服务民众，关注人民的美好生活，始终关注着民众的切身需求，让人备感温暖。综上所述，政务微博在对象、内容、语态三个维度上的话语实践，验证了其对"服务型"政府形象的建构。

5 结语

本文主要借助自然语言处理工具，对所搜集的语料进行高频词、主题建模、情感分析等功能的线索挖掘，经过分析发现，"共青团中央"中央机构微博在对象、内容、语态三个维度上的话语实践，建构了"服务型"的政府形象。奥皮恩（Orpin，2005）指出，在语料库方法与 CDA 相结合的研究中，如何找到研究切入点成为主要问题。本研究表明，现有 NLP 工具可克服传统语料库分析工具的不足，帮助研究者从语料中快速挖掘未知线索，为后续 CDA 分析奠定基础。本研究也存在不足，如语料不够充足，不能完全支撑政府形象建构的研究，以及采用现成 NLP 工具但未对所用工具进行改进，可利用其他 NLP 工具以及第三方库对语料进行短语级、句级层次的探索，对所发现线索话语意义的探讨不够深入等，笔者将在后续研究中继续完善。

参考文献

[1] Anthony, L. 2013. A critical look at software tools in corpus linguistics [J]. *Linguistic Research*, 30 (2): 141-161.

[2] Fairclough, N. 1992. *Discourse and Social Change* [M]. Cambridge: Polity Press.

[3] Kurdi, M. Z. 2017. *Natural Language Processing and Computational Linguistics 2: Semantics, Discourse and*

Applications [M]. Hoboken: John Wiley & Sons.

[4] Orpin, D. 2005. Corpus linguistics and critical discourse analysis: Examining the ideology of sleaze [J]. *International Journal of Corpus Linguistics*, 10(1): 37-61.

[5] Sharma, D. M. 2010. On the role of NLP in linguistics[R]. The 2010 Workshop on NLP and Linguistics: Finding the Common Ground. Uppsala, Sweden: Association for Computational Linguistics, 18-21.

[6] Van Dijk. 2009. Critical discourse studies: A sociocognitive approach [A]. In Ruth. W. & M. Michael (eds.). *Methods of Critical Discourse Analysis (2nd Edition)*[C]. London: Sage.

[7] 迪潘简·撒卡尔. 2018. Python 文本分析[M]. 闫龙川，高德荃，李君婷，译. 北京：机械工业出版社.

[8] 卫乃兴. 2009. 语料库语言学的方法论及相关理念[J]. 外语研究，（5）36-42.

人工智能技术在日语技能训练中的应用

北方工业大学　王珊

摘　要：近年来，人工智能在自然语言处理、智能语音等多个领域获得突破，在人工智能高速发展的环境下如何将 AI 技术应用于外语教育中，成为外语教学领域关注的焦点。本文通过研究人工智能在辅助日语技能训练中的应用，分析并比较其与传统日语技能训练方式的优劣，并就人工智能技术与大学日语教学的结合方式进行初步分析与探讨。人工智能技术拥有客观性、高效性、便携性等优点，能够与人工教学相辅相成，对日语技能训练具有积极的促进作用，能有效提高日语教学效率。随着人工智能技术的不断发展，二语学习者将会得到更加有效的助学工具来提升语言能力。

关键词：日语　技能训练　人工智能　自然语言处理　语音识别

1 引言

在实际运用日语的过程中，"听""说""读""写"四个方面的语言技能尤为重要。随着计算机技术的不断发展和 5G 时代的到来，传统日语教学方式中教师资源有限、教学模式单一等缺点日益凸显，已经不能够满足新一代"00 后"学生多元化发展的需求。

近年来，人工智能技术蓬勃发展，教学者尝试将其应用在日语技能训练中以解决上述问题。通过自然语言处理与智能语音等 AI 技术，能够快速检测出学习者的语法、发音是否有误，也可帮助学习者提高写作效率，纠正语法错误等等，有效解决解决日语技能训练中学习方法单一、学习资料缺乏、学习环境固化等问题。通过人工智能技术辅助教学，能够提高学习者的学习兴趣和自主学习能力，有效提升日语技能应用能力。

本文将介绍人工智能的定义及相关技术，人工智能在日语技能训练中的应用，对比分析人工智能与人工教学的优劣。

2 人工智能

2.1 人工智能的定义及发展

人工智能（Artificial Intelligence，简称 AI）是研究、解释和模拟人类智能、智能行为及其规律的一门学科（何高大，2008）。它集合了计算机科学、哲学和认知科学、心理学、数学等众多学科，在语音识别、图像处理、自然语言处理、智能机器人等应用领域取得了显著成果。人工智能既是一种技术也是一门学科，其技术属性是模拟和扩展人的智能，学科属性是研究人的智能活动的规律，即研究如何通过计算机完成以往用人的智力才能胜任的工作。由于这两大属性，人工智能为研究者提供了广阔的研究和实践空间（陈坚林，2020）。

在 1956 年的达特茅斯会议上，"人工智能"这一概念被首次提出。被称为"人工智能之父"的约翰·麦卡锡（John McCarthy）和人工智能学科的先驱奥利弗·塞弗里奇（Oliver Gordon Selfridge）等人，在这次会议上共同研究和探讨了用计算机模拟人的智能的一系列有关问题，并提出了"人工智能"一词。人工智能自出现以来，经历了两次低谷、三次浪潮，现在正处于它的第三次浪潮。人工智能的迅速发展在为社会带来显著经济效益的同时，也为社会生产力的提升提供了动力（崔雍浩等，2019）。

2.2 外语教学中的 AI 相关技术

随着计算机技术及其硬件设备的迅速发展，以神经网络为基础的人工智能在大数据、网络智能化等技术的支持下，被广泛应用到各个领域。目前，人工智能技术已经成为教育领域的一个新兴驱动力。其中，自然语言处理与语音识别领域的能力对外语教学的发展产生了较大影响。

2.2.1 自然语言处理

自然语言处理（Natural Language Processing，简称 NLP）是指计算机拥有分析、理解、处理人类文本语言的能力，是一门典型的交叉学科，主要涉及计算机科学与语言学。NLP 分为语法语义分析、信息抽取、文本挖掘、信息检索、机器翻译、问答系统和对话系统 7 个方向和分类、匹配、翻译、结构预测及序列决策过程 5 类技术（崔庸浩等，2019）。自然语言处理技术包括理解和生成自然语言两个主要过程，前者是指计算机理解并掌握自然语言的意义，后者指在理解和分析之后通过正确的语言来表达目标意图（张宾等，2020）。

自然语言处理在教学领域可以应用于个性化智能推荐、作文评阅、机器翻译等，结合计算机程序辅助教学，加强教育过程中的有效学习。

个性化智能推荐技术能够通过用户的历史浏览记录和行为，分析用户的习惯和偏好，为用户推荐其感兴趣的内容，减少用户不感兴趣的内容出现的频率。该技术能够应用在教学中，通过记录学生网上学习的使用行为，从学习时长、内容、水平等多个维度进行分析，从而为学生定制智能化的合适的学习计划，实现因材施教的个性化教学。

自然语言处理基于单词分割、词向量建模、词属性标签、断句、句子意义分割等技术，可以实现对文本从单词、句子、段落等各部分到文章整体的识别、分析和理解等任务。其应用最为典型的例子就是自动作文评分系统（Automated Essay Scoring，简称AES）。该系统在人工评分作文语料库的基础上，计算作文的内容、语法运用等与标准语料库的差异，并进行分析和评分。目前，AES 被普遍使用在 TOEFL、TOEIC、GRE 等考试中，先利用该系统完成试卷的初步评阅，再由两名教师在 AES 评语的基础上确认最终成绩。这一应用大大提高了作文评阅效率（赵慧、唐建敏，2019）。在日语教学的应用中，王贝（2018）以维基百科为语料库，利用 NLP 技术进行词汇关联词、上下位词等训练，从而提出了日语教学中例句词汇表达方式改写自动联想的解决方案。

计算机翻译这一应用最为大众熟知，即通过语言识别技术把源语言转变成为目标语言的过程。外语学习中所使用的谷歌翻译、百度翻译等在线翻译软件都运用了该技术，它不但提高了不同语言之间转化的效率，也能够适当促进语言初学者在入门阶段对语言的理解，但与人工翻译相比，目前机器翻译技术的弱点在于无法对人类语言进行完整的理解，在翻译的过程中，无法充分利用说话者的语气、语调等特殊"语用因素"进行翻译，这在一定程度上会影响实际翻译效果。所以人工翻译准确率高、逻辑性强的特点在国际会议、首脑会谈等正式场合还是必不可少的，也表明计算机翻译技术还有待提高。

2.2.2 语音识别

语音识别技术是将人类语音中的词汇转换为一种机器可以理解的语言，或者转换为自然语言文本的一种过程。它包含前端降噪、将语音进行切割分帧、提取语音特征、匹配语音状态四个主要流程（林莉，2020）。语音识别技术的普及为人们的生活和工作提供了便利，让语音即时翻译变得不再困难。例如，目前人们广泛使用的微信聊天软件中的"转文字"功能，通过语音识别将语音直接转换为相应的文本，有效避免了在不方便听取语音的交流环境中进行沟通的障碍。

语音识别技术与自然语言处理技术相结合这一模式，应用在外语教学中，能够实现口语语音转文本、对文本进行翻译、词义理解、语法分析等功能，极大提升外语学习效果（李春琳，2019）。例如，吴丹等（2020）利用深度学习模型中的卷神经网络（Convolutional Neural Networks，简称 CNN）提出了英语口语流利性评分方法，利用由若干卷积层与池化层构成的卷积神经网络提取语音特征，再使用若干全连接层分类器对语音模型进行有效评分。目前典型的深度学习模型还有递归神经网络（Recurrent Neural Networks，简称 RNN）、和深度信念网络（Deep Belief Networks，简称 DBN）等，其中，由于 RNN 多用于处理时间序列，能够通过递归模型对上下文信息进行整合，使句子的上下文具有良好的相关性，所以较多应用在口语训练、口语测试等方面（刘勇等，2017）。

目前，AI 语音翻译和人工口译各有利弊，AI 语音翻译速度快，人工翻译质量高，两者可以取长补短，相互借鉴。尤其是在口译课程中，可以利用 AI 语音翻译进行辅助教学，帮助口译学习者了解人工口译的利弊，并增强其学习动力，提高学习效率，夯实口译基础（唐蕾，毛澄怡，2019）。

3 人工智能技术在日语技能训练上的应用

虽然素质教育离不开人类教师的参与，但是通过人工智能技术辅助教学，能够在各个层面强化教育，尤其是进行大规模的个性化教育。在外语教学中，教育工作者都应重视学生的听、说、读、写四个方面外语技能的训练。传统的外语教学在培养外语技能方面，往往会花费大量的人力成本，但随着人工智能技术的发展和应用，AI 产品能够引入到外语教学中进行辅助训练（王梦瑶，2020）。

目前的研究中，先行研究者大多围绕提高英语技能的 AI 技术应用产品进行探讨，例如在"听、说"方面，有卡耐基-梅隆大学联合惠普、微软等多个实验室研发的 CMUSphinx 语音识别软件，可以让学生在练习"听"后进行转述或复述式的"说"练习，并进行评分和错误标注（赵慧、唐建敏，2019）。目前市场上较为知名的"英语流利说",每日更新英语对话,并提供对话闯关游戏,通过硅谷的实时语音分析技术,让用户轻松提升听力和口语水平。在"读、写"方面,市面上常见软件为有声英语小说、扇贝阅读以及新东方旗下的英语总动员、巴布阅读等,它们帮助学生利用碎片化时间,日积月累提高阅读水平。本文将从日语教学角度,介绍可辅助提高日语技能的 AI 技术应用产品。

3.1 AI 技术产品在辅助听力训练中的应用

听力是语言输入的重要手段,在与人交流的双向活动中,只有保证了语言的良好输入,在听懂别人讲什么的基础上,才能根据语境做出合适的回应,因此,听力训练在外语学习中有着重要的地位。目前,在大部分日语听力课训练中,教师依然采用通过多媒体播放录音让学生进行听写的授课模式。这种授课模式存在一定弊端:1. 课上所使用的听力教材不能根据学生的听力水平调整语速;2. 单纯的录音播放缺少视觉辅助,使学生只能机械式地理解所听语言;3. 听力内容仅限于所用教材,导致一些学生情景语料库单调,无法将所学技能应用于现实生活中。利用 AI 技术产品辅助听力教学,能够根据不同学生需求提高学生日语听力能力。

例如,日语学习软件"简单日语"(图 1),综合了阅读、听力等功能,每日更新 NHK 新闻并配有视频,用户可根据兴趣添加收藏。在播放过程中用户不仅可以根据听力水平调整播放语速,还可以在对应文本中调节假名备注,并通过机器翻译技术进行汉日翻译,对于不会的生词也有词性、例句等解释。

简单日语 4+
新闻,童话故事,短视频
Hubei Kabocha Network
Technology Co., Ltd.
专为 iPad 设计
★★★★★ 4.8 · 501 个评分

免费 · 提供 App 内购项目

图 1

这种 AI 技术产品应用到日语听力训练中，既解决了以学生听力水平差异为导向的按需施教难题，又可以在练习听力过程中添加视觉效果，还能够增加教材之外的词汇量，提高学习效率。

3.2 AI 技术产品在辅助口语训练中的应用

在外语教学中，无论是日语还是英语，口语训练一直是教学难点，其原因是没有沉浸式的外语环境，并且学生课下练习不够，缺少口语练习对象。除了在课上与外教、留学生交流以外，课下大多都是以读课文的方式进行训练，但如果发音不正确，没有及时的评价反馈，不仅学习效率不高，学生也会失去学习兴趣。

在 AI 技术产品中，"AI 日语"设置了新闻视频、与文本配套的口语测试训练，利用语音识别和自然语言处理技术，对用户所说的句子进行智能评估，并将句子中的语法错误进行标注。这种方式弥补了学生单一读课文进行口语训练的不足，还能够提供及时的反馈，提高学生的自主学习能力。

除此之外，"最最剧场"是一款集口语实践与娱乐为一体软件，可以为课文、日漫等进行配音。利用该产品，学生可以根据难易水平，与同学一起选择课文或喜欢的动漫角色分工进行配音，利用语音识别的相似度计算技术，将配音效果与原始配音进行匹配。这不仅可以提高同学间的协作能力，还可以大大提高学生的学习兴趣，使学生轻松提高日语口语能力。

3.3 AI 技术产品在辅助日语读写技能训练中的应用

阅读有助于学生获取大量的语言输入，从而为学习语言知识，提升语言技能创造有利条件。在日语阅读教学中，除了上述的"简单日语"外，市场上还有"青空文库"可以为日语学习者提供大量阅读文章。但与种类繁多的可辅助英语阅读的人工智能产品相比，辅助日语阅读的产品还有待规模化开发。目前，一些教育研究机构和学者开发的在线英语阅读平台，利用 NLP 技术记录和统计学生的阅读内容、阅读进度、阅读习惯等，收集并分析学生阅读行为的全部数据，了解学生选择阅读材料的类型、难度，从而帮助学生甄别适合自己的阅读资源。这些平台可以协助教师根据学生现阶段的阅读能力和水平，选取相匹配的阅读测试材料，了解学生在不同文本类型的阅读过程中对语言知识结构掌握的程度和阅读技能使用的情况，从而实行个性化的分级阅读（程晓堂、陈萍萍，2019）。这些平台的开发也为今后在日语教学中实现分级阅读提供了借鉴。

在外语教学中，大多数学生认为与阅读相比，写作的难度更大，原因是写作能力涉及单词使用和搭配、句子构成和句法正确性、文章整体结构是否合理等多个层面（赵慧、唐建敏，2019）。在日语教学中，虽然可用于辅助日语作文批改的 NLP 技术产品还有待开发，但也有可辅助日语写作的平台。「日本語作文支援システム」（http://hinoki-project.org/natsume）利用自然语言处理技术，可以根据不同的格助词显示适用的词汇搭配，帮助学生解决在写作中出现的滥用词组、用词匮乏等问题。例如常见的词汇「活動」，在写作中学生最常用的就是「活動をする」，通过在"日本語作文支援システム"平台上搜索「活動」，可以看到与「活動」搭配的除了「する」，还有「活動を行う」「活動を展開する」等（图2）。

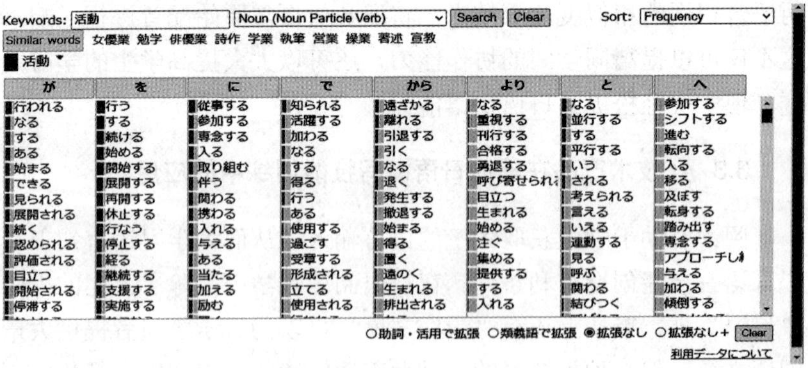

图2

3.4 可辅助日语教学的其他 AI 技术产品

除了上述可用于辅助日语听、说、读、写技能训练的 AI 技术软件以外，还有一些 AI 技术平台可用于课外日语学习，综合提高学生日语学习能力。例如 ODAJ 平台（http://www.gavo.t.u-tokyo.ac.jp/ojad/）利用自然语言处理和智能语音技术开发的在线日语发音词典，就包含了大量日语教材课程中的词汇，不仅可以查询词汇原型发音，还会自动归纳其他变形的发音，发音也分为男性发音和女性发音（图 3）。其不足之处在于名词没有发音，但也都标注了声调。该平台可以有效帮助日语初学者练习标准的日语发音。

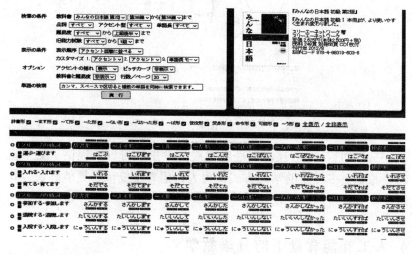

图 3

2009 年微软开发的微软必应搜索引擎，为用户提供了美观、高质量、国际化的中英文搜索服务，在搜索外文相关资料方面，它能够更快速、更精准地为用户展示结果，也为日语学习者寻找学习资料提供了更方便、快捷的通道。例如，在网站搜索中，上述的 ODAJ 和「日本語作文支援システム」，相比于常用的百度搜索，能够更快找到对应网站，为用户节省了查找的时间。在功能搜索中，软件及平台也为用户提供了网页、图片、视频、词典、学术等全球信息搜索服务。在日语学习中比较难理解的「痛い人」，用户通过搜索能够迅速找到有关「痛い人」的信息，并且在图片搜索上也能够找到辅助词义理解的图文，点击图文链接还会显示匹配该图文的日语解释（图4）。

图 4

　　总体而言，AI 技术的蓬勃发展为学生学习日语提供了更丰富的资源和更多样化的学习方式，也为日语教学提供了更能够融合新时代教育环境的教学模式。

4 人工智能背景下的日语教学

　　当下，"00 后"逐渐成为大学校园的主流群体，他们在学习习惯、认知模式、对网络信息的运用等方面有着鲜明的特色；他们综合素质高，思想个性化，主体意识强，网络行为多样，被认为是"数字原住民"（陈坚林、贾振霞，2017）。他们更倾向于利用互联网智能化的方式获取丰富多样的学习资源，因此，满足学生个性化的需求，提高学习效率，创建高效切合的日语教学模式，逐渐成为日语教师们探索的新目标。

目前，逐渐被应用的翻转课堂模式虽然在英语教学上取得了一定的成效，但从目前日语教学特点看，要形成以学习者为中心的翻转课堂模式还有一定的难度。首先，日语学习者多数都是从零基础开始，学生还不习惯第三语言的学习，并且缺乏日语思维，因此还需要通过传统的教师授课模式为学生打下日语基础。其次，虽然教师认识到以学习者为中心这种学习模式的益处，但学生早已习惯了传统教学方式，对接受新的模式还缺乏心理准备。并且，如果只是把教学内容做成视频让学生课下学习，也只是教学场所的改变，教育方式并没有发生本质变化，如果学生不自觉，效果有时候还没有线下的实体课程好（李春琳，2019）。因此，利用 AI 技术产品辅助传统教学，能够为以学习者为中心的教学模式提供良好的过渡方式。

首先，人工智能技术产品的算法仅分析其对应的文字、语音等内容，不受主观影响，能够保证学习者测试结果的客观性。这样学习者能更准确地了解自己目前的学习进度及知识或技能的掌握程度，并且不受教师及环境的影响，能够对自己的学习情况有客观、全面的认知。其次，人工智能产品通过自然语言处理等算法，依托目前发达的硬件水平，可以迅速完成语音识别、文字理解等工作，相比于人工处理方式，效率更高，能够快速、智能化地推荐与学习者能力相匹配的合适内容。在听说读写技能训练中，能够快速为学习者提供语音语调、词汇、翻译等内容，提高学习效率。但是在体现文化差异或特定语境时，AI 技术表现还不是很好，尤其是在翻译方面，其准确性大不如人工翻译，因此目前尚不能完全依赖 AI 技术作为教学工具。第三，人工智能产品综合性强，其阅读、智能发音、翻译等功能能够同步辅助提高各方面技能，此外，还设置了视频、动漫、单词闯关等功能，增加了视觉效果，提高了用户的学习兴趣和动力。

随着 5G 移动通讯网络覆盖的范围不断扩大，各种智能化移动电子设备与软件逐渐渗入学生的日常生活与学习中，对学生学习方式产生了潜移默化的影响。这使得移动辅助教学的形式悄然而生。

移动学习能够使学习环境具有灵活变通性，可以打破传统语言教学的时间与空间限制（张晓红，2020）。移动化设备可以使学生在移动过程中获取知识。AI 技术产品能够让学生利用课堂外的碎片化时间进行智能化的学习，不仅能够提高学生对学习的兴趣和动力，还使他们更加了解自身兴趣点，从而提升自身学习的自主性和责任感。

5 结语

人工智能技术产品具有客观性、高效性、综合性等特点，对日语技能训练具有良好的促进作用。语言的学习是一个循序渐进、持之以恒的过程，但是，若形式过于单调，学生就容易失去学习兴趣和热情。人工智能在日语教育中的运用，能够有效激发学生的学习热情，增加教学个性化和趣味性，并逐渐实现因材施教的教学理念。目前，人工智能的日语教学还有很大的拓展空间，本文通过分析目前能够应用在辅助日语技能训练中的人工智能技术与传统技能训练方式的优劣，为改进当前日语教学模式提供了新的思路，这对于提高学生"听说读写"技能，提高教学效率和质量具有重要意义。人工智能技术在外语教学中的应用也是教育信息化进程中的必然趋势（陈坚林，2020）。

参考文献

[1] 陈坚林，贾振霞. 2017. 大数据时代的信息化外语学习方式探索研究[J]. 外语电化教学，（4）：3-8，16.

[2] 陈坚林. 2020. 试论人工智能技术在外语教学上的体现与应用[J]. 北京第二外国语学院学报，42（2）：14-25.

[3] 程晓堂，陈萍萍. 2019. 基于大数据的英语阅读能力培养及测评体系构想[J]. 外语电化教学，（2）：40-44，60.

[4] 崔雍浩，商聪，陈锶奇，郝建业. 2019. 人工智能综述：AI 的发展[J]. 无线电通信技术，45（3）：225-231.

［5］何高大，罗忠民. 2008. 人工智能在外语教学中的应用——兼评《Artificial Intelligence in Second Language Learning: Raising Error Awareness》［J］. 外语电化教学，（3）：74-80.

［6］李春琳. 2019. 人工智能在外语教学中的应用及研究热点［J］. 中国教育信息化，（6）：29-32.

［7］刘勇，李青，于翠波. 2017. 深度学习技术教育应用：现状和前景［J］. 开放教育研究，（10）：113-119.

［8］林莉. 2020. 人工智能时代背景下自然语言处理技术的发展［J］. 电子世界，（22）：24-25.

［9］唐蕾，毛澄怡. 2019. 人工智能语音翻译对外语教学的启示——以口译教学为例［J］. 扬州大学学报（高教研究版），23（6）：115-120.

［10］王贝. 2019. 自然语言处理技术在日语教学中的应用研究——以词汇表达方式改写的自动联想为例［J］. 日语教育与日本学研究，（1）：68-72.

［11］王梦瑶. 2020. 人工智能在外语教学中的应用［J］. 信息记录材料，21（3）：104-105.

［12］吴丹，梁琪瑛，王民意. 2020. 基于卷积神经网络的英语口语打分［J］. 信息技术，44（11）：34-38，44.

［13］张宾，武斌，周晶，李慧超，王帅. 2020. 探究人工智能时代背景下自然语言处理技术的发展应用［J］. 科技风，（23）：84.

［14］张晓红. 2020. 大数据时代移动辅助语言学习模式的构建——评《计算机辅助语言学习研究》［J］. 科技管理研究，40（18）：273.

［15］赵慧，唐建敏. 2019. 基于人工智能的大学英语教学模式研究［J］. 软件导刊，18（10）：213-216.

［16］陈春梅. 2019. 人工智能在英语写作中的应用——一项基于中国知网的统计与分析［J］. 乐山师范学院学报，34（7）：105-111.

［17］丁海燕，桂进阳，刘松，邹疆，丁怀东. 2011. 智能教学系统

设计——以基于 Web 的日本语导学系统为例[J]. 云南大学学报（自然科学版），33（S1）：290-293.

[18] 冯旭彤. 2019. 有声作业在高校外语听力教学中的应用模式探索[J]. 海外英语，（8）：148-149.

[19] 耿强. 2020. Python 自然语言处理工具在语料库和翻译研究中的应用——评《语料库与 Python 应用》[J]. 东方翻译，（5）：85-88.

[20] 李雅君. 2001. 如何改进大学外语课的听力教学[J]. 林区教学，（6）：36-37

[21] 覃潘燕. 2018. 基于人工智能的外语听说训练应用研究[J]. 广西民族大学学报（自然科学版），24（3）：80-83.

[22] 田静. 2019. 人工智能翻译背景下对大学英语教学的思考[J]. 科教导刊（中旬刊），（11）：141-143.

[23] 王艳红. 2020. 人工智能背景下英语写作教学中混合式教学模式的应用[J]. 西部素质教育，6（12）：122-123.

基于语言模因视角的线上服务应用命名分析

北方工业大学　张芸依

摘　要： 语言模因是以语言作为载体的文化信息，依靠复制、模仿、传播而生存。从模因论的角度看，语言模因可以解释新兴语言的模仿、变异与传播规律，针对目前互联网话语的使用具有很强的解释力。基于此，本文从语言模因的视角，对线上政务服务 APP 的命名规则与具体名称进行深入分析，讨论了应用名称的社会文化功能与指示目的，以及市民群众基于应用名称对政务服务所产生的情感态度。分析表明，不同命名构式（×政通、×事办、×服通等）均具有语言模因的合理性与时尚性等特点，体现了中立或积极的语用态度，表现出政府传递积极情感指示、缩短与群众社会距离的尝试；新冠疫情下健康码的命名规则（吉祥码、安康码、苏康码等）蕴含汉语中的积极情感语素，基于语言模因的强大传播力，试图对特殊社会实践下受众的心理表征以及现存心理空间进行合理改造。

结合分析，本文指出应通过外部语言政策，结合网络语言特点，对公共话语中的模因使用进行有意识的正面引导，避免不良语言模因的肆意传播影响社会正常语言环境。

关键词： 模因　语言模因　服务应用命名　社会文化功能　语用态度

1 引言

模因论（Memetics）是基于进化论观点解释文化进化规律的一种新理论，旨在对事物普遍联系以及文化传承性与进化规律进行诠释（何自然，2005：54）。模因论的核心术语是模因（meme），《牛津英语词典》将其定义为文化信息的基本单位，通过非遗传的方式特别是模仿得到传播。语言是模因的载体之一，模因有利于语言的发展，得到广泛复制和传播的信息即形成语言模因（何自然，2005：54）。

近年来，语言模因这一概念吸引了语言学领域众多研究者的注意，多数有关语言模因的研究主要借助具体的语境和话语来对特定语言模因的形成与传播进行分析及讨论。与此同时，互联网的迅速发展给予语言模因极为便利的复制传播条件，使得作为文化信息的语言模因通过多种媒介广泛扩散，催生出众多网络用语以及流行语等，并因此形成新的语言模因构式。许多研究以当前互联网流行话题或语言作为研究对象，从语言模因角度探讨其传播、流行与变异等问题，如袁静（2018）总结了"打 call"的产生、发展及用法，从语言内部与外部因素两方面探究其作为一个强势语言模因而流行的主要原因；陈长旭（2018）对流行语"佛系"的生成、传播与生命周期等进行了讨论，认为这一语言模因的流行彰显出主流媒体在网络语言引导方面趋于成熟；赵丽丽（2019）对"锦鲤"这一语言模因极受欢迎的原因做出深度剖析，并探讨其给英语教学带来的启示，如词汇语法授课观念的转变与语言规范的重要性等；周飞、沈莹（2019）与岳好平等人（2019）则分析了流行语"确认过眼神"作为一个强势语言模因的流行理据与社会语用功能，指出了该短语对人际交往与网络文化发展所起到的积极作用；近两年内类似的研究还包括吴骏良（2019）、高阳（2020）、秦环环（2020）、张利红和段绪（2020）、蔡一宁和曹起（2020）、周兴和黄友玥（2021）等，这些研究使用包括"硬核""柠檬精""打工人"等在内的网络流行语作为研究语料，分析它们的生成、传播、复制变异等过程，并从语言模因以及构式的角度，阐释这些流行语对当前网络文化及特定使用群体所带来的语用、心理等方面的影响。但是，鲜有研究涉及有关语言政策与规划对于恶性语言模因的适时引导；此外，随着网络文化的发展，新出现的流行语等网络语言仍亟待分析。

近期，受到新冠肺炎的影响，通过线上政务服务 APP 程序（APP）办理业务以及出示相应地区的健康码，成为人们生活中必不可少的环节。由于各地区拥有对线上程序与健康码命名的自主权，众多具有地域和文化特色的名称成为了人们热议的对象。本文拟基于模因论来分析线上政务服务 APP 的不同命名规则，使用语言模因理论解释各命名规则的特点、传播以及语用功能等，并围绕网络语言特点，为语言模因的使用与传播提出语言政策与规划方面的引导建议。

2 研究设计

本文的研究问题如下：1）线上政务服务 APP 以及健康码的命名和使用如何体现出语言模因的形成过程？2）这些语言模因具有何种特点？如何通过命名体现这些特点并进行复制与传播？3）不同的 APP 与健康码名称分别具有哪些语用态度与语用功能？4）对 APP 与健康码名称进行分析对于网络文化的传播和语言的研究具有哪些启示？本文所选取的语料（线上政务服务 APP 名称及各地区健康码名称）均来自国家政务服务平台官方网站（http://gjzwfw.www.gov.cn/）以及各省市的地方政府服务窗口官方网站。其中线上政务服务 APP 的名称相对固定，鲜少更改，各地区推行的健康码为新冠肺炎背景下的产物，不排除疫情过后被取消的可能。

本文从语言模因的形成、特点、使用语境、复制传播过程、语用态度与语用功能等方面，结合具体的线上政务服务 APP 名称与各地区健康码名称进行分析，试图证明 APP 与健康码名称作为语言模因具有可解释性与特定的语用功能，在树立政府形象以及传播传统文化的过程中均具有一定的积极影响。

3 语言模因的形成与特点

3.1 语言模因的形成

模因论以达尔文的进化论为理论基础，是一种力图解释文化进化规律的新理论（蔡文静、王红艳，2016：59；赵丽丽，2019：114），主要论述了人类社会文化被持续模仿、复制、传播与传承的现象（赵丽丽，2019：114）。模因是模因论中的核心概念，只要可被复制、模仿和传播的信息，都有可能成为模因。人类语言作为一种文化载体，也可以与模因相联系：无论是字词、短语，还是句子、篇章，只要可被模仿并传播，都有可能成为模因，即语言模因（谢朝群、何自然，2007：31）。一个语言模因的形成，通常是因为这个语言信息具有某些特点并由此获得人们更多的关注，进而具有更强的复制和传播能力。模因进化时的巨大选择压力迫使不同模因在被选择和使用的过程中相互竞争；当某些字词短语等得到更为广泛的应用并在人们日常交际中发挥更为明显的作用时，这些模因就变得更为强大，并更有可能进入全民语言系统之中，继续被不断复制和传播，最终形成一个极具影响力的语言模因（陈琳霞、何自然，2006：111）。

从几个简单的官方线上服务平台名称即可对语言模因的形成窥见一斑。国务院办公厅主办的国家政务服务平台（http://gjzwfw.www.gov.cn/）是全国政务服务的总枢纽，此网站的命名规则为"××政务服务（××）"。各地方政务服务平台的命名规则，则是在遵循国家政务服务平台的命名规则的基础上添加地市名称，并可能进行微调。作为一个语言模因，"××政务服务（××）"具有强大的复制和传播能力，因此许多省级行政单位均使用此语言模因来构成自己地方政务服务平台的名称。例如，北京市的政务服务平台名称为"北京市政务服务网"，遵循了"××政务服务（××）"的命名

规则，首先添加了省级行政单位名称，其次将"（××）"替换为
"网"，即网站的含义。这样的命名规则非常标准、严肃、符合传统
规范，标准是指其完全遵循国家政务服务平台的命名规则，体现出
中央与地方的统一性；严肃是指在命名中完全不添加任何主观情绪
色彩的词语，体现出极为中立的语用态度；传统是指此语言模因并
未发生变异，完全沿袭或复制先前已出现的语言模因，在形式上并
未发生任何变化。此外，河北省、山西省、内蒙古自治区、安徽
省、广东省等绝大多数省级行政单位的政务服务网站均与北京市一
样，完全遵循"××政务服务（××）"的命名规则，进一步证明
此语言结构已成为可复制的、传播力极强的语言模因，为广大地方
政府接受采纳并使用。

3.2 语言模因的特点及其分析

一个生命力强大的语言模因，之所以能够被广泛模仿和传播，
主要是因为它具有以下一种或多种特点。第一，语言模因具有实用
性，语言信息越实用，人们才越乐于去模仿、复制和传播，进而更
容易形成一个语言模因（陈琳霞、何自然，2006：111）。四川省政
务服务平台的官方支付宝与微信小程序中的名称均为"四川政务服
务"，江苏省与新疆维吾尔自治区的微信或支付宝线上平台名称同
样为"××（地区名称）政务服务"。这一类语言模因能够为许多
地方政府所模仿并采纳的直接原因，就是其为广大人民群众所理
解，并且理解所需的心力极低，即其实用性较高。当人们看到某微
信小程序的名称为"新疆政务服务"时，很容易便可以掌握此小程
序的功能、作用以及服务人群。因此，当新疆人民需要在线使用政
务服务时，便可以极为快捷地寻找到新疆维吾尔自治区的官方政务
服务平台。这种语言模因所构成的命名规则便体现出了极高的实
用性。

第二，语言模因具有合理性，语言信息表达出来的意义越合
理，人们就越有意愿去复制、传播这个语言信息，进而促使其形成
一个语言模因（陈琳霞、何自然，2006：112）。福建省在微信和支

付宝中的政务服务小程序名称为"闽政通",这是一个不同于前文所提到的"××政务服务（××）"结构式命名规则的名称,但是其具有一个语言模因所应具备的合理性。"闽"是福建省的简称,将其列为名称首字,可以使人们快速辨别出此应用的服务地域;"政"是政务服务的简称,"通"在此则蕴含着"办理无阻碍、畅通、精通、来往沟通"等意义,"政通"向人们展示了政府为民办事畅通无阻、力求高效的决心,并表现出尽力减少群众办理时间、提高公职人员业务水平,以及聆听群众声音、意见和建议等意愿。这类命名规则为陕西省和江西省接受并模仿,成为其官方政务服务平台的名称。陕西省命名为"陕政通",完全遵循福建省命名规则,而江西省则命名为"赣服通",在"×政通"语言模因的基础上进行了变异,将"政"改为"服",表达的含义同样为"政务服务",同样具有合理性,为广大群众所接受并传播。值得一提的是,从语言的主观性上来看,"服通"相比"政通"而言,更着重强调了"服务"或"为人民服务"的概念,淡化了"政"字所携带的"政府"含义,笔者拙见,这可能在某种程度上削弱并减轻了权力的严肃意味。

第三,语言模因具有时尚性,时尚是指语言具有时代气息,符合时代发展的潮流和特色;语言信息越具有时代特点、越时髦,人们越有可能在不知不觉间模仿与使用,从而使得语言信息得到更为广泛的复制传播,更利于语言模因的形成（陈琳霞、何自然,2006：113）。广东省深圳市推出的官方政务服务 APP 名称为"i 深圳",是一个富有异域色彩的名字。深圳市是中国改革开放后成立最早的经济特区之一,是中国口岸数量最多、出入境人员数量最多的城市之一。因此,深圳市政府在政务服务 APP 名称中添加英文字母"i",一方面是因为字母"i"与汉字"爱"谐音,表现出对深圳市的热爱之情,也切合当今网络语言中较为时尚的谐音用法,使得名称极具时代感;另一方面则可能是因为深圳市常驻大量的外国友人,他们在深圳市的工作生活中同样要使用到政务服务 APP,而在看到 APP 名称中有字母"i"时,内心会产生对深圳市的归属感，使得他们更加认同深圳市的发展理念，更愿意为城市经济文化发展贡献出自己的力量。此外，外国友人在使用深圳市政务服务 APP 时，可能不了解字母"i"与汉字"爱"的谐音。在了解这一谐音现象过程中，他们也不知不觉间学习了诸如汉字"爱"等具有感情色彩的中文表达，从语言文化传播的角度来看，这更有利于向世界推广中文，使得更多外国友人了解中文、汉字与中华文化的博大精深。除了深圳市以外，陕西省西安市在支付宝上的政务服务 APP 命名规则同样为"i××"，即"i 西安"。由此可见，"i××"这一命名规则已经成为广泛模仿和传播的语言模因，具有新时代气息，符合时代发展的潮流。

4 语言模因的使用语境与意义及分析

要更好地解读某个语言模因，通常需要借助此语言模因所在的语境。语境具有双重含义：其一是缺省语境，即语言模因自身所携带的语境，这是语言模因在某个或某些语境之中反复使用之后，逐渐固化的结果；另一种是使用此语言模因时的具体语境，或称为实际语境（谢朝群、何自然，2007：32）。

与此两种语境相对应，还可以区分出两种不同的意义，即缺省意义和浮现意义（谢朝群、何自然，2007：32）。语言模因的意义最初由语言使用者所赋予，后来逐渐演变为缺省意义，并成为人际交流的重要基础之一；在具体语言使用即实际语境中，语言模因还可以引申出新的含义，即浮现意义；因此，语言模因的浮现意义是以其缺省意义为基础的，两者不可分开而谈（谢朝群、何自然，2007：32）。

贵州省和湖南省在微信和支付宝上推出的政务服务 APP 的名称，能够很好地诠释语言模因的双重意义。贵州省推出的政务服务 APP 名称为"贵人服务"。显然，名称中的"贵"字，主要意义是代表贵州省这一省级行政单位；但同时，当"贵"字与"人"字并列组合时，则产生了汉语中常见的词语"贵人"，意为身份尊贵或地位重要的人。在政务服务 APP 名称中使用"贵人"这一词语，一方面体现出此应用服务于贵州省人民群众，另一方面则表现出贵州省政府对于人民群众极为重视，将其视作"VIP 客户"，将服务人民群众摆在政府工作的首位。此外，"贵人服务"这一名称相较于"××政务服务"这类情感中立、态度严肃的语言模因来说，更加亲民、更接地气、更时尚化，也因此更容易为群众所记忆与传播，更容易成为老百姓茶余饭后的交谈内容。因此，"贵人服务"这一语言模因当之无愧会因其独特的双重含义而被广泛复制和传播，出现在各类不同的语境之中。

湖南省的政务服务 APP 名称同样别具一格。湖南省使用"新湘事成"作为其应用名称，显然，这是从成语"心想事成"变异而来的一个新的语言模因。"新"字具有政务服务平台推出时间新、湖南省政府服务水平迈向新台阶等多重含义，"湘"字则是湖南省的简称。原本的成语"心想事成"意为内心的愿望都可以实现，而"新湘事成"的名称蕴含着"湖南人民群众使用新平台办理政务一路畅通、均可成功"的含义。对于这一深层次含义的理解，需要人们在特定的语境中去使用或传播这一语言模因，只有与实际语境相联系，"新湘事成"这一语言模因才能够在其缺省意义的基础上实现其所蕴含的代表着美好愿景的浮现意义。

5 语言模因的来源与复制传播过程及分析

语言模因是社会实践的产物，常与社会上发生的具体事件紧密联系在一起，并且新的社会实践活动也可以促使新语言模因的产生（谢朝群、何自然，2007：33）。语言模因具有一定的暗示、启发、联想的特征，接收者在获取语言模因时可能会形成新的心理表征，其现存心理空间可能会被改造，从而建构出适合新语言模因的新心理空间（谢朝群、何自然，2007：35）。

2020 年新冠疫情防控措施实行以来，许多省、市、地区都在微信或支付宝上推出了健康码，即市民通过申报身体状况、经审核后生成的专属二维码，作为个人的健康状况凭证，可以在一定地域范围内作为电子出入凭证使用。结合疫情特殊时期以及群众实际使用情况，各地对于所推行的健康码都进行了不同的命名，这些健康码的名称成为了一批诞生于特殊历史时期的新语言模因。例如，吉林省推行的健康码名为"吉祥码"，"吉"字代表了吉林省，同时与"祥"搭配使用构成词语"吉祥"，在疫情时期蕴含了希望人们身体健康、诸事顺利，期待中国社会逢凶化吉、顺利渡过难关等意义。安徽省健康码名为"安康码"，与吉林省命名规则相似，"安"字代表了安徽省，与"康"搭配使用构成词语"安康"，包含了祝愿人们身体健康、生活安定之意。与"健康码"一词相比，无论是"吉祥码"还是"安康码"，在疫情期间使用时，都会在一定程度上对人民群众的心理及态度产生积极影响。人们出示或使用"吉祥码""安康码"时，会或多或少受到具有积极语用态度的语言模因的影响，在心理上减少对于新冠疫情的恐惧，并建构起新的心理表征，即对于未来战胜疫情、回归正常生活的积极向往，以及对于中国社会未来的稳定和谐发展的正面期待。这是"健康码"变异后的新语言模因"吉祥码"与"安康码"所建构的新心理空间，而这两个新语言模因均来自社会实践，与实际生活息息相关。

前文提到，语言模因由于具有某些特点因而获得更多关注，从而具有更强的复制和传播能力。以安徽省"安康码"为代表的健康码名称同样也形成了新的语言模因，即"×康码"。例如，重庆市健康码名为"渝康码"，江苏省通行健康码名为"苏康码"，江苏省无锡市健康码名为"锡康码"，广东省广州市健康码名为"穗康码"，河南省洛阳市健康码名为"洛康码"，等等。"×康码"这一新语言模因因为具有表达健康之意，从而被各省市地区复制并传播使用，进一步强化了其所具有的影响力，并进入到人们的日常生活语言之中。

6 语言模因的语用态度与社会语用功能及分析

　　模因在复制与传播过程中，携带着宿主的主体性因素，对于语言模因来说，这类主观因素通常表现为情感、偏好、立场、情绪、评判、意图等，因此不同的语言模因能够体现出相似或不同的语用态度（李捷、何自然，2014：61）。此外，语言模因在语言信息进行复制传播时，可能会发生不同程度的变异，而语用态度中的这些主体性因素都不同程度地影响着语言模因的变异（李捷、何自然，2014：62）。

　　语言模因中的语用态度主要有肯定、否定和中立三种类别：肯定态度，是指语言模因携带宿主对此模因的支持、赞成或喜欢等倾向，通常会给人以积极向上的心理感受；否定态度，是指语言模因的宿主所体现出的不赞成、不支持的倾向，情感上通常表现为困扰、无奈、不爽、讨厌或排斥；中立态度是指语言模因的宿主所表现出的不偏不倚的中立立场，原因可能是由于宿主无法对事态进行判断，或认为不应对事态发表带主观感情色彩的观点，中立态度通常表现出宿主无偏向、走中立路线的语用态度（李捷，何自然，2014：61-62）。

　　在众多省、市的在线政务服务 APP 名称中，可以找到许多带有肯定态度的词语，这些积极词语所构成的语言模因，通常会使人民群众在使用政务服务 APP 时下意识地产生积极的心理感受。例如，天津市政务服务 APP 名称为"津心办"，"津"字代表天津市，"津心"二字与词语"尽心"谐音，体现出天津市政府全心全意、尽心尽力为人民服务的态度。"津心办"这一名称在人们办理事务时，无疑会将政府与人民群众的关系拉近，表现出政府更强的服务意识。使用"××办"结构式语言模因的地区还包括湖北省"鄂汇办"、重庆市"渝快办"、吉林省"吉事办"、河北省"冀时办"、浙江省"浙里办"、河南省"豫事办"、内蒙古自治区"蒙速办"，等等。"鄂汇办"与"越会办"谐音，蕴含着湖北省政府服务能力逐渐提升之意;"渝快办"与"愉快办"谐音,体现出重庆市政府对群众内心感受的重视;"吉事办"包含词语"吉事",强调了吉林省政府对群众生活与工作的美好祝愿;"冀时办"与"及时办"谐音,表达出河北省政府坚决提高服务效率的决心;"浙里办"与"这里办"谐音,体现出浙江省政府敞开怀抱,全心全意服务人民,扩大服务范围,争做服务型政府的意愿;"豫事办"与"遇事办"谐音,象征河南省政府时刻做人民的后盾,无论群众遇到大事小事,对于政府来说都要竭诚服务的不懈努力;"蒙速办"中的"速"字体现出内蒙古自治区政府秉持重视提高政府办事效率、解决群众各种问题、更高效地服务群众的理念。通过对以上地区政务服务 APP 名称的分析,不难看出,各个地方政府都希望能在政务服务 APP 名称中表达出高效服务、提高质量、人民至上的积极态度,这类肯定态度被作为语言模因的应用名称所携带,在复制传播的过程中,不同程度增强了人们对于政府与政务服务的信任感,起到了积极、正面的情感指示作用。

此外,许多省市政务服务 APP 名称使用谐音的方式,不仅将地域名包含进名称内,更体现出汉字词的文化内涵及其博大精深。无论是北京市的"京心相助",还是贵州省的"贵人服务"、湖南省的"新湘事成"、安徽省的"皖事通"等,都无一例外体现出汉语的文化内涵与深刻寓意。这一类政务服务 APP 名称,在人民群众中广为传播,一定程度上也发挥了社会文化的标志功能,为突出汉语的独特魅力和感染力,更广泛地传播汉语与中华文化广博、丰富的内涵做出了极大的贡献。

7 语言模因视角下的语言研究启示

语言模因不但指语言形式本身,还包括隐藏在语言形式背后的东西,例如语言形式所表达的预设、概念、意义、思想,或者是语言使用者意欲表达的信念、欲望、意图等(谢朝群、何自然,2007:37)。因此,研究语言模因的学者们普遍认为,语言模因在使用和传播方面本身是具有主体性的，语言模因现象无处不在，具有强大的力量，其背后隐藏的东西也加重了人们思考的负担（谢朝群、何自然，2007：37）。正因为语言模因的复制与传播会导致语言对于社会交际产生正面或负面的影响，所以在人们认识到语言模因的力量后，就必须通过相应的外部语言政策和语言规划进行有意识的引导，以抑制恶意模因的自我复制，从而创造良好的语言环境（何自然、何雪林，2003；何自然，2005）。

目前互联网发展迅速，不同类型的网络话语逐步成为语言学研究的新兴对象。本文提到的各个在线政务服务 APP 名称，几乎都有网络话语所具有的简约性、形象性、亲民性、时尚性等特点。当前互联网时代语言应用与语言服务的深度融合，同样为语言研究带来一些启发。一方面，在网络媒体或平台上使用语言，需要遵循便捷、高效的沟通交流规则，同时网络语言紧跟潮流与时尚，极具特色；另一方面，这种"特色"语言也不乏错别字、词语误用、表达不畅等现象。联系本文提到的各个在线政务服务平台名称，纵使独具匠心、各有特色，但在人们的实际生活中，它们更多情况下都是以专有名词的形式出现："粤省事"一词只能代表广东省的在线政务服务 APP，并不能取代人们在日常生活中所使用的词语"越来越省事"；"皖事通"一词代表安徽省在线政务服务 APP，同样也无法取代人们惯用的词语"万事通"。因此，语言模因有它们所使用的具体语境，它们的使用范围不能无限扩大。有一些语言模因的复制与传播力量极为强大，如果不能够以相应的语言政策和规划进行正面引导，将使人们惯常使用的生活用语发生改变，导致语言无序的现象发生，更严重的还会出现某文化下的语言系统的混乱，极大影响文化的进步与发展。

8 结语

本文从语言模因的视角，对线上政务服务 APP 名称以及各地区健康码的名称进行了深入系统的汇总与分析。分析表明，APP

与健康码的名称作为语言模因具有强大的可复制性和可传播性，在政府官方服务的支持下体现出极强的复制力和传播力；不同 APP 与健康码的命名规则大多体现出语言模因的实用性、合理性及时尚性，且许多名称在不同语境下具有双重或多重含义，具有不同的语用功能；在特定历史环境下，独特的服务应用名称（例如健康码的谐音有传统文化中祈福的内涵）作为语言模因能够在一定程度上体现出积极的语用态度，进而产生积极的社会语用功能（例如会对民众在疫情环境下产生一定的积极心理引导）；要以相应的语言政策和规划对语言模因的复制与传播加以正面引导，避免在互联网话语发展迅速的形势下，因恶意语言模因的传播影响文化与社会潮流积极正面的发展。

基于本文所讨论的语料以及使用理论的局限性，在未来的研究中，还可以利用更大规模的语料，探讨人们对于特定语言模因的使用与传播可能表现出何种态度、语言模因的传播与使用对人们日常交际话语可能造成何种影响等问题，并通过田野调查与大数据抓取来收集更多语料，最大程度避免结论的主观性；在语言政策与规划方面，结合互联网语言及语言模因的特点，提出更为翔实正面的引导措施，即如何积极正确引导语言模因的使用与传播，使其符合社会文化发展的潮流，促进并引导语言与文化的进步与发展。

参考文献

[1] 蔡文静，王红艳. 2016. 国内模因论研究综述[J]. 潍坊工程职业学院学报，（2）：59-61.

[2] 蔡一宁，曹起. 2020. 关于热词"柠檬精"若干问题的思考——基于语言模因理论[J]. 辽宁工业大学学报（社会科学版），（6）：62-66.

[3] 陈长旭. 2018. 网络流行词"佛系"的模因论解读[J]. 周口师范学院学报，（4）：57-61.

[4] 陈琳霞，何自然. 2006. 语言模因现象探析[J]. 外语教学与研究，（2）：108-114，160.

[5] 高阳. 2020. 语言模因变异视角下构建网络生态文明的路径研究——以近十一年"网络十大流行语"为例[J]. 中国多媒体与网络教学学报（上旬刊），(3)：213-214.

[6] 何自然，何雪林. 2003. 模因论与社会语用[J]. 现代外语，(2)：200-209.

[7] 何自然. 2005. 语言中的模因[J]. 语言科学，(6)：54-64.

[8] 李捷，何自然. 2014. 语言模因的主体性与语境化[J]. 外语学刊，(2)：59-64.

[9] 秦环环. 2020. 语言模因论视域下"硬核"的流行与传播[J]. 文化学刊，(4)：183-185.

[10] 吴骏良. 2019. 汉语评价结构"（这）很+NP"的构式互动解读[J]. 长春师范大学学报，(5)：78-83.

[11] 谢朝群，何自然. 2007. 语言模因说略[J]. 现代外语，(1)：30-39，108-109.

[12] 袁静. 2018. 论网络流行语"打 call"[J]. 长治学院学报，(4)：74-77.

[13] 岳好平，黄钰涵，刘培培. 2019. 从模因论视角探析网络流行语的社会语用功能——以"确认过眼神"为例[J]. 湖南科技学院学报，(3)：141-143.

[14] 张利红，段绪. 2020. 基于模因论视角下的网络流行语探究——以"2019 年十大流行语"为例[J]. 西南科技大学学报（哲学社会科学版），(3)：85-90.

[15] 赵丽丽. 2019. 网络流行语"锦鲤"的社会语用与教学启示——基于模因论视角的分析[J]. 山西经济管理干部学院学报，(4)：114-117.

[16] 周飞，沈莹. 2019. 网络流行语"确认过眼神"模因现象研究[J]. 未来传播，(3)：28-33.

[17] 周兴，黄友玥. 2021. 流行构式"打工人"的多维考察[J]. 大众文艺，(2)：143-144.

移动学习环境下的词汇学习策略研究

北方工业大学　周美

摘　要：随着移动电子设备的普及，人们的学习方式发生了巨大的变化，移动学习已经成为现代学生普遍利用的学习方式。移动学习环境下的词汇学习策略，是学习者在移动学习环境下依据移动学习设备与手段进行词汇学习所使用的策略，此研究对提升学生的学习效率有很重要的指导意义。本文对移动环境下的词汇学习策略研究现状进行了详细调查和分析，在总结前人研究成果的基础上，依据传统词汇学习策略，以奥麦力（O'Malley）和查默特（Chamot）的学习策略分类为基础，结合移动学习的特点，对移动学习环境下的词汇学习策略进行新的分类：在元认知策略下分出自我调整与自我检测策略；认知策略下有查电子词典策略、视听说结合策略、情景策略、语料库策略、游戏策略；社会情感策略下分出社会互动策略。

关键词：移动学习　认知策略　元认知策略　情感认知策略

1 引言

移动学习自 2000 年被引入国内以来，与各学科的联系融合日益密切，尤其是在移动终端设备不断发展的当代社会，新生代孩子逐渐成为网络时代的原住民，移动网络发展与人类生活的方方面面日趋融合。作为一种新型学习模式，移动学习广泛应用于中小学教育的各门学科，逐渐成为教育领域研究的热点课题。词汇学习贯穿英语学习的始终，是英语学习的基础，掌握英语词汇学习策略有助于学习者更为高效快捷地学习英语。然而随着科技的发展，传统的词汇学习策略无法满足当代学生随时随地进行词汇学习的需求，移动学习环境下的词汇学习策略展现了提高词汇学习时空利用率和学习效率的巨大价值。因此，对移动学习环境下的词汇学习策略进行研究成为了必要的课题。

对于什么是移动学习环境下的词汇学习策略，目前的研究还没有给出明确的定义。本文依据传统的词汇学习策略，结合移动学习超时空的特点，将移动学习环境下的词汇学习策略定义为，在移动学习环境下学习者依据移动学习设备与手段进行词汇学习所使用的策略，并对其进行分类。

克拉克（Clark）于 2011 年首次明确提出："移动学习"模式是依托移动设备和移动通信技术所进行的跨时间、跨地点的学习方式。该论述指明了学习者从事移动学习这种新兴学习模式所必须的方式及工具。随后，亚历山大（Aleksander，2013）指出移动学习必须凭借特定的移动计算终端，在有效呈现真实性和多样化教学内容的同时，帮助学习者摆脱固定学习时间和空间的限制，积极推动师生互动学习。该观点进一步明确了"移动学习"模式的目的和用途。西奥（Theo，2016）认为"移动学习"是一种将移动技术广泛应用于日常学习的新兴的学习模式，能够同时突破时间、空间的限制，同时实现人与人之间、人与信息之间、信息和系统之间的交互作用。并指出就其移动性而言，"移动学习"同时涉及学习者、技术以及信息流的流动性。

国内学者立足我国信息化社会的发展现状，结合国外研究者对于"移动学习"模式的概念界定，进一步加大对"移动学习"模式的深入研究。余胜泉（2007）指出移动学习是学习者可以在需要学习的任何地点、任何时间，通过无线通信网络与移动设备联接，获取学习资源，同时也可以通过与他人的交流合作，实现个人与社会知识建构的过程。付超群（2015）在对移动学习进行实证研究时引述克拉克的定义：移动学习是移动计算技术（E-learning）相互交叉的产物，它使学习者随时随地的学习成为可能。移动学习作为新时代信息化的产物，是引领素质教育的一种崭新学习模式，日益成为数字化教育时代变革的新焦点，在社会的信息化进程中发挥着重要作用。刘豫钧（2014）认为，"移动学习"模式是指学习者根据个人学习需求，借助特定的移动学习设备，灵活调整学习时间和地点，从无线网络中获取多样化学习资源进行自主学习、自我监管，并且积极参与各个网络学习主体之间的互动、交流和协作，从而帮助移动学习者实现自我知识建构的过程。何丽艳等（2018）基于国内外学者对移动学习定义的表述，将其归纳为基于数字化发展的一种学习策略，是互联网技术在教育教学中的具体应用，具体是指在移动设备帮助下，学习者可以在任何时间、任何地点开展学习，以满足学习者的弹性学习需求。韩玲（2014）指出，移动学习主要包括三个因素：情境，内容及社会的交互，个体使用移动学习设备。黄建军（2013）总结了移动学习的特征，指出移动学习具有很强的即时性、灵活性、互动性，能够满足学习者的个性化需求，实现人机交互、人人交互，具有超越时空限制等优势。

移动语言学习作为移动学习领域的一部分，属于计算机辅助语言学习独立成功的成熟领域。该类研究始于 20 世纪 90 年代早期，以行为主义学习理论为指导，主要应用于词汇和语法等内容的学习（翁克山，2014）。国内外学者基于大量实证研究，分别对"移动学习"模式提出不同的概念界定。此后，大量的欧洲教学期刊日益关注移动学习在外语学习者能力培养方面所起作用的实证研究，并将研究重点转向外语学习策略的使用、学习资源的管理与高新技术相结合等领域。

2 传统的词汇学习策略

词汇学习策略是学习者学习词汇时使用的、有助于自己词汇学习的方法。目前国内外对于传统的词汇学习策略研究已趋于成熟，并根据各学段学生的学习情况与特点，提出了覆盖从小学到大学英语教与学的词汇学习策略。此外，对传统的词汇学习策略也有了多种多样的分类，目前普遍认同的分类框架是奥麦力（O'Malley）和查默特（Chamot）的学习策略分类框架，并结合词汇学习的特点对具体的策略做了细分。

奥麦力和查默特将学习策略分为三大类，即元认知策略、认知策略与社会情感策略，每个大类下面又有许多分支，国内学者在奥麦力和查默特的学习策略分类上，结合国内学生词汇学习特性，将词汇学习与学习策略整合后得出了传统的词汇学习策略分类：在元认知策略下的词汇学习策略有选择性注意策略、制定计划策略、自我监督策略和自我评估策略；认知策略有猜测策略、查词典策略、记忆策略、广泛阅读策略、练习策略、联想法策略、构词法策略、归类策略、上下文策略和运用策略等；社会情感策略有合作策略、询问策略以及自我激励策略。

传统的词汇学习策略对于各阶段学生的词汇学习提供了完整的策略指导，然而，随着科技的不断发展与人们生活方式的逐步变化，传统的词汇学习策略无法满足移动学习环境下的超时空词汇学习策略指导的需求。范琳等（2014）提出随着现代教育技术的发展，移动终端设备、计算机网络技术与二语学习结合日趋紧密，研究者应跟进开展基于移动终端设备和网络环境下的二语词汇学习策略研究。

移动学习环境下的词汇学习策略不同于传统的词汇学习策略。在多媒体和网络技术环境中，人们的词汇学习策略发生了重要的变化。侯丽红（2004）指出，在语言学发展的不同阶段会形成不同的语言观，这是因为语言观的形成有其特定的历史背景，并且受到多种因素的制约和影响。应真箭（2006）研究词汇学习策略在网络环境中的应用，发现多媒体网络环境下的词汇学习策略分类框架至今尚无人研究，网络学习环境下的词汇学习策略研究明显欠缺。认为网络环境下的词汇学习策略除了传统的词汇学习策略外，也涉及诸如情感策略、游戏策略、导航策略、动画策略等等。刘凌、秦晓晴（2014）通过实证研究，探讨词汇呈现方式对英语词汇学习的影响，指出图片/动画/影像呈现方式打破了词汇教学的纯文字呈现方式的限制，有效提升了词汇教学效果。颜春静、蒋招凤（2016）探讨网络环境下非英语专业学生英语词汇学习策略和英语词汇水平之间的相关性，分析词汇量测试中成绩较好和成绩较差的两组学生在英语词汇学习策略上的差异，发现成绩较好的学生采用的词汇学习策略更有效。此外，陈真真、贾积有（2020）在对近 20 年来我国移动辅助学习研究的述评与展望中提出，当前我国移动辅助学习研究主要为定量研究，质性研究和混合研究较少，研究方法不够多元，建议今后的研究可采用访谈和观察等方法收集数据，然后使用跟踪研究以及案例分析等方法，更深入地探究学生的学习过程。

3 移动学习环境下的词汇学习策略

目前还没有具体的多媒体网络环境下英语词汇学习策略分类框架的研究。本文采用奥麦力和查默特有关的语言学习策略的分类，即元认知策略、认知策略和社交情感策略，并以提出的学习策略分类作为基本框架，参阅语言学家施密特和麦卡锡（Schmitt & Mccarthy，1997）以及应真箭（2006）关于词汇学习策略的分类设计，并结合侯丽红（2004）、应真箭（2006）、刘奇志和干国胜（2009）、刘凌和秦晓晴（2014）、何丽艳等（2018）、凌茜等（2019）对于移动学习环境下的英语词汇学习的研究，将移动学习环境下的词汇学习策略分为元认知策略、认知策略和社会情感策略三大类，并结合移动学习的特点，在每大类下细分若干小类，主要划分如下：元认知策略大类下面细分了自我调整策略和自我检测策略；认知策略大类下面细分了查电子词典策略、视听说结合策略、情景策略、游戏策略和语料库策略；社会情感策略大类下提出了社会互动策略。

3.1　元认知策略

在一些词汇学习应用程序的辅助下，学习者可以根据自身情况调整学习计划，规划学习进度，并且通过这些 APP 进行词汇检测，检查自己的词汇学习情况（何丽艳等，2018）。如现在被大多数学习者广泛使用的词汇学习 APP "百词斩"就设置了词汇背诵计划，学习者可以根据自己的需要制定自己的计划，还可以根据实际情况随时进行调整。此外，每天的任务完成后还有一个自我检测系统，对每天完成的词汇学习进行检测，加深对词汇的理解与记忆。由此，基于传统的词汇学习元认知策略分类，将此归类为自我调整与自我检测策略。

3.2　认知策略

传统学习模式下，学习者遇到不认识的单词需要通过纸质的词典，但是纸质词典存在不易携带的缺点，无法随时随地让学习者查单词。而在移动学习环境下，查找单词可以通过移动手机下载安装的一些 APP 的电子词典，包括网易有道、朗文、柯林斯等，这些电子词典可以让学习者做到发现生词随时查，而且纸质词典在词汇更新方面不及时的缺点，电子词典也几乎可以避免。电子词典的词汇更新很迅速，而且在其教学栏目当中，经常会对近期出现的英语新词进行总结。学习者可以通过看一些关于新词汇应用的小文章，随时了解随着社会发展产生的新单词（何丽艳等，2018）。由此，将传统认知策略的查词典策略改为移动学习环境下的查电子词典策略，体现出移动学习环境下的英语词汇学习的一大优势。

刘奇志等（2009）强调多媒体和网络环境下的英语词汇学习需要利用各种媒体，增加视听输入量，还要调动多种感官参与，拓展输入渠道；提出词汇学习不能死记硬背，而要充分利用多媒体和网络强化的多种感官刺激，拓展输入渠道，以更好地在大脑中识记和保持词汇。这在移动学习中表现得更为明显。目前市面上的大多数词汇学习 APP 都在词汇学习中配有图片以及音视频，学习者学习单词时不仅可以通过图片加深图像记忆，还可以通过听单词发音以及观看与单词学习有关的多媒体视频，充分调动各种感官参与到词汇学习中，提高记忆效率。吴浪（2018）还提出通过视觉、听觉展示英语词汇知识点，逻辑通过思维对展示的图形、声音进行理解、分析、记忆，掌握英语专业词汇。通过感官、直接的声音、图形，把复杂、抽象的英语专业词汇学习变得简单易懂，因此可以通过视听说的结合开展词汇学习，这就是移动学习环境下的视听说结合策略。

此外，何丽艳等（2018）提出，电子词典的出现使语境中学单词这一词汇学习策略得以有效实施。如网易有道词典为单词每一层面的含义都提供了实用的例句，对其应处的语言环境进行说明，并标示出常见搭配，提供同义词以及同义词辨析。学习者在浏览这些内容的过程中，可以加深对单词的理解和记忆。侯丽红（2004）指出，语言能力不是天生的，而是在客观现实、社会文化、心理基础、认知能力等共同作用的基础上，在对世界进行体验、感知和概念化认知的过程中后天形成的。所以词汇学习不是孤立的个体，而应融入到系统的生动的语言学习活动中去，这就要求学生在语境以及语言学习的视听说中深入学习词汇。吴浪（2018）在网络环境下英语专业词汇学习策略研究中，提出通过网络环境，学习英语专业四级词汇的拼写、发音、词义和应用语言环境，并对英语专业四级词汇中存在的同义词、近义词、反义词进行比较分析，解释词汇含义，区别应用于不同环境，进行词汇含义、寓意表达对比，达到熟记词汇音、形、意的教学目的。董颖（2020）参照移动学习相关理论，以"百词斩"为例，结合教师监控和大学英语课堂教学，探讨大学英语词汇移动学习新模式；她提到"百词斩"具有为词汇学习提供音视频以及词汇辨析的功能，并结合建构主义理论，将此策略归纳为情景策略。

刘奇志（2009）提出，通过移动软件搜索单词可以查询到关于这个单词的解释和单词在具体语境中的意义，以及词汇来源和相关论题。因此在移动语言学习语料库中，学习者可以查询到一个英语单词或是单词词组在真实语料中总的用法以及判断他们的使用正确与否，这有助于学习者扩大词汇输入量，并且能帮助学习者更加高效便捷地学习新词汇。基于此，本文增加了移动学习环境下的语料库策略。

此外，还有一些词汇记忆软件，可根据学习者在软件上背单词的状况设计相关的单词游戏，如单词填空、根据语境猜单词等，完成这些游戏有助于学习者加深对单词的记忆。因此，游戏策略即是将生动有趣的语言材料输入游戏环节，充分挖掘学习者的无意识记忆能力，让学习者在玩中学，提升学习者的学习动力。

3.3 社会情感策略

本研究在社会情感策略下提出社会互动策略，指学习者通过词汇学习途径与他人进行交流和共同学习，依托信息技术与移动学习软件的不断更新与发展，促进移动学习方式的多样化。学习者通过词汇学习 APP、微信群、微信公众号以及微博等途径进行词汇学习，同时教师可以创建班级群，设立每日任务，并定时检查学生完成情况，督促学生学习词汇；此外，学生还可以通过 APP 系统进行单词竞赛，提升词汇学习效率与单词熟悉度。

4 结语

本文对移动环境下的词汇学习策略研究现状进行了详细调查和分析，在总结前人研究成果的基础上，依据传统词汇学习策略，以奥麦力和查默特的学习策略分类为基础，结合移动学习的特点，对移动学习环境下的词汇学习策略进行新的分类：在元认知策略下划分出自我调整与自我检测策略；认知策略下有查电子词典策略、视听说结合策略、情景策略、语料库策略、游戏策略；社会情感策略下分出社会互动策略。

现代网络技术的发展与各行各业的联系日益密切，也衍生出了越来越多的交叉学科，为当代学生的词汇学习提供了设备辅助，也为学习者的学习提供了多样化的方法。移动学习环境下的词汇学习策略有其独特性，移动学习与词汇学习的紧密联系使得学习者的词汇学习越来越便利，策略的提出为教师督促学习者的词汇学习以及学习者的自我学习提供理论指导，同时也为学习者提供多样化的词汇学习途径，适应数字化时代学习者的生活习惯与学习需求。

参考文献

[1] Aleksander Dye. 2013. Mobile Education—A Glance at Computer [J]. *Quaterly Journalof Technology*, (1): 21-23.

[2] Chamot. A. 1987. The Learning Strategies of ESL Students[A]. In A. Wenden, & J. Rubin (eds.), *Learner Strategy in Language Learning* [C]. Englewood Cliffs, NJ: Prentice Hall, Inc., 71-83.

[3] Clark Quiin. 2011. *Designing m-learning: Tapping into the Mobile Revolution for Organizational Performance* [M]. New York: Norton.

[4] O'Malley. J. & Chamot. A. 1990. *Learning Strategies in Second Language Acquisition*[M]. Cambridge: Cambridge University Press.

[5] Schmit. N. & Mccarthy. 1997. *Vocabulary Descriptive, Acquisition and Pedagogy: CambridgeLanguage Teaching Library*[M]. Cambridge: Cambridge University Press.

[6] Theo Hug. 2016. Microlearning: A New Pedagogical Challenge (Introduction Note)[A]. In Microlearning Conference 2015 [C]. Australia: Innsbruck University Press.

[7] 陈真真，贾积有. 2020. 我国移动辅助语言学习研究二十年：述评与展望[J]. 外语界，（1）：88-95.

[8] 董颖. 2020. 大学英语词汇移动学习实证研究[J]. 中国冶金教

育，（3）：33-35.

[9] 范琳，夏晓云，王建平. 2014. 我国二语词汇学习策略研究述评：回顾与展望——基于 23 种外语类期刊 15 年文献的统计分析. 外语界，（6）：30-37.

[10] 付超群. 2015. 国外外语移动学习研究综述[J]. 科教文汇，（2）：20-23.

[11] 韩玲. 2014. 移动英语教学的构成与评估[J]. 中国远程教育，（3）：52-55.

[12] 何丽艳，崔羽杭，林琳，信传华. 2018. 基于移动学习模式的大学英语词汇学习策略研究[J]. 经济师，（12）：206-208.

[13] 侯丽红. 2004. 语言观的演变和语言研究[J]. 解放军外国语学院学报，（7）：30-34.

[14] 黄建军. 2013. 移动学习应用环境构建研究[J]. 电化教育研究，（2）：59-63.

[15] 凌茜，王皓，王志浩. 2019. 游戏化移动学习对大学英语学习者词汇学习的有效性研究[J]. 外语电化教学，（12）：9-15.

[16] 刘凌，秦晓晴. 2014. 词汇呈现方式对英语词汇学习影响的实证研究[J]. 外语界，（2）：67-75.

[17] 刘奇志，干国胜. 2009. 多媒体和网络环境下的大学英语词汇学习策略[J]. 19（2）：71-73，123.

[18] 刘豫钧. 2014. 移动学习——国外研究现状之综述[J]. 现代教育技术，（3）：14-16.

[19] 翁克山. 2014. 移动语言学概论 [M]. 北京：光明日报出版社.

[20] 吴浪. 2018. 网络环境下英语专业词汇学习策略研究[J]. 语言艺术与体育研究，（6）：381

[21] 颜春静，蒋招凤. 2016. 网络环境下非英语专业学生英语词汇学习策略[J]. 广西民族师范学院学报，33（4）：143-147.

[22] 应真箭. 2006. 词汇学习策略在网络环境中的应用[J]. 中国成人教育（1）：138-139.

[23] 余胜泉. 2007. 从知识传递到认知结构. 再到情境认知——三代移动学习的发展与展望[J]. 中国电化教育，（6）：7-18.

[24] 张颖. 2018. 移动学习环境下英语专业词汇教学中元认知策略培训的实证研究[J]. 英语广场，（5）：87-88.

《红楼梦》英译研究视角及其展望

北方工业大学 定潇璇

摘 要：本文对目前中国知网上发表的《红楼梦》翻译研究视角的现状进行分析，发现：第一，部分研究视角集中；第二，对于部分视角的讨论少有实质性内容，多停留在语言和文化层面；第三，研究视角的不断更新丰富了应用翻译研究。此外，就目前《红楼梦》英译研究视角看还未涉及从符际翻译视角关注英译本中插图的文章。因此，符际翻译视角可作为未来《红楼梦》翻译研究的新切入点。

关键词：《红楼梦》 翻译 研究视角及展望

1 引言

通过对中国知网的数据进行搜索统计，本研究首先详细地介绍了《红楼梦》翻译研究视角的现状，指出目前有关《红楼梦》英译研究主要集中于语言对比、互文性、哲学、语用学、跨文化、功能对等、生态翻译学、语料库语言学、认知、叙事学这 10 个研究视角，部分研究视角较为新颖；然后，本文对《红楼梦》翻译研究的视角进行展望，重点提出未来应加强对英译本中插图的关注，为《红楼梦》英译研究提供新的思路。

2《红楼梦》翻译研究视角现状

2.1 语言对比视角

在多版本的比较研究中，学者们多聚焦于杨宪益夫妇译本和霍—闵译本的不同，其次是对于乔利译本和霍—闵译本、乔利译本和邦索尔译本的对比研究，还有学者研究了三个版本间翻译的不同。首先，对于杨宪益夫妇与霍克斯、闵福德两种译本的对比研究，主要包含词语翻译、翻译方法以及译者主体性的对比研究。霍克斯、闵福德译本中强调斜体词的使用数量超过杨译本，霍氏和闵氏使用强调斜体词来提高译本语义内容的显化程度，有助于读者理解原文的语义内容（刘泽权、侯羽，2013）。在翻译方法上，霍克斯、闵福德译本主张归化的翻译策略，忠实于译文读者，而杨宪益夫妇译本多采用异化的翻译策略，更侧重忠实于原文作者（耿瑞超、王冬竹，2017）。当然，归化和异化两种翻译策略缺一不可，必须灵活运用二者以达到传播和弘扬源文本文化内涵的目的。

其次，针对《红楼梦》译本的对比研究集中于乔利译本与霍克斯、闵福德译本，以及乔利译本与邦索尔译本两种版本的研究。相较于霍—闵译本所追求的表达自由而无心添加译注的方法，乔译本则多用添加括号注释的翻译方法来满足学习汉语的读者的阅读需求（侯羽、朱虹，2016）。在少有的三个版本的对比研究中，学者王烟朦、许明武（2017）提出，相较于杨—戴译本和霍—闵译本，威妥玛的译本只传递了源文本的表层意义，对于文本深层次内涵的挖掘尚嫌欠缺。

2.2 互文性视角

不同文本之间都存在互文性。朱耕（2012）从互文性的角度对《红楼梦》书名的两种英译进行了对比研究，发现杨、霍二人分别采用了异化翻译、归化翻译，且都意识到了翻译的互文性。不仅是书名的英译，他还发现杨、霍二人在翻译《红楼梦》中的诗歌时均发挥了译者的主体性，借助异化翻译手段尽可能地传达了诗歌的互文性。从原作的角度看，康宁（2011）认为在经过互文性解读后，杨译本更忠实于原文而霍译本更容易被读者所接受。

2.3 解构主义视角

解构主义是哲学及社会科学领域的重要思潮之一。王爱珍（2010）从解构主义的视角出发，揭示译者是翻译过程中的创造主体，而译文是一种新生的语言。张林（2009）认为杨宪益和霍克斯在一定程度上均实践了解构主义的翻译观，但对比来说，杨在处理微观问题时优于霍，而霍在处理宏观问题时优于杨。针对特定文化的翻译，白小星（2009）运用解构主义理论对比分析两个译本中采取不同翻译策略的原因。此外，还有学者从其他哲学视角如权力话语理论视角、译者主体与"他者"互动的视角等探讨《红楼梦》的英译效果。

2.4 语用学视角

在有关语用学的研究视角中，关联理论视角最为学者所关注。贾卉、刘颖（2009）从关联理论角度提出，在译诗时必须指明人称，且要关注交际意图和认知环境，避免误译。除诗歌的翻译，习语等特殊词语的翻译也受到学者关注，多位学者从关联理论出发，研究英译本中的习语翻译等，并总结归纳了译者使用的翻译原则和方法。他们指出翻译习语这类特殊词语并没有固定的翻译法则，译者应该遵循的是最佳关联原则。译者在翻译习语的过程中要根据实际的语境来灵活运用直译、意译、直译加注等翻译方法，以达到译文与原文的最佳关联。黄云（2012）认为，为了达到交际的目的，译者必须采取显化方法，将原文中的隐含信息更明确地表述出来，才能达到最佳关联的效果。此外，学者还从其他语用学视角研究《红楼梦》英译，例如顺应论视角、语用语义优先以及会话含义视角等。

2.5 跨文化视角

文化是研究小说翻译过程中不可或缺的一环，中外文化差异视角被许多学者所关注，关注点有语言词汇、服饰等。李平（2015）以"忘八"为例，探讨它在译文中的不同译法以及体现的中国传统文化与道德。除语言外，小说中的服饰、建筑等独具中国传统特色的内容也被许多学者深入研究，剖析它们在外译过程中展现的中华文化内涵，探析如何才能避免"文化损失"，向外界尽可能准确地阐释中华文化，促进目的语读者对源语文化的理解。除杨、霍两个最受关注的译本外，作为中国文学译介先驱的王际真所译的《红楼梦》译本，推动了中国文学的海外传播，十分关注中外文化传统差异，对中国文学、文化走出去有重要的意义。《红楼梦》不断被英译的过程，展现着中国文化对外传播和被接受的过程。

2.6 功能对等视角

王亚南、张凌（2017）以奈达的功能对等理论为指导，从词汇、语义、风格三个层面分析了《红楼梦》译本中所达到对等的程度和效果。杨丁弋（2010）以特定饮食文化词语"汤"的翻译为例对四个英文全译本进行了比较分析，揭示了语言文化传输的过程。在比较分析两个译本的习语翻译后，赵昌彦（2008）认为译文只要能达到功能对等且不影响文化信息的传递即可被视作成功的翻译。由此可见，功能对等这一视角在《红楼梦》英译研究中目前更关注文本词汇等内容的转换，对真正的文化信息内涵等关注不够。

2.7 生态翻译学视角

生态翻译学的出现为翻译研究提供了一个崭新的视角，受到越来越多学者的关注。傅翠霞（2018）以生态翻译学中"三维"转换的翻译方法为基础，对比分析了《红楼梦》两个英译本中四种不同类型的动物习语，且找到了翻译新方法，为其他动物习语的翻译带来新启示。刘艳明、王晨（2012）从生态翻译学的视角解读了霍译本，认为其对翻译生态环境的适应和选择为《红楼梦》研究提供了一个新的视角。除霍译本外，也有学者从生态翻译视角对杨译本的价值做了诠释。

2.8 语料库语言学视角

中国基于语料库语言学的翻译研究始于 20 世纪 90 年代，在之后的几十年里得到迅速的发展。目前，国内已建立起与《红楼梦》相关的双语平行语料库，不过对于《红楼梦》英译这个领域的双语平行语料库的建设尚不够充分，且应用语料库的研究也不全面，多集中于个别词语的中英对比研究，如有学者采用语料库对《红楼梦》不同译本中的各类称谓语及其英译的特征进行了分析。此外，针对语料库语言学中的重要发现——语义韵，高歌、卫乃兴（2019）在汉英翻译界面下，对英译本中的特殊词组与原英语中的异同做了对比研究，探索了语义韵的作用及特征。赵朝永（2014）以"忙××"的结构为例，探究了三个译本中的翻译文本语义韵。

2.9 认知视角

译者的主体性、认知程度等对翻译的过程和结果有着很大的影响。译者翻译时的识解机制不同，采用的翻译策略也会不同。吴淑琼、杨永霞（2020）发现在翻译《葬花吟》时，杨译本的详略度高，其译文更尊重原文，且突显原诗的"形"美，较好地从源语读者的视角翻译了原诗；而霍译本的详略度低，在图形和背景的关系以及诗的"形"美上都不如杨译本，这是因为译文偏重从目的语读者的视角来解读原诗。谭业升（2013）借认知文体学的分析框架，对《红楼梦》两个经典译本的译者主体的认知策略翻译原则及其产生的效果进行了批评性分析。王寅（2019）基于认知语言学的核心，以小说中的 300 个成语在三个英译本中的翻译为例，解释了翻译方式和认知过程及其效果，对《红楼梦》的翻译实践具有启发作用。综上所述，认知视角的研究点多局限于关注不同译本中的译者主体性。

2.10 叙事学视角

在叙事学的视角下，秦静、任晓霏（2015）探究了《红楼梦》英译本的叙事风格，发现霍译本更注重连贯性，结果导致与原文的主述位结构相差较大，更接近英文叙事风格；而杨译本更贴合原文，力求叙事风格和流畅性两方面的平衡；乔译最接近原文的叙事风格，但也相应地造成语言啰嗦。除叙事风格外，叙事的视角问题也受到学者的关注。原著中有大量不同的叙述视角，多样化的叙述角度也为翻译增添了难度，因此，各类译本在此方面或多或少都存在缺失。此外，人称指示点的转移也是学者关注的对象。基于语料库分析侯羽、贾艳霞（2018）发现译者对原文中三种人称指示视点进行了翻译转移，且以第一人称指示视点翻译转移为主要类型，还发现霍译本中转移的程度高于杨译本，且转移方式更丰富。

2.11 其他视角

除以上所论述的 10 个有关《红楼梦》英译研究的视角外，《红楼梦》英译研究还包含翻译美学视角、女性主义翻译视角、变异学视角、副文本视角、后殖民主义视角、社会符号学视角、系统功能语言学视角、修辞学视角等。

3《红楼梦》研究视角存在的问题及其展望

《红楼梦》翻译研究视角多样，并且多数研究存在视角重复的问题。纵观现今的《红楼梦》英译本研究，未发现涉及符际翻译视角下对英译本中插图的研究。虽然现今已有先进的"多模态机器翻译"手段来实现图像和文字之间的翻译转换，但利用相关理论进行分析仍是必要的，多个模态较为复杂，完全的机器翻译目前仍难以实现准确的意义解读和转换。因此，图像不仅有利于研究文本内容的建构，还能引导读者赏析文学作品，经研究发现，尚未有研究《红楼梦》英译本中插图的文章。译本中插图所处正文中的位置能否正确呈现原小说内容，插图与文本在对源文本意义的共同建构中存在的互动性、互补性，以及插图在源文本内容建构上的优势与不足，这些都是需要研究的问题。

4 结语

综上，笔者针对目前知网上所发表的有关《红楼梦》英译研究文章的研究视角进行了总结，主要有 10 个研究视角，分别为语言对比、互文性、哲学、语用学、跨文化、功能对等、生态翻译学、语料库语言学、认知语言学、叙事学，其余研究视角还涉及翻译美学、女性主义翻译等。重点在于指出目前《红楼梦》英译研究视角多样，但部分视角未能得到深入讨论。同时，提出了一个新的研究视角，即符际翻译视角，为《红楼梦》英译研究提供新思路。在如今这个图像时代，相比于传统文字符号，图像更能吸引人的关注，加深人们对于文字的理解。对于小说而言，插图这种形式更能直观明了地反映小说人物、情景等，利于人们阅读，也更加吸引人的关注，提升阅读兴趣，更能促进像《红楼梦》这种著作的翻译和对外传播。从中国文化外译角度看，文学作品中的社会价值观念具有一定的代表性，能展现国家与民族的思想文化内容。《红楼梦》、"红学"在国内和海外学界都被强烈关注，其各方面内容都值得人们研究，对中国文化"走出去"和提升国家形象具有重要的意义。

参考文献

[1] 白小星. 2009. 由解构主义解读《红楼梦》的两个英译本[J]. 湖北第二师范学院学报，26（6）：124-125，132.

[2] 傅翠霞. 2018. 生态翻译学视阈下动物习语的翻译研究——以《红楼梦》两译本为例[J]. 吉林省教育学院学报，34（3）：138-142.

[3] 高歌，卫乃兴. 2019. 汉英翻译界面下的语义韵探究——来自《红楼梦》英译本的证据[J]. 解放军外国语学院学报，42

（1）：48-56.

[4] 耿瑞超，王冬竹. 2017.《红楼梦》杨/霍译本的翻译策略及规范研究[J]. 齐鲁学刊，（2）：140-144.

[5] 侯羽，贾艳霞. 2018. 基于语料库的《红楼梦》人称指示视点翻译转移比较研究[J]. 红楼梦学刊，（2）：276-293.

[6] 侯羽，朱虹. 2016.《红楼梦》两个英译本译者使用括号注的风格与动因研究[J]. 红楼梦学刊，（4）：56-73.

[7] 黄云. 2012. 从关联理论视角看《红楼梦》英译本中的显化[J]. 西安电子科技大学学报（社会科学版），22（5）：61-64.

[8] 贾卉，刘颖. 2009. 从关联理论看汉诗英译的人称处理——以《红楼梦》中古诗的英译为例[J]. 江西社会科学，（3）：246-250.

[9] 康宁. 2011. 从互文性视角解读《红楼梦》两个英译本的跨文化翻译[J]. 山西师大学报（社会科学版），38（S4）：186-188.

[10] 李平. 2015.《红楼梦》詈词"忘八"及其跨文化传播[J]. 红楼梦学刊，（5）：159-172.

[11] 刘艳明，王晨. 2012. 霍克思英译《红楼梦》的生态翻译学诠释[J]. 语文学刊（外语教育教学），（6）：51-53.

[12] 刘泽权，侯羽. 2013.《红楼梦》两个英译本中强调斜体词的使用及其动因研究[J]. 红楼梦学刊，（3）：227-242.

[13] 秦静，任晓霏. 2015. 基于语料库的《红楼梦》叙事翻译研究——以主述位理论为视角[J]. 明清小说研究，（4）：229-248.

[14] 谭业升. 2013. 基于认知文体分析框架的翻译批评——以《红楼梦》两个经典译本的批评分析为例[J]. 外语研究，（2）：72-77.

[15] 王爱珍. 2010. 从解构理论看《红楼梦》中对联在杨、霍译本中的翻译[J]. 湖南人文科技学院学报，（3）：88-91.

[16] 王亚南，张凌. 2017. 功能对等理论视角下《红楼梦》英译研究——以霍克斯英译版为例[J]. 齐齐哈尔师范高等专科学校

学报，（3）：51-53.

[17] 王烟朦，许明武. 2017.《红楼梦》威妥玛译本窥探[J]. 红楼
梦刊，（6）：279-295.

[18] 王寅. 2019. 体认语言学视野下的汉语成语英译——基于《红
楼梦》三个英译本的对比研究[J]. 中国翻译，40（4）：156-
164，190.

[19] 吴淑琼，杨永霞. 2020. 认知识解视角下《红楼梦·葬花吟》
不同译本的翻译策略对比研究[J]. 外国语文，36（5）：119-
126.

[20] 杨丁弋. 2010. 从功能对等的视角剖析《红楼梦》四个译本中
"汤"的汉英对译[J]. 红楼梦学刊，（6）：148-164.

[21] 张林. 2009. 从解构主义翻译观视角简析《红楼梦》的不同翻
译[J]. 河北理工大学学报（社会科学版），9（2）：145-147，
151.

[22] 赵昌彦. 2008. 从功能对等角度探讨《红楼梦》习语翻译[J].
内蒙古农业大学学报（社会科学版），（3）：364-365.

[23] 赵朝永. 2014. 基于汉英平行语料库的翻译语义韵研究——以
《红楼梦》"忙××"结构的英译为例[J]. 外语教学理论与实
践，（4）：75-82，95.

[24] 朱耕. 2012. 互文性理论视角下《红楼梦》书名涵义及其英译
解读[J]. 东北师大学报（哲学社会科学版），（3）：107-110.

《利他行为》文体分析

北方工业大学　孙琬淇

摘　要：本文运用文体学二元论分析法，对《利他行为》（"Altruistic Behavior"）一文从词汇、句法、修辞和衔接等方面进行分析。分析结果显示，作者语句委婉，但坚定表达自己的观点，形容词、副词使用次数较多，加强语气，丰富文章内容；句法层面结构严谨，长句使用较多；修辞上，通过结构修辞和语义修辞来达到文体效果，运用反问、设问、比喻和拟人的手法，使文章更具感染力；衔接手段上，此文使用了一系列连词，使句子很好地衔接起来。通过文体学角度分析此文，有助于学习者选择恰当的词汇、句法及修辞方式，从而提高语篇鉴赏能力和撰写能力。

关键词：文体分析　二元论分析法　Altruistic Behavior

1 引言

文体学是用现代语言学的原则和分析方法，对语言文体进行研究的一门科学。它的主要任务在于观察和描述语言主要文体特点。从语言的内容和形式上讲，文体学有三种理论；一元论、二元论和多元论。一元论者认为语言的形式和内容是不可分割的；二元论者认为尽管形式与内容关系紧密，它们仍然是两个范畴的问题，可以分开来讨论；多元论者从语言功能的角度出发，认为语言有多种功能，即使一句简单的话语都有不同的功能，研究语言应该从语言的功能着手。这三种理论相辅相成，构成一个完整的理论体系，成为文体分析的理论基础（成亚君，2011：52）。近年来，文体分析被广泛用于各类语篇（口头的或书面的、文学的或非文学的）的描述、阐释和鉴赏中，取得了令人满意的效果（康传梅，2007：138）。目前，关于演讲类的文体研究较多，向琳（2018）以习近平总书记的十九大报告为语料进行文体分析，该文本是典型的政治演讲文本，分析其文本可以使人们对十九大报告有更深刻的理解；李绚丽（2018）以特朗普首次国会演讲为语料对其进行文体分析，有助于人们深刻理解演讲文体与深层含义，并培养学习者对演讲语篇的鉴赏能力；唐晓（2017）以美国总统在中国名校的英语演讲内容为文本，运用文体学相关理论，从词汇、句法、修辞手段等方面进行分析，帮助学习者正确理解演讲词的特点，提高英语文章撰写能力。另外，关于文学的语篇也有研究，张婷婷（2019）从语料库文体学视角对《简·爱》文体进行研究；王敏等（2019）从文学文体学视角对《边城》两个英译本进行比较研究。关于《利他行为》一文的研究很少，《利他行为》属于散文，散文作为文学文体的重要组成部分，具有独特的文体特征和审美特征（伍静等，2019：39），所以分析该文本具有重要的意义。

　　"文体分析"，是运用语言学的理论对作家的创作风格与文体特色进行分析。"文体分析"以语言分析为起点，将描述与阐释相结合，从而达到鉴赏作品的目的（章远荣，1997：1）。现代文体学是利用语言学理论系统研究文学和非文学语篇意义建构的科学，它期望通过对文本词汇、语法的分析，达到更加科学地进行文本意义解读和文本评论的目的（雷茜，2018：36）。在任何文体中，基本的词汇和句式在文本中具有重要位置，这些基本的语言成分构成了语言的一般现象，不同文体所表现出的不同语言特点，则是一般现象中的特例。文体分析通常利用词汇、句法及语句之间的衔接关系等对语篇进行分析，说明作者是如何运用词汇、句法来增强或减弱表达效果的。下面将从词汇、句子、修辞和衔接手段四个方面对《利他行为》一文进行文体分析。词汇上从人称代词、情态动词、形容词和副词四个方面进行分析；句子上从句子长度和语态两方面进行分析；修辞上从结构修辞和语义修辞两个方面进行分析；衔接手段上从连词、指示代词、关系代词等方面展开分析。

2 文本分析

2.1 词汇分析

词汇是构成句子的基本单位，句子是构成文体风格的要素（向琳，2018：223），所以词汇的选择对文本具有重要的意义。下面将从人称代词、情态动词、形容词和副词四个方面展开分析。

2.1.1 人称代词分析

人际功能是功能语言学中三个语言元功能之一，"指的是人们用语言来和其他人交往，建立和保持人际关系，用语言来影响别人的行为，同时用语言来表示对世界的看法甚至改变世界"。人称代词是体现人际功能的重要手段，指代说话者和听话者双方的关系。人称代词的恰当使用能帮助演讲者拉近与听众的距离，使听众更容易与自己站在同一立场（李绚丽，2018：16）。同样，人称代词的恰当使用也能拉近作者与读者的距离。分析结果显示，《利他行为》一文第三人称使用频率最高，共 45 次，其中，主语人称代词 it、they 出现了 33 次，第一人称次之，共 29 次，第二人称最少，使用了 9 次。这一结果显示，作者比较客观公正，是以一个冷静的旁观者的身份进行叙述的，不受时空限制，反映现实更自由。因为本文主要讲的是利他主义这种行为模式，所以多使用第三人称代词。如第一段中 it must benefit someone else, and it must do so to the disadvantage of the benefactor. It is not merely a matter of being helpful, it is helpfulness at a cost to yourself. 第一人称使用较多，如第九段 It operates unconsciously and is based on an emotion we call "love." *Our* love for *our* children is what *we* say *we* are obeying when *we* act "selflessly" for them, and *our* love of *our* fellow-men is what *we* feel when *we* come to the aid of *our* friends. These are inborn tendencies and when *we* are faced with calls for help *we* feel *ourselves* obeying these deep-scated urges（basic or essential instincts）unquestioningly and unanalytically. 多次使用"we"，拉近读者与作者的距离，表达出"我们认为的一些爱的行为是无私的而不是自私的"，容易使读者将作者当作与自己立场相同的人。第二人称使用次数最少，如第八段中 *You* would be helping copies of *your* own genes, and although *you* might not respond so intensely to their calls for help as *you* would do with *your* own children, *you* would nevertheless give them a degree of help, again on a basis of genetic selfishness. 用第二人称"you"来举例，指一些做法不一致的人。

2.1.2 情态动词分析

韩礼德将情态动词按英语情态值分为高、中、低三类。情态动词用来表达作者对事物所持的态度和看法（李绚丽，2018：16）。《利他行为》一文中情态动词"will"出现的次数最多，"must"次之，"can"出现的次数最少。这一结果显示作者多用委婉的态度，但"must"的使用可以增强语气，坚定自己的观点。如在第二段中连续出现了四个"will"：If I harm myself to help you, then I am increasing your chances of success relative to mine. In broad evolutionary terms, if I do this, your offspring（or potential offspring）*will* have better prospects than mine. Because I have been altruistic, your genetic line *will* stand a better chance of survival than mine. Over a period of time, my unselfish line *will* die out and your selfish line *will* survive. 作者说如果我伤害自己帮助你，如果我这样做，你的后代将会比我的后代有更好的前景。if 与 will 的连用表现出一种委婉的态度，最后得出结论：利他主义在进化论中不是一个可行的命题。"must"在第一段中出现三次，it 与"must"连用表明一种肯定的态度。如：As a pattern of behavior this act *must* have two properties: it *must* benefit someone else, and it *must* do so to the disadvantage of the benefactor. 作者认为利他主义作为一种行为模式必须具有两个属性：它必须使他人受益，而且这样做的后果必须对做善事者不利。这句话意在表达一种客观事实，所以连续用了三个"must"，以增强语气，更加坚定地表明自己的观点。"can"是低情态动词，文中出现的次数很少，表明一种低的可能性。如第四段中 How *can* actions of this sort be described as selfish? 和第八段 How *can* this be selfish?

2.1.3 形容词、副词分析

形容词、副词的使用可以起到加强语气、强调意图的作用。文本中共用形容词 127 次，副词出现 44 次。分析结果显示，文中每段都会出现较多的形容词和副词。这一结果表明，作者多次使用形容词和副词，以丰富文章内容，强调自己的观点。第六段中形容词"immortal"一连出现了三遍：Religion pictures man as having an *immortal* soul which leaves his body at death and floats off to heaven, but the more useful image is to visualize a man's *immortal* soul as sperm-shaped and a woman's as egg-shaped, and …where our genes continue their *immortal* journey down the tunnel of time, 说明宗教所描绘的人的灵魂是永存不灭的，人的基因也是不朽的。又如第九段中 These are inborn tendencies and when we are faced with calls for help we feel ourselves obeying these deep-seated urges *unquestioningly* and *unanalytically*. 副词"unquestioningly""unanalytically"的使用加强了语气，说明我们在面临别人需要帮助时，毫不犹豫地帮助别人，是一种天生的、本能的反应。另外，文中的复杂词和多音节词也较多。词汇长度是衡量语篇难度的一个重要标志，复杂词、多音节词出现的频率越高，表示该语篇越复杂（唐晓，2017：207）。作者多次使用复杂词，表明该文章是一篇比较正式的作品。如第三段中 Evolution theory suggests that they must, like all other animals, be entirely selfish in their actions, even when they appear to be at their most *self-sacrificing* and *philanthropic*. "self-sacrificing" 和

"philanthropic"是两个比较正式的形容词，"philanthropic"与
"charitable"是同义词，而作者却选用了比较不常见的
"philanthropic"一词，表明这是一篇较正式的文章，借助复杂词可
以表明文体的正式性。

2.2 句子分析

句子是构成文体风格的要素，由词汇组成，又是篇章的基本语
言单位，与文体效果关系十分紧密（伍静等，2019：39）。下面从
句子的长度、语态两个方面对文本中的句子进行分析。

2.2.1 句子的长度

句子的长度是文体特征的重要构成因素，长句和短句各有其文
体特征。"长句结构复杂，容量大，可以表达复杂的思想；短句结
构简单，语法关系明确，明白易懂，能产生生动活泼、干脆利落的
表达效果。"即长句可以表达丰富的内涵，结构严谨，层次分明，
以实现意义的完整和形式的整齐；短句则表意简练明确（转引自向
琳，2018：223）。从对《利他行为》的文本分析来看，文中既有短
句，也有长句，但以长句为多。如 If a man sees a burning house and
inside it his small daughter, an old friend, a complete stranger, or even a
screaming kitten, he may, without pausing to think, rush headlong into
the building and be badly burned in a desperate attempt to save a life.
这样的句子属于典型的长句，是对前面总结句的展开讲述，结构复
杂且容量大，可以让读者把握更多的细节内容。而 Altruism is the
performance of an unselfish act. 是典型的短句，属于精练短小的总
结句，干脆利落，可以使读者快速把握核心大意。

2.2.2 语态

英语的句子可分为主动语态和被动语态两种，被动语态的构成
为 be+动词的过去分词。被动语态用于：（1）不知道或者没必要提
到动作的执行者时；（2）强调或者突出动作的承受者时；（3）调整
句子结构时（陈晓庆，2014：157-158）。文本中的句子大多是主动
语态，因为该文是表叙述的文章，而且也没有上述三种情况，所以

无被动语态。复合句的使用，使句子结构变得复杂，句子容量得到扩展，而且句子功能也得到了发挥。侯维瑞（1999）在《英语语体》中指出，"句子长度的充分扩展是扩大句子信息量和提高句子表达各种逻辑关系能力的前提和基础"。该文多使用陈述句，陈述句的使用凸显文章的客观性，以示作者在陈述利他主义时，没有掺杂任何个人的情感色彩。

2.3 修辞分析

文体学在国内外早先是从修辞学衍生的一个分支（胡壮麟等，2000：1）。修辞手法的运用使文章更生动形象、更具说服力。下面我们从结构修辞和语义修辞两个方面对此文章进行分析。首先在结构修辞上，文章运用了反问的修辞手法，如第八段中 But supposing the man leaping into the fire is trying to save, not his daughter, but an old friend? How can this be selfish? 即是运用反问的修辞手法，作者的情感变得激昂，说明作者非常注重对这一问题的探讨。再有：So far, so good, but what about the man who rushes headlong into the fire to save a complete stranger? The stranger is probably NOT genetically related to the man who helps him, so this act must surely be truly unselfish and altruistic? The answer is Yes, but only by accident. 上文中作者运用了设问的修辞手法，自问自答，使段落条理清晰，核心思想明确。

其次在语义修辞上，作者善用比喻、拟人的修辞手法，如：But biologically it is more correct to think of yourself as merely a temporary housing, a disposable container, for your genes. 在此作者将人的身体比作一次性住房，以使基因与人体的关系更加生动、明了。第十三段中 A nun who gives her life for Christ is already technically a "bride" of Christ and looks upon all people as the "children" of God. 将为基督献身的修女比作基督的新娘，所有人比作上帝的孩子。此处利他主义是一个家庭性的象征，说明利他主义是无私的。第六段中…it is right here in the heaven (or hell) of the nursery and the playground, where our genes continue their immortal journey down the tunnel of time, re-housed now in the brand-new flesh-containers we call children. 一句运用拟人的修辞手法，"基因的旅行"一语，使基因的传承生动地呈现出来。

2.4 衔接手段

此文章在表述中使用了一系列连词，如 and，but，so，rather…than 等，指示代词 this、关系代词 that，whose，which 等也多次出现。"that"可用作代词、副词、形容词、连词和关系代词，在句中可作主语、宾语、定语、状语和起连接作用，文中 that 的使用次数较多。and 多作为连词引导下一个分句构成并列句，或引出下一个句子。and 是最常见的连接词（张婷婷，2019：227）。这些词的运用使文章的句子、段落很好地衔接起来，也使得文章结构条理清晰，从而使读者更好地理解作者的意思。因为文章复杂句和并列句较多，所以这些衔接词的使用是必不可少的。"and"用于连接单词或句子中的并列成分，可以表示语义增补、语义连续等，文章多次出现"and"这一连接词，表现出作者想要强调所传递的信息和情感。文章中也多次使用"but"一词，"but"作为并列连词，在意义上表转折，"but"前后两个句子在意义上形成鲜明的对比，更容易表现作者的真实指向。

3 结语

文体学的研究目的在于通过对具有文体意义的语言特征进行分析来考察语言运用的表达效果（唐晓，2017：207）。本文运用文体学二元论分析方法分析《利他行为》一文，发现其词汇层面和句法层面有如下特征：词汇方面多采用第三人称代词，情态动词多使用"will"，虽然作者表达方式较为委婉，但形容词、副词使用次数较多，起到了加强语气、丰富文章内容的作用；句法层面多使用主动语态并以长句为主，结构清晰、表达明确；修辞上，通过结构修辞和语义修辞达到文体效果，运用反问、设问、比喻和拟人的手法，使文章更具感染力；衔接手段上，此文使用了一系列连词，使句子很好地衔接起来。这些对英语学习者有很大的帮助，如用英语撰写文章时，可以合理使用复杂句和陈述句，使文章结构清晰；变换使用不同的修辞手法和衔接手段，可以使文章更丰富精彩。通过文体学角度分析此文，可帮助学习者在书面表达练习中选择恰当的词汇、句法等，也有助于学习者提高语篇鉴赏能力和写作能力。

参考文献

[1] 陈晓庆. 2014. 奥巴马连任就职演讲词的文体学分析[J]. 社科论坛，（3）：157-158.

[2] 成亚君. 2011. 林肯葛底斯堡演讲词文体分析[J]. 外语教学理论与实践，（4）：52.

[3] 侯维瑞. 1999. 英语语体[M]. 上海：上海外语教学与研究出版社.

[4] 胡壮麟，刘世生. 2000. 文体学研究在中国的进展[J]. 山东师大外国语学院学报，（3）：1.

[5] 康传梅. 2007. 记叙文的体裁特征及其文体分析方法[J]. 重庆教育学院学报，（5）：138.

[6] 雷茜. 2018. 多模态功能文体学理论建构中的几个重要问题探讨[J]. 外语教学，（2）：36.

[7] 李绚丽. 2018. 特朗普首次国会演讲文体分析[J]. 湖北第二师范学院学报，（5）：16.

[8] 唐晓. 2017. 美国总统在中国名校英语演讲的文体学分析[J]. 海外英语，207.

[9] 王敏，毛嘉薇. 2019. 文学文体学视角下《边城》两个英译本的比较研究[J]. 文化创新比较研究，（8）：35.

[10] 伍静，肖飞. 2019. The Clipper 两个译本的文体分析[J]. 英语广场，39.

[11] 向琳. 2018. 习近平总书记十九大报告的文体特征分析[J]. 海

外英语，223.

[12] 张婷婷. 2019. 语料库文体学视角下《简·爱》特色的研究 [J]. 海外英语，227.

[13] 章远荣. 1997. 语篇的文体分析、语域分析和体裁分析[J]. 山东外语教学，（3）：1.

从海明威短篇小说中的男性角色
看"迷惘的一代"的特性

北方工业大学　　任璐

摘　要：本文以海明威《白象似的群山》《雨中猫》和《一个干净明亮的地方》三部短篇小说中的男性角色为例，试图探寻"迷惘的一代"的特性。分析认为，"一战"和大萧条导致这代人内心虚无、逃避责任、无法安定、追求享乐。

关键词：海明威　短篇小说　迷惘的一代　特性

1 引言

　　海明威是 20 世纪著名美国作家，也是西方现代主义文学中"迷惘的一代"的代表作家，其代表作品《太阳照常升起》和《永别了，武器》被看作"迷惘的一代"的真实写照。有关海明威小说中"迷惘的一代"的研究多针对这两部长篇小说，分析海明威的厌战情绪和当时人们悲观、迷茫的心理状态，而忽略了短篇小说的研究价值。需要注意的是，他的短篇小说也极具代表性，塑造了许多男性形象，有助于深入了解"迷惘的一代"。因此，本文选取《雨中猫》《白象似的群山》和《一个干净明亮的地方》三篇短篇小说，旨在通过分析男性角色的言行，探究"迷惘的一代"的特性。

2 "迷惘的一代"

2.1 定义

狭义上，"迷惘的一代"是指第一次世界大战后在美国出现的一个文学流派，也指的是"一战"后成长起来的一批作家，包括海明威、菲茨杰拉德和帕索斯等人。他们大多参加过"一战"，并且厌恶战争，作品主题通常是描述战争的毫无意义，表现当时人们被扭曲的精神状态（傅景川，2002：78）。当时美国许多青年，在爱国主义口号的激励下纷纷参军，怀着理想踏上欧洲战场。但是到了战场上，他们发现战争并非想象中那样，死亡无处不在。他们饱尝战争的残酷，在战事结束后返乡，不仅失去了工作，就连家乡都变得陌生。本以为这场战争是神圣而光荣的，到头来却发现这只不过是帝国主义国家为了重新瓜分世界而进行的血腥战争，他们觉得自己上当受骗了（胡克红，2006：114）。就这样，这些青年的理想破灭，人生价值丧失，只剩下悲观与虚无，产生了其他人难以理解的厌世情绪。于是他们开始逃避现实，投身于各种刺激性的活动，沉迷于花天酒地，并开始挑战传统观念（杨洋，2002：83）。另一方面，战争过后，美国经济发展迅速，出现了短暂的繁荣。伴随物质水平的提高，分期付款和预支消费的纵欲消费主义盛行，享乐主义和拜金主义泛滥，美国传统文化受到了空前的挑战，许多人心中的"美国梦"也就此破灭了，物质繁荣的背后隐藏着深刻的精神危机（陈丽，2005：50）。短暂的经济繁荣后随之而来的大萧条摧毁了他们的生活。战争已经使这群青年的身心受到双重伤害，面对无法克服的社会危机，更加重了他们的幻灭感（邱云峰，2008：10）。后来人们逐渐用"迷惘的一代"来形容战争期间或战后时期这一批人，这就是广义上的"迷惘的一代"。我们在本文中所探讨的是广义"迷惘的一代"的特性。

2.2 特性

"一战"和大萧条促成了"迷惘一代"的产生。战争造成的惨重伤亡让人们不禁开始怀疑上帝的存在，许多人失去了宗教信仰。他们渐渐对人性产生怀疑，人与人的之间的关系被异化，他们不懂得如何了解他人的内心世界，只在乎自己的感受，变得没有责任感，也缺乏安全感，抗拒安定的生活。战争给人们的身体和心灵都留下了挥之不去的创伤，理想与现实的差距给他们带来巨大的打击，物质主义导致精神空虚。他们内心弥漫着厌战情绪，对传统的道德和价值观产生怀疑。过去的观念已经无法适应当时的社会，但是又无法找到新的行为准则。于是他们按照自己的本能和感官行事，以及时行乐来表达对社会的不满（陈麦池，2011：42）。人们开始追求金钱和享乐，并试图以及时行乐的方式逃避精神上的痛苦。

3 男性角色特性

3.1 迷茫虚无

《一个干净明亮的地方》中的老者深受虚无的折磨。他的青春已逝，双耳失聪，失去亲人，备受失眠折磨，虽然富有，却无法弥补精神上的空虚。老者不能忍受这种虚无的生活，企图以自杀的方式寻求解脱，但是被侄女救下。自杀失败后，他每天都来到这家餐馆，以酗酒来对抗无处不在的虚无和孤独。他希望在这家餐馆获得片刻的安宁，却被侍者无理地赶走，又回到无边的孤寂和虚无中（黄厚文，2011：43）。

年长的侍者对老者的感同身受，证明他也同样感到虚无。他从来就没有自信，也不年轻。他喜欢这份工作，下班后也不愿意打烊，因为这个干净明亮的餐馆能让他暂时逃离虚无，他也知道许多人需要这样一个地方。餐馆打烊后，他在黑暗中自言自语，念了一大段祷告词，但是把其中的"主""王国""大地"等所有关键词都用"nada"替换掉了（莫燕凤，2007：89）。他深知这是一个虚无缥缈的世界，除了虚无缥缈什么都没有。他离开餐馆后，不知不觉来到另一家酒吧。酒吧招待问他想喝什么，他回答了"Nada"。招待笑他脑子不正常，但其实他非常清醒，深知虚无无处不在。最后，小说结尾提到他通常天亮才能睡着，深受失眠的折磨。其实，他的内心和老者一样空虚，也需要一个干净明亮的地方缓解空虚。

表面上，年轻侍者对自己自信满满，他认为自己年轻，有一份工作，有妻子陪伴，每天都工作到深夜才回家，对未来充满希望，不可能变成老者这样。然而，他没有意识到，一无所有的老者也年轻过，有一份工作，曾经有妻子陪伴。年轻侍者的青春总有一天会消逝，工作可能会失去，妻子也可能离开他，失去这一切后，失眠也将随之而来（莫燕凤，2007：90）。他因为有个妻子而骄傲，却在老年侍者开了个玩笑后感到被侮辱。

"And you? You have no fear of going home before your usual hour?"

"Are you trying to insult me?" (Hemingway, 1987: 288-91)

老年侍者的意思是，如果青年侍者提早回家会发现他的妻子不忠。青年侍者对这句玩笑的反应如此激烈的原因，或许是他早已发现妻子的不忠，只是不敢面对才装作不知道。他的自信其实不堪一击，总有一天，他会和这个老者一样一无所有。他身处虚无之中而不自知，比两位老人更加可悲。

3.2 无法安定

《白象似的群山》中，美国男人和吉格的对话中反复出现了"try"。

"Well, let's try and have a fine time."

"All right. I was trying. I said the mountains looked like white elephants. Wasn't that bright?"

"That was bright."

"I wanted to try this new drink: That's all we do, isn't it—look at things and try new drinks?" (Hemingway,1987: 211-14)

不管是新生活还是尝试新的酒，他们二人都喜欢追求新鲜事物，这就注定他们无法在一个地方定居，过稳定的生活。除此以外，美国男人和吉格的背包上贴满了酒店的标签，可以得知，他们可能总是四处旅行，或者没有一个固定的家，所以才会总是住在酒店。

《雨中猫》的妻子没有找到猫失落地回到房间后，对丈夫说了一连串的愿望，其中就提到想用自己的银具吃饭（And I want to eat at a table with my own silver，Hemingway，1987：127-32）。用自己的银具吃饭并不难，她想要的是在自己温馨的家里吃饭，而她和乔治没有属于自己的家。在她表述自己的愿望时，乔治一直在看书，不想和她有目光交流，而是在逃避，可想而知他对安定的生活是抗拒的。

3.3 逃避责任

《白象似的群山》中男人和吉格关于小山的对话，指的都是他们能否继续过没有孩子的放纵生活。他们在对话中反复提及的白象具有特殊意义。白象看起来就像女性怀孕隆起的肚子，所以象征着孩子。白象起源于印度，是神圣的象征。如果一个人获赠一头白象，就必须好好照顾，不能让它生病或死亡。但是，它的食量巨大，要饲养一头白象需要很多钱。相传，如果君主不愿意与敌人争斗，可以送给他一头白象，表面上是一种赏赐，实际却给受赠者带来沉重的负担（Weeks，1980：75-77）。所以白象被看作不受欢迎的礼物，吉格腹中的孩子就如同白象一样不被欢迎。

在等火车时，他们一直在酒馆喝酒。虽然国外对怀孕女性禁酒的要求不如国内严格，但饮用烈酒确实会对腹中的孩子不利（张雨铮，2019：143）。他们喝的 Anis del Toro 是茴香酒，由苦艾酒演变而成。苦艾酒最初是一位法国医生自制的药物，被当作麻醉剂使用。这位医生逝世不久，这种饮品就被开发出来。苦艾酒的味道苦涩，是一种烈性酒（James & John，1982：162-63）。这种酒当中的成分会影响人的神经系统，过度饮用会导致失眠、神经质、噩梦、幻觉、妄想等问题，甚至会影响饮用者的后代，在 1915 年就已经被禁止饮用（Lanier，2002：279-88）。男人明知道喝烈酒会影响胎儿，对吉格还不加劝阻，可以看出他对孩子的漠视（张雨铮，2019：143）。男人和吉格在一起，追求的是自由而快乐的生活。如今吉格怀孕了，他为了逃避作父亲的责任，就哄骗她做流产手术。在小说中，他一直用轻描淡写的方式强调这只是个小手术，非常简单，只是让空气进来。

"It's really an awfully simple operation, Jig," the man said. "It's not really an operation at all."

"It's really not anything.It's just to let the air in." (Hemingway，1987：211-14)

堕胎对女性身体伤害极大，甚至会有生命危险，何况那个时候的医疗水平还不够发达。不管吉格如何表示她想留下孩子，男人都哄骗她去做手术，既不关心吉格的感受，也不在乎堕胎是否会伤害她的身体，还把杀死一条生命说成如此简单的事，足以看出他既自私又不负责任。

《雨中猫》中的美国男人乔治，对妻子的需要毫不关心。他的妻子想要出去捉猫，尽管他提出要帮忙，却躺在床上根本没有动，他叫妻子别淋湿自己，也没有给她找雨伞，态度很敷衍（Lodge，2002：200）。不止这些，他在小说中有一个贯穿始终的动作，那就是看书。从妻子发现雨中的小猫，想要出去寻找，到她没有找到，失望地回到房间这一系列过程中，乔治始终保持着看书的动作。他的这一行为会让人以为他是个学识渊博、热衷于读书的人。然而，在小说临近结尾时，他很不耐烦地打断妻子的话："shut up and get something to read."（Hemingway，1987：127-32）。这表明乔治的文化程度并没有那么高，至少他很粗鲁，不懂得尊重妻子，读书也许只是他逃避责任、敷衍妻子的方式。

他们之间的矛盾主要表现在对猫的不同态度上。尽管下着雨，妻子还是坚持出去找猫。当妻子回到房间时,乔治只是象征性地问了一句妻子有没有找到就继续读书了。最后,当妻子谈论对猫的渴望时,乔治表现得很不耐烦,甚至责骂她。他们这样截然不同的态度值得深思。首先,妻子出于同情想把猫带回房间,因为她觉得自己和雨中的小猫一样孤独寂寞。这对夫妇是旅馆里仅有的两个美国人,他们身处异乡,窗外又下着雨,让人感到寒冷、孤独。在这种情况下,丈夫只顾着读书,对妻子毫不关心。其次,猫象征着孩子。妻子把猫称作"kitty",这个词有些幼稚,仅在和小孩说话时使用,她对小猫的渴望就是对孩子的渴望。至于乔治,可以代入作者海明威的情况。在写这部小说的时候,他只有 21 岁,刚和第一任妻子哈德利结婚。哈德利非常想要一个孩子,而海明威却不想,这成为他们之间的矛盾。海明威 23 岁时,妻子怀了孕并下定决心要生下孩子,而他一心只想在文学界取得成功,不愿承担照顾孩子的责任。为了照顾妻子的感受,他们还是生下了孩子。最终,这个孩子给海明威带来了沉重的经济负担,他备感沮丧,并因此而厌恶自己的妻子(Hu,2019:223)。乔治对猫的不感兴趣代表他同样不想要孩子。他没有给妻子一个家,也不愿意和她生孩子,对妻子其他的需求也视若无睹,完全没有尽到一个丈夫的责任。

3.4 追求享乐

《一个干净明亮的地方》中,年轻侍者不明白为什么老者很富有还会选择自杀。在他看来,物质财富大于一切,金钱能带来快乐,有了钱就应该别无所求。为了能提早下班回家,他还诅咒对生活失去希望的老者,是个自私、冷漠又世俗的人。老年侍者说老人因为不喜欢睡觉才睡不着,他却认为老人是因为没有妻子才会感到孤单,如果老人的妻子还活着也许对他不是件好事,会对他的身体不利。年轻侍者所看重的是妻子的肉体,认为妻子只有在床上才能实现价值(薛晓,2014:105)。对年轻侍者来说,生命的乐趣就是及时行乐,他盲目崇拜金钱,在物欲横流的社会中人性逐渐异化,不懂得关心他人。

《白象似的群山》中，二人在 40 分钟的等车间隙选择喝酒打发时间，他们完全可以到候车室等，却选择来到酒馆。通过对话可以看出，男人在喝酒方面经验丰富，女孩怀着孕也对酒毫不避讳（迟秋雅，2012：49），他们早对喝酒习以为常，因为这就是当时迷惘一代的现状，借酒精麻痹自己来逃避内心的迷茫。女孩提到他们本可以尽情欣赏、享受这一切，指的是幸福的生活，但是男人把"everything"和"the whole world"当作到处玩乐。在他眼中，拥有一切只是物质上的占有，四处旅行、尝试新的事物就叫作拥有一切（彭海粟，2006：65）。可以看出他目光短浅，只注重眼前的快乐，缺少精神追求。

不管是《雨中猫》里的丈夫乔治，还是《白象似的群山》中的美国男人，他们让女主人公跟着自己过漂泊的日子，并且不生孩子。在他们眼里，家庭和孩子都是负担，只有眼前的快乐日子才是他们想要的。

通过分析《白象似的群山》中的美国男人、《雨中猫》里的乔治和《一个干净明亮的地方》中的年轻侍者、年长侍者及老者，可在一定程度上揭示"迷惘的一代"男性角色迷茫虚无、无法安定、逃避责任、追求享乐等四个特征。

4 结语

通过分析这五个男性角色，可以得出，"迷惘的一代"男性有迷茫虚无、无法安定、逃避责任、追求享乐等特性。战争对当时人民的精神和肉体造成了极大创伤，他们对宗教失去了信仰，对未来失去了信念，对社会感到失望，失去了生活的意义，盲目追求金钱，人与人之间的关系被异化。"迷惘的一代"在精神上空虚，无法安定下来，缺少责任感并且追求享乐的生活。海明威的这三篇短篇小说生动地记录了战后的社会形势和严重的精神危机，是当时社会的真实写照。

参考文献

［1］ Hemingway, E. 1987. *A Clean, well-Lighted Place. The Complete Short Stories of Ernest Hemingway*［M］. New York: Scribner.

［2］ Hemingway, E. 1987. *Cat in the Rain. The Complete Short Stories of Ernest Hemingway* ［M］. New York: Scribner.

［3］ Hemingway, E. 1987. *Hills Like White Elephants. The Complete Short Stories of Ernest Hemingway*［M］. New York: Scribner.

［4］ James M. & John A. 1982. *Drinks of the World* ［M］. London: Leaden hall Press.

［5］ Lanier, D. 2002. *The Bittersweet Taste of Absinthe in Hemingway's 'Hills like White Elephants'*［J］. Studies in Short Fiction, (3): 279-288.

［6］ Lodge, D. 2002. *Analysis and Interpretation of the Realist Text: Ernest Hemingway's Cat in the Rain* ［C］. Beijing: Foreign Language Teaching and Research Press.

［7］ Song HU. 2019. *The Symbolic Meanings of Cat in Hemingway's Novel Cat in the Rain*［J］. Overseas English, 223-224.

［8］ Weeks, L. 1980. *HEMINGWAY HILLS: SYMBOLISM IN 'HILLS LIKE WHITE ELEPHANTS'* ［J］. Studies in Short Fiction, 75-77.

［9］ 陈丽. 2005. 迷惘的一代 ［J］. 外国文学，（6）：50-55.

［10］ 陈麦池. 2011. 时代视野中的海明威与"迷惘的一代"［J］. 安徽工业大学学报（社会科学版），28（4）：41-43.

［11］ 迟秋雅. 2012. 虚无中的流放——从《白象似的群山》看海明威作品中的纵酒现象［J］. 金陵科技学院学报（社会科学版），（1）：46-50.

［12］ 傅景川. 2002. "20 世纪文艺复兴"的重要篇章——两次大战期间的美国小说思潮述评［J］. 东北师大学报，（6）：73-80.

［13］ 胡克红. 2004. 多元·创新·现实主义——20 世纪美国文学综述［J］. 河南社会科学，（2），115-118.

［14］ 黄厚文. 2011. 简析《一个干净明亮的地方》的美学蕴涵 ［J］.

黄石理工学院学报（人文社会科学版），28（5）：41-43，47.

[15] 莫燕凤. 2007. 一位另类的硬汉——析《一个干净明亮的地方》的年长侍者的形象[J]. 电影文学，（17）：89-90.

[16] 彭海粟. 2006.《白象似的群山》中的象征分析 [J]. 商丘职业技术学院学报，（1）：64-65.

[17] 邱云峰. 2008. 美国二十世纪"迷惘的一代"研究 [D]. 济南：山东大学.

[18] 薛晓. 2014.《一个干净明亮的地方》主题新解 [J]. 文学教育（下），（7）：104-105.

[19] 杨洋. 2002. 海明威与"迷惘的一代"[J]. 盐城师范学院学报（人文社会科学版），（1）：83-86.

[20] 张雨铮. 2019. 酒与"迷惘的一代"——以《白象似的群山》为例 [J]. 青年文学家，（9）：143.

汉语方位词"里"的空间隐喻义研究

——兼与日语「中」的用法比较

北方工业大学　孙迪聪

摘　要：本文是对方位词"里"的语义进行分析研究，以方位词的现代汉语本体研究为依托，对 BBC 语料库和国家语委现代汉语平衡语料库中"里"的语料进行分拣，综合运用语料库分析、举例论证和分类法等方法，分析语料库的语料，从语义和搭配两方面探讨方位词"里"的隐喻意义。方位词"里"除了能表达最基本的空间方位概念之外，它的隐喻意义还能表达时间义、机构或单位所涉及的人、名词所涉及的范围、情绪隐喻和抽象空间义。按照本文对汉语"里"的隐喻意义分类，将汉语的"里"与日语「中」的用法进行比较。以期学习者对方位词"里"有更加完整、系统的认识和理解，最大程度减少二语习得过程中的偏误。

关键词：方位词"里"　空间隐喻　汉日对比

1 引言

方位词在现代汉语中有着重要地位，是汉语表达空间、时间关系的重要方法和手段。方位词是现代汉语语类中比较特殊的一类，它的语法属性和表义功能具有一定的复杂性。"里"作为方位词，本义习得难度低，但其他引申义习得难度较高。空间方位词数量少、日常使用频率高、多义性强，是认知语言学研究的重要领域。

吕兆格（2005）和曾传禄（2005）从认知的角度，对方位词"里"进行了语义的分析。吕兆格将方位词"里"的语义分为方所义和隐喻义。方所义就是在一定界限以内的空间范围；隐喻义又划分为时间义、范围义、方向义、抽象概念义以及固定搭配，并且认为方位词"里"倾向于空间方所以及相关容器类的事物。曾传禄运用容器隐喻和容器图式的理论，对"里"的方位隐喻形式和喻义进行了分析。他认为方位词"里"除了可以喻指时间和范围，同时也能表示状态和数量。但是方位词"里"所表示的数量是一种界定的范围。

汪洋（2007）在前人的语义研究基础上，提出了新的划分方法，并且进一步做了细分。首先，从认知和隐喻的角度把方位词"里"的义项分为空间义和时间义；其次，在空间义中划分为容器类、空间类、身体部位类、依靠身体部位感知的无形空间成分、媒介载体类、抽象事物类以及群体范围。这种分类方法，是认为空间义可以是具体的，也可以是抽象的：时间义中既包括了清晰或者模糊的时间段，也包括了事件进程，这对本文的设计分类有着启发作用。

张睿（2010）将语义分为两种：具体空间、抽象空间和范围，再细分为平行的九类。其中具体空间又分为封闭空间类、有界空间类以及划界空间类；抽象空间又分为器官-隐喻类、概念-范围类、环境-状态类、群体-机构类、媒介-通讯类、时间-数量类。这不是对语义进行总体重新分析，而是将每类语义的名称进行了合理的修改。

学者关于现代汉语中方位词的研究已经不可胜数，有许多专著和论文都对方位词的功能、特点、分类等进行了历时和共时的研究，但是大部分的研究都集中在方位词的本体方面，比如方位词的语义、语用、语法的使用。而在汉日对比方面的研究不像本体研究一样完善，少部分针对汉日对比的研究也往往把重点放在偏误分析上，鲜见针对方位词的隐喻意义进行分类并同时比照日语的研究。

在汉语方位词的学习中，母语为日语的汉语学习者常常会产生偏误，这是由多种原因导致的，比如方位词"里"本身的特殊性，日语和汉语之间的异同，以及思维方式的不同。方位词"里"本身具有较强的语词语组合的能力，位置也相对灵活，留学生普遍因为它较为复杂的语法属性和表义功能而感到困扰，从而导致误用。与之相对，母语为汉语的日语学习者在学习的过程中，也经常会出现方位词「中」使用不当的现象。汉语中的"里"与日语中的「中」并不是简单的对应，仍存在一定的差异，什么时候可以使用「中」，什么时候应该省略，至今没有权威的、相对完备的语法标准。

综上所述，本文是对方位词"里"的语义进行分析研究，以方位词的现代汉语本体研究为依托，借鉴前辈们的研究成果和方法，对 BBC 语料库和国家语委现代汉语平衡语料库中"里"的语料进行分拣，综合运用语料库分析、举例论证和分类法等方法，分析语料库的语料，从语义和搭配两方面探讨方位词"里"的隐喻意义，举出最合适的语料例句，最后从日语学习者的角度出发，将日语词汇「中」与汉语"里"的使用方法相对应，以帮助学习者对方位词"里"有更加完整、系统的认识和理解，最大程度减少二语习得过程中可能出现的偏误。

2 汉语方位词"里"的语义认知分析

"方位词"，是指表达方向和位置的词。说到方向和位置，必有其参照点，不论此参照点是具体的还是抽象的，是实际的还是人们通过认知想象出来的，都有一个或实或虚的空间存在。本文结合 BBC 语料库和国家语委现代汉语平衡语料库中的现代汉语语料，将汉语方位词"里"的语义分为以下几类。

2.1 方位词"里"的基本义

东汉许慎著《说文解字》中有关于"里"的表达："裏，衣内也。从衣里声。"可见最初，表示一定的界限范围以内的方位词"里"写作"裏"（里的繁体字），构成"裏"字有两个构件："衣"和"里"。"里"表示衣服的里子，与"表"相对。现代汉语中，"里"的基本义已经不是"衣服的里层"，而是表示"里、里头"的空间义，此时的"里"与"外"相对。例如：

（1）晚上，我又把自己关在教室里，不再去想这些毫无意义的事，一头扑在图纸上。（张作寒《不愿受污染的人》）

（2）大兄弟到车里来吧，车里暖和。（骆宾基《幼年》）

例句（1）（2）的"教室里"和"车里"都是基本封闭的三维容器，有着非常明确的边界或界限，与"教室外""车外"相对立，表示较为典型具体的三维立体容器。因此，笔者将"里"的基本义概括为"有明确边界或界限的具体空间的内部"。

2.2 方位词"里"的隐喻义

在认知语言学中，意象图式是我们日常身体经验中反复出现的、比较简单的空间结构（Lakoff，1987；转引自曾传禄，2005）。约翰逊（Johnson，1987）认为意象图式是感知互动及感觉运动活动中不断再现的动态结构，这种结构可以为我们的经验提供连贯性和结构性。

虽然意象图式的定义有许多不同的表达方式，但其核心是相同的。人类的肢体无时无处不处于各种各样的活动之中，我们的身体始终处于和外部客观世界的接触和互动之中。方位词"里"体现的是常见意象图式中的"容器"图式，由内部、外部和边界三部分组成。

人们对空间概念的认识是认识客观世界的基础，对时间和其他事物的认知也是建立在对空间概念认识的基础上。我们能用视觉、听觉等感官去直接感知空间的上下、前后、左右、里外、远近、中心和边缘，而时间等抽象概念是看不到、摸不着的，所以就用空间概念描述时间、范围、状态、数量、社会地位等抽象概念（Johnson，1987）。

根据"里"在现代汉语中的词语接续情况和其所表达的意义，它的隐喻意义分为以下六类：

方位词与不同成分的词或短语组合都可以表示时间意义，其中最常见的是方位词与时间词或者含有时间意义的其他词组合起来，通常方位词"里"用在时间词语后面，表示一个有始有终的时间段。如：

（3）记得在那一个月里，唱的次数比较多的戏是《玉堂春》《金石盟》《四郎探母》《红鬃烈马》等。（顾正秋《顾正秋的舞回顾》）

（4）见到他时是夜里，我们谈得很晚。（何西来《文艺大趋势》）

（5）在这个过程里，起决定作用的只能是公开的纲领、旗帜和口号。（李洪林《历史转折点的战略决战》）

从人类认知客观世界的顺序来看，认识空间要先于时间，因为空间是相对具体的概念，人们可以通过视觉、听觉等感官去认识空间的存在，而时间则相对抽象，无实体且无边界可言。方位词"里"将其自身的三维空间概念映射到时间概念上，将一维的时间喻为三维的立体空间，将难以捉摸的时间"可视化"，形成了认知上的边界。以上三个例句中，"一个月里""夜里""过程里"都是时间词。其中"一个月"是一个明确的时间段，"夜"是一个模糊的时间段。例 3 是在"一个月"后，加上"里"，限定了"次数统计"的具体时间，例 4 是"夜"加上"里"，限定了"谈话"的时间，例 5 中的"过程"一词时间性比较强，偏重"过程性"，有开头、发展、高潮、结局等一系列的进程，当与"里"连接时，表达的是事件的时间过程。综上，当"里"接在表时间的词的后面时，此时的时间表示的是一定的时间段，有开始，有结束，在原来的认知里形成了一个有边界的"时间容器"。

方位词"里"和人体器官名词组合时，既可以表达最基本的具体实在的空间意义，也可以表达抽象的意义。如"手里有汗"，"手"和"汗"都是客观存在的，所以"里"表示的是基本的空间意义，但当虚指时，"手""心"不是强调客观存在，而是具有抽象的意义，表示能把握或者在意的范围，所以"手里"实际上指所有权的来源处，"心里"指的是对人或事物的在乎。

（6）不过我怕以后会发生，因此我把家里的收入都掌握在手里。（刘耘《周到的服务》）

（7）别了年青同辈朋友，心里刻下了多少思念；盼到几时天开眼，你的灵魂回人间？（梁庭望《壮族风俗志》）

人们往往依靠有形的、被人熟知的、较具体的概念去理解无形的、难以理解的、较抽象的概念。我们的身体始终与外部客观世界进行接触和互动，每个人本身就是个容器，皮肤把身体的"里""外"分开，整个身体又由多个小容器组成，因此才会有"握在手里""心里刻下"之类的表达。另外，"手里""心里"不是指真正的"手掌的内部""心脏的内部"，而是通过隐喻的抽象认知，将人的行为、思维、情绪看作一个容器，用手掌代指人的行为、心脏代指人的情绪。

储泽祥（2004）认为，名词后加上方位词"里"有表示群体的作用，表示机构、单位的词语和"里"组合，是一种人为划出边界的容器，可以指机构单位、机构所在的处所如例（8）（9）、机构单位的领导，也可以指单位的人，如例（10）。

（8）"你是省里来的学生娃？"（朱晓平《桑树坪记事》）

（9）许多中学校里，也是颇具代表性的。（肖复兴《中学生梦幻曲》）

（10）大家"坐不住"了，纷纷给家里写信、打电话，谈自己

学大庆的深切感受和思想变化。(人民日报)

例(10)中,"家"和"里"组合时,既可以指家庭,也可以指家里的人,还可以指"家"所在的地方。

例(11)(12)表示名词所涉及的范围。

(11)书里的真知识是从哪里来的?(陶行知《陶行知教育论文选集》)

(12)电视里演的什么,他是一点儿也没看进去。(顾笑言《金不换》)

例(11)(12)中,"里"前的名词本身不具有空间意义,但在"里"的作用下,会进行"三维化",具有空间意义。"里"所表示的也并不是真正的空间意义,而是名词或名词短语所涉及的内容。"书里"指的是"书中的文章里","电视里"指的是"电视节目里"。在淡化了本身空间义的基础上,在人类的认知中,发展出抽象的容器"书中的文章里""电视节目里"表示无形的范围。

方位词"里"和表示情绪的词相结合,表达所涉及对象的情绪或感受,如"快乐、尴尬、悲伤"等,可以隐喻成一个抽象的容器,这样让情绪成为了一种抽象的空间。

(13)周伯涛这时可以说是被淹没在快乐里。(巴金《秋》)

(14)老百姓从极度的扬眉吐气中一下掉进极度悲伤里去,像又有一口大黑锅,从天上扣下来,扣在他们的头上,见不到天日了。(马识途《夜谭十记》)

例(13)中的"快乐",加上方位词"里",成为了一种抽象的空间,周被淹没在这个空间中。例(14)中的"悲伤"是"老百姓"的情绪状态,老百姓掉进了"悲伤"的情绪中。

外部世界中有边界的三维物体都可以被看作"容器",除自然界中原本就存在边界的具有空间意义的事物外,"容器"图式被投射到其他本无边界可言的日常生活经验的抽象概念上,除身体以外的一切事物、状态就会被赋予空间意义，被视为"容器"，被"概念化"，"容器"图式的空间概念投射其中，形成了一定的认知上的边界，使其具有了空间意义。如：

（15）草已经都转成黄色，耸立在墙头上，在秋风里打颤。（黎锦明《象》）

（16）浑身的长毛在月光里象闪亮的钢针直直地刺楞着，这倒叫他想起了某个童话中的森林女妖。（郑芸《青春回旋曲》）

例句中的"秋风"和"月光"都是抽象的客观现象，不具备空间意义。加上方位词"里"以后，将"秋风"和"月光"隐喻为一个三维立体的空间，例（15）中的"秋风"限定了"打颤"的场所，例（16）中的"月光"说明了"刺楞"的地方。

（17）他们把整个人生搁在爱情里，爱存则存，爱死则死，他们怎么会拿爱情做人生的装饰品呢？（梁遇春《无情的多情和多情的无情》）

（18）数不清有多少个月明星稀的夜晚，他和她幽会在玫瑰色的梦境里。（刘安琪《可爱的一朵玫瑰花》）

以上例句中的"爱情""梦境"都是不具有空间形态的抽象名词，加上方位词"里"将它们转变成一种空间容器。例句中的"爱情里"限定了"人生"存在的地方，例句中的"梦境里"限定了"幽会"的场所。

（19）在这个多样化的世界里，国家与国家之间，都不应该把自己的意志和模式强加于人。（北京日报）

（20）在我们这个信息意识还没有觉醒的社会里，动员厂长、经理加入网络是较难的。（经济日报）

例（19）（20）中的"世界""社会"都是较大的抽象环境，加上方位词"里"后成为了一个三维的、相对封闭的空间。例（19）中的"世界"限定了"国与国"所在的地方，例（20）中的"社会"限定了"(信息意识未觉醒的)厂长、经理"的处所。

方位词"里"与一些本身不具备任何空间意义也不表示明确的方位和处所的抽象事物组合,通过隐喻的认知模式,在心理上建立了空间边界,组建了抽象概念的空间方位结构,从而赋予其空间感和立体感。

3 从汉语的角度分析"里"和「中」的对应用法

与汉语"里"相对应的,是日语词「中」。王克西(1994)通过研究表示,汉语中的"里"与日语中的「中」并不是简单的对应,仍存在一定的差异。那么,汉语"里"在译成日语时,什么时候可以译为「中」,什么时候应该省略?这个看似简单的问题,实际上是一个颇为棘手的问题。

与汉语不同,在日语句子中,方位词的使用十分灵活。在很多汉日对译中,汉语的方位词似乎可以视为与日语的「に」和「で」对应,但实际上,「に」或「で」与汉语方位词的对应关系并不准确,比如「に」翻译成汉语时,可以表示"上"也可以表示"里"。例如:

(21)トレイをテーブルに置く。(ノーラ・ロバーツ(著)/清水 はるか(訳)「千年の愛の誓い」)

(22)講義のみの方は、午後1時までに7階716教室に集合。(広報のぼりべつ)

在日语的方位表达中,有时可以省略方位词,但格助词不能省略,日语助词在句中可以指示方位。日语助词「に」的意义之一是指示方位。有了「に」、「で」等格助词,如果其前面的名词(参照点)又是立体空间场所名词的话,方位词「中」可以不加;如加上方位词,是为了表示确切的方位(王克西,1994)。

(23)その1ヶ月間にいろいろ考えてみた結果、なかなか接地のタイミングがつかめなかったのは、……（坂崎　充「惜別！
YS-11」）

（24）夜の十時すぎまで、一緒に遊んだ。（北方　謙三「帰
路」）

在表示某些时间概念时，汉语大部分会使用"在……里"，如
例（3）（4）（5），而日语一般会使用「間」或者其他表示时间的名
词，如例（23）（24）。

（25）每个人一生中，都有一些美的形象留在记忆里，而且是
难以忘怀的。（纯人《雪地上的足迹》）

（26）あんな美しい亜熱帯の国も、私をいつまでも暑い記憶
の中に生かしてはくれない。（岩井　志麻子「薄暗い花園」）

（27）もちろん、音声の暴力を受け取る側は、それがいつま
でも記憶に残ってしまい、苦しみます。（吉村　達也「スイッ
チ」）

例（25）（26）（27）中的"记忆里"、「記憶の中に」不是指真
正的"大脑的内部"的实际的物理空间，而是通过隐喻的抽象认
知，表示抽象的意义，将人的行为、思维、情绪看作一个容器，用
记忆代指人的思维。所以在这种情况下，汉语要使用"里"，日语
加不加「中」都可以。

（28）戦場に着いてすぐ相斌さんから家に手紙がきた。（林
えいだい「妻たちの強制連行」）

（29）純一が東京の会社に働きに出た頃は、幾らか落ち着き
ました。（佐藤　茂夫「山の娘ジュン」）

在表示某些团体、组织时，汉语使用方位词"里"，如例（8）
（9）（10），但日语使用中有了「に」、「で」等格助词，方位词
「中」就不可以加，如例（28）（29）。

（30）あまりブルースに抱かれているという実感もないま

ま、ふわふわと快楽の中に漂って、ふと気づけば極めていた。
(松岡 なつき「チェイン・リアクション」)

（31）しかし、快楽にふけり、暴飲暴食をやめず、夜更かし
をして、運動不足に陥る…。(スティーブン・R.コヴィー「原則
中心リーダーシップ」)

在表达所涉及对象的情绪或感受时，汉语大部分时间会使用
"在……里"，如例（13），而日语加不加「中」都可以，如例（30）
（31）。

4 结语

汉语在指示方位时，方位词的出现十分频繁，"里"凸显了容
器图式的内部，在现代汉语中多表达三维意义。日语中由于有指示
方位意义的助词，方位词出现得没有汉语那么频繁。汉语的"里"
较之日语，意义和用法更为广泛，但日语方位表达也有其独特
之处。

方位词"里"除了能表达最基本的空间方位概念——方所义之
外，它的隐喻意义还能表达时间义、器官隐喻、机构或单位所涉及
的人、名词所涉及的范围、情绪隐喻和抽象空间义。本文围绕中日
双语使用中的不同，梳理了方位词"里"的中日用法，从汉语的角
度，对照汉语"里"的隐喻意义分类，将方位词「中」在日语中的
用法与之对应。其中，表示名词所涉及的范围部分，以及本身不具
备任何空间意义也不表示明确的方位和处所的抽象事物部分，因笔
者理论储备有限，有待将来的研究中有所发现和弥补。

显然，汉语和日语中的"里"和「中」有相同之处，也有不同
之处，相同之处大多要归于人类对于概念隐喻的共性。因为人类生
存的外部环境、人类社会的发展以及人类自身的发展过程具有很多
共性，必然会形成许多相近的认知概念。用空间去感知时间等以一
个概念去感知另一个概念，是人类共有的思维方式和认知模式。其

不同之处在于隐喻的民族性及语言文化的不同，概念隐喻介入语言，必然与民族文化相联系，因此会具有鲜明的民族文化特征。

本文虽然结合方位词的本体语义和从汉语角度对日语方位词「中」进行了考察，但是还存在很多有待解决的问题以及需要进一步研究的地方。首先，由于语料检索方式不同，调查结果可能存在偏差，因所有的检索过程、统计结果都是以人工方式进行，难免出现疏漏，有待进一步研究。其次，由于笔者的学术能力十分有限，致使内容分析不够深入，有些方位词的相关内容分析得还不够全面，语料的搜集和整理还有待完善。

注释

本文中所有汉语例句均来源于 BBC 语料库和国家语委现代汉语平衡语料库，所有日语例句均来源于少納言『現代日本語書き言葉均衡コーパス』。

参考文献

[1] George Lakoff. 1987. Women, Fire, and Dangerous Things[M]. Chicago: The University of Chicago Press.

[2] 曾传禄. 2005. "里、中、内、外"方位隐喻的认知分析[J]. 贵州师范大学学报，（1）：104-107.

[3] 储泽祥. 2004. 汉语"在+方位短语"里方位词的隐现机制[J]. 中国语文，（2）：112-122，191.

[4] 吕兆格. 2005. 方位词"里""外"的语义认知基础与对外汉语教学[J]. 云南师范大学学报，（5）：50-53.

[5] 汪洋. 2007. 方位词"上、下、里、外"的语义认知研究[D]. 成都：四川大学.

[6] 王克西. 1994. 日语方位词和方位词指示[J]. 外语学刊，（1）：34-41.

[7] 张睿. 2010. 方位结构"×里"与"×内"探究[D]. 上海：上海师范大学.

[8] George Lakoff, Mark Johnsen. 1980. Metaphors We Live By[M]. Chicago: The University of Chicago Press.

[9] 谌莉文. 2006. 概念隐喻与委婉语隐喻意义构建的认知理据[J]. 外语与外语教学,(8):17-20.

[10] 方经民. 1999. 汉语空间方位参照的认知结构[J]. 世界汉语教学,(4):32-38.

[11] 李国南. 2005. 当代隐喻研究的新视阀——概念隐喻[M]. 北京大学出版社.

[12] 廖秋忠. 1989. 空间方位词和方位参照点[J]. 中国语文,1989(1):46-53.

[13] 束定芳. 2001. 论隐喻的认知功能[J]. 外语研究,(2):28-31.

[14] 魏进. 2020. 空间名词「中」的中日意义对比及误用分析[J]. 榆林学院学报,(5):88-91.

[15] 武俐. 2016. "左、右"空间隐喻概念的汉日对比研究[J]. 语文学刊,(1):67-69.

[16] 杨江. 2007. 方位词"里""中""内"的语义认知分析[J]. 湖南科技大学学报,(6):105-109.

《西游记》中谚语的隐喻映射

北方工业大学　　王璐

　　摘　要：本文通过认知语言学隐喻映射理论，对《西游记》中"佛"和"龙"的隐喻性谚语进行分析，进而探究其背后深厚的文化思想内涵。研究发现，《西游记》中"佛"和"龙"的隐喻性谚语的特点表现在：将"佛"作为实体的实体隐喻，"佛"已经成为可量化的、具体化的实体出现在谚语中；将"龙"至尊强者的语义作突显蕴涵。这体现了明代社会佛教在民众心中的重要地位，以及中国传统"龙文化"的深远影响。从隐喻映射的视角对这些隐喻性谚语进行研究，不仅能了解明代社会特有的风俗习惯，且有利于对中华传统文化思想进行深层解读和传承。

　　关键词：《西游记》　谚语　隐喻映射　文化思想

1　引言

　　《西游记》作为明代中后期以宗教为题材的经典文学作品，蕴含着丰富的中国传统文化思想，其语言形式多样，生动风趣，佛道之语中巧妙运用大量谚语，在中国的古典名著中独具特色。《西游记》中的谚语，无论起源于何时，出于何处，它们盛传于明代社会是可以肯定的（田同旭，2004）。其中很多谚语都带有民俗化的特点，记录了人们对社会的认知和体验，为研究明代社会提供了很好的素材。

汉语谚语的隐喻映射研究成果颇丰，其中束定芳（2000b）指出谚语的隐喻理解过程和特点，赵海燕（2006）分析了谚语中的概念隐喻折射出的中国传统文化。而对《西游记》中谚语与传统文化的研究，目前仅有田同旭（2004）的一篇文章，分析出自不同人物口中的俗语谚言所展示的人物性格特点、精神风貌，以及反映的明代世俗社会的时代特点等。笔者发现鲜有从认知的隐喻映射视角，对《西游记》中的谚语与文化思想进行研究。因此，本文旨在从认知的隐喻映射视角，分析《西游记》中的隐喻性谚语，解释其文化意义，探究其背后深厚的文化思想内涵。

比起非隐喻性谚语，隐喻性谚语往往蕴含更深层的文化思想和民俗特质，本文选择《西游记》中的隐喻性谚语进行研究。《西游记》中的谚语，有一大部分带有词语"佛"或佛教专用名词，以及词语"龙"；从《西游记》的内容来看，它是带有佛学意蕴的取经故事，龙王又是着墨最多的配角，佛教文化和"龙"文化是该作品中占据核心地位的文化思想。因此，本文旨在通过认知语言学隐喻映射理论，对《西游记》中"佛"和"龙"的隐喻性谚语进行分析，探索隐藏其中的文化思想，分析所传达的共同价值观念等。

2 汉语隐喻性谚语

谚语是人们在生活实践中创造的一种特殊语言形式，具有传达传统共同价值观念的功用（罗圣豪，2003）。有关汉语谚语的定义众说纷纭，没有统一。本文采用孙治平（1984）给出的定义，将汉语谚语和成语、歇后语、俗语等区分开来。首先，从结构上看，谚语是完整的句子，而成语、歇后语、俗语一般只能充当句子成分；其次，从意义上看，谚语表示判断或推理，可以用来印证、替代自己的观点，而成语、歇后语、俗语起对客观事物的性质、状态和程度等进行具体的形容和表述等作用。由此，汉语谚语在形式上是完整的句子，在内容上凝聚着大众的经验和智慧，具有教化的意义。从文化角度而言，汉语谚语是劳动人民对生活经验的总结，通常以人们所熟知的形象和易于记忆的表达方式代代相传，集中体现了人们在生活中的智慧和观点态度，承载着中华民族传统文化的精髓（赵海燕，2016）。

从认知机制的角度，汉语谚语可以根据有无概念隐喻分为两类：一类是直接按字面意义理解的谚语，即非隐喻性谚语；另一类常作隐喻性理解，通过某种现象或事件来映射其他类似的现象或事件，即隐喻性谚语（束定芳，2000a：37）。非隐喻性谚语往往是对自然现象的客观描述，或者是人们对其生活的小结，谚语"美不美，乡中水""亲不亲，故乡人"（吴承恩，2002，第5回）可以根据字面意思直接理解为人们思念家乡，对故乡的热爱，体现中国传统文化精神中的"乡土情结"。然而隐喻性谚语不能直接通过字面意思理解，一般运用人们熟悉的现象或事件，来映射抽象的或人们不熟悉的类似现象或事件，以便更好地传达意思。相比较于前者，隐喻性谚语的语言更加生动，且包含更深层的文化思想和民俗特质。隐喻性谚语中的隐喻映射不仅能体现人们观察世界的方式和人生的态度，而且积淀着深厚的文化渊源和历史传统，记录了人们在特定社会语境下的认知和体验。

3 隐喻映射理论

"概念隐喻"由莱考夫（Lakoff）和约翰逊（Johnson）在《我们赖以生存的隐喻》（1980）中提出，"隐喻是跨概念域的系统映射"是概念隐喻理论的核心内容，这种映射主要以我们的身体经验、社会经验和文化经验为基础。隐喻包括源域和目标域，源域是相对具体、结构清晰的概念，而目标域则是相对抽象或者缺乏内部结构的概念，通过源域的具体结构和相关知识帮助我们理解和构建抽象的目标域，隐喻即由源域向目标域跨域映射。但隐喻不是语言表达层面的问题，而是人类赖以生存的思维方式和认知手段，体现了概念系统由具体向抽象的认知机制（李福印，2008：131-143）。

谈语是一种特殊的隐喻。莱考夫和特纳（Lakoff，G. & M. Turner，1989）指出，典型的谚语唤起常见动物、物体和情景的知识，这些知识结构被称为"类属层次的图式结构"，它们不但包括"种属"层次的信息，如因果关系、事件的概况等，同时还包括特别的细节和具体的影像（束定芳，2000）。比如在《西游记》中，隐雾山豹子精面对行者、八戒冲进洞里，不知如何处置，其手下先锋说道"手插鱼篮，避不得腥"（吴承恩，2020，第86回）这一句谚语，劝豹子精迎面对战。谚语的字面意思是想要拿到鱼篮里的鱼，就不能避免有腥味。在理解谚语字面意思的时候采用类属层次的图式结构，但当这一谚语用在老妖迎战行者这一特殊情景时，就要通过类层次的隐喻传达一种一般性的理解。莱考夫和特纳提出类层次的隐喻：种属就是类属。使得某一特殊类属层次的图式，映射到无数互相平行、拥有与目标域相同的种属层次结构的特殊种属层次图式上。即，将鱼带有腥味这一具体的特性，映射到带有一定风险的事情上。因此在老妖对战行者这一特殊的情境中，也能传达出"既然干某件事，就不必有顾虑"这种一般性的理解。这就是人们对谚语的认知识解过程，先从特殊语境到一般语境，再到特殊语境。

隐喻映射是进入文化世界的一种认知网络，正如王守元和刘振前（2003）指出，"隐喻本身是文化的构成成分，能够在很大程度上反映文化的内容"。隐喻根植于语言思维和特定的文化，每个隐喻都有着丰富而生动的文化内涵。一方面，对《西游记》中谚语的隐喻研究能帮助我们深入明代社会，挖掘隐藏在语言深处的社会习俗和文化观念；另一方面，《西游记》中的很多谚语流传至今，其中的隐喻对谚语的理解和传承起到推动作用，概念隐喻有助于人们理解谚语中蕴含的集体智慧和社会哲理。

4《西游记》中谚语"佛"的实体隐喻

莱考夫根据源域的不同，将概念隐喻分成三类：结构隐喻、方位隐喻和实体隐喻。其中，实体隐喻是指用具体的实体概念理解抽象概念，将源域实体概念的特征投射到目标域的抽象概念中。我们能将抽象的、不便于感受和描述的概念具体化，使其转化为我们日常经验中可量化的、可触摸的实体概念，从而更好地理解和感受抽象概念。《西游记》中有不少将"佛"或者与佛教有关的名词当作实体的隐喻，用来映射抽象的概念。在明代社会，"佛"已经成为可量化的、具体化的实体出现在谚语中，告诉人们抽象的生活道理，传播佛教教义。一方面，这体现了佛教在世俗社会中的普及性；另一方面，通过谚语的传播，又加深了人们对佛教教义的理解。

谚语"阎王注定三更死，谁敢留人到四更"（吴承恩，2020，第 76 回），意为阎王能随时决定人们生死，人的死时不容拖延。反映出"生死有命"、寿命为"命中注定"的观念。该谚语借助"阎王"的权力，表达天意不可违抗。阎王，原型为印度神话中的阎摩罗王，是早期佛教神话中冥界唯一的王，掌管生死簿。公元前 2 年，佛教传入中国内地。从此，佛教在中国逐渐传播，深入普及。佛教词语也逐渐融入汉语词汇，并反映到谚语中。中国古代原本没有关于阎王的观念，佛教传入中国后，阎王作为地狱主神的信仰才开始在中国流行开来。谚语"阎王注定三更死，谁敢留人到四更"通过"阎王"这一实体映射不可违抗的"天意"，足以体现明代佛教在人们心中的重要地位。

谚语"既在佛会下，都是有缘人"（吴承恩，2020，第 36 回），意为在烧香、拜佛等佛事活动中相逢的人，都是有缘分的。该谚语借助"佛会"这一实体，映射人与人之间由一些因果关系导致的抽象无形的联结，某种必然存在的相遇的机会和可能——缘分。缘起是佛教的基本观念，显示佛教对宇宙与人生、存在与生命的根本看法。缘起强调事物因果之间的自然关系律，揭示事物之间的依赖性和相对性。

孙悟空把金毛犼的铃儿交给菩萨，菩萨收伏了金毛犼，说道"这正是：犼项金铃何人解，解铃人还问系铃人"（吴承恩，2020，第 71 回）。"解铃人还问系铃人"这一谚语源于佛教故事："眼一日问众：'虎项金铃，是谁解得？'众无对。法灯适至，眼举前语问，师曰：'系者解得'"（方立天，2004）。在菩萨帮悟空收了金毛犼这一语境下，铃不仅指犼项上带的金铃，还映射棘手的麻烦，系铃人则映射金毛犼的主人——菩萨，只有菩萨才能收了金毛犼。源于佛教故事的谚语"解铃人还问系铃人"，解铃人一般隐喻映射制造困难麻烦的人，意为谁制造的麻烦，还得由谁去解决，是佛教因缘果报思想的诠释。

谚语"不看僧面看佛面"（吴承恩，2020，第 42 回），意为即便不顾这一方的情面，也要照顾与之有关系的人的情面，表示看第三者的情面帮助或宽恕某一个人。这句谚语借助"佛"普度众生、慈悲为怀的特性，表达宽容宽恕的情感。《西游记》中的"慈悲"，主要体现在观音菩萨身上，菩萨心存善念，救人们于苦难之中，反映了人民群众朴素、善良的愿望，也是佛家"施无畏"精神的体现（王玉姝，王树海，2019）。

唐僧被耗子精所迷惑，说道"救人一命，胜造七级浮屠"（吴承恩，2020，第 80 回）。浮屠是佛教中最高等的佛塔，建塔被视为建功德。这句谚语通过佛教中浮屠佛塔这一实体，映射无量的功德这一抽象概念，表达救人性命功德无量的思想。佛教伦理成为人们的行为规范和准则。"救人一命，胜造七级浮屠""扫地恐伤蚂蚁命，爱惜飞蛾纱罩灯"这类谚语发挥了社会教化功能，警醒人们注意积德，弃恶从善，从而使人们树立自觉遵守社会伦理道德的意识。

《西游记》通过广为流传的世俗谚语，表达了佛教教义，充满了佛教因果报应和劝人积德向善的慈悲情怀。佛教在明代中后期出现了相对复兴之势，与中国本土的儒家文化、道家文化一同形成了中国传统文化——儒、释、道。佛教中的精神思想被封建统治阶层充分把握利用，成为控制民众意识、巩固统治的手段，其中劝人积德向善的思想，也在一定程度上促进了社会的和谐与稳定。

这些以"佛"为本体隐喻的谚语，承载着厚重的佛教文化思想精髓，说明佛教在明代社会深植于人们内心，在民众精神世界中占据重要地位。从认知识解的角度看，受佛教在明代社会盛行的影响，人们在理解和表达事物时经常使用"佛"的隐喻概念，说明佛教很大程度上影响了当时人们的识解方式。此外，可以看出大多数谚语对"佛"这一实体映射了褒义意象，比如佛家术语"缘分"的概念在中国传统观念中几乎不含有贬义，甚至逐渐发展成为安全的社交用语。

5《西游记》谚语中"龙"的语义凸显蕴涵

莱考夫（2015）指出，"正是允许我们把概念的一个方面看作另一个概念的这种系统性要求掩盖了这个概念的其他方面"。当"源域"概念的部分语义蕴涵转移到"目标域"后，这部分蕴涵被突显，此时其他蕴涵就成为背景蕴涵。这些突显蕴涵通常是某一范畴中表现最突出的特性，长期在人脑海中形成的这一特性逐渐固定在语言中，并成为该范畴类典的基础，即家族相似性，并渐渐在人类认知中形成比较固定的认知模式。因此，在概念隐喻中，基本层次范畴中的类典成员成为众多隐喻表达的首选喻体，每个隐喻的突显蕴涵多来自喻体的显著特征。

生活中常见的动物谚语通常用基本层次范畴的词语，如鸟、鱼等，这在《西游记》里也有体现。如谚语"海阔凭鱼跃，天高任鸟飞"（吴承恩，2020，第84回），意为在广阔的天地里，人们可以自由地施展才能。在动物中，鸟最突出的特性是有翅膀，会飞翔；鱼最突出的特性是生活在海里，会遨游。此句谚语将鱼在海中自由游动的特性、鸟在天空自由飞翔的特性映射到人身上，赋予了人可以自由施展才能的特征。鸟会飞、鱼会游的蕴含被转移到目标域——

人，这种特性成为了突显蕴含，而鸟和鱼的非典型特性都成为了背景蕴含。这类基本层次范畴的词语在谚语中比较常见，尤其是动物类的谚语，因为基本层次范畴的词语是最容易被人感知和认识的。

在《西游记》中，"龙"作为动物中一种特殊的基本层次范畴词语，不仅成为《西游记》中着墨最多的配角，更有不少以"龙"为源域的谚语。而"龙"是一种抽象的动物，古代民众想象的产物，不能基于生活的体验来识解，理论上不容易被人感知和认识；其次，"龙"来源于中华民族的神话传说，神话传说对"龙"的描述为："龙"是一种神异的动物，有鳞有脚、能潜能游、能飞能走，集百兽之长于一身的至尊强者，既是主宰各族雨水之神，同时又是吉祥神圣的动物（阎世斌，2006）。《西游记》中也有专门对"龙"的描述，"飞腾变化，绕雾盘云。玉爪垂钩白，银鳞舞明镜……祷雨随时布雨，求晴即便天晴"。两者对"龙"这种抽象的动物刻画得十分细致，描述的"龙"基本层次范畴的特性，都能飞能游，能布雨。但在《西游记》谚语中，"龙"作为源域的语义突显蕴含是"强大力量、至尊强者"这一褒义的抽象特性，会飞会游、能布雨等更具体的语义都成为了背景蕴含。

在《西游记》中，黑松林的小妖们遇到孤身一人的唐僧，欢喜地把唐僧抬进洞里，这正是"龙游浅水遭虾戏，虎落平阳被犬欺"（吴承恩，2020，第 28 回）。"虎落平阳被犬欺"这一则谚语，"龙"和"虎"都映射有权有势者，意为有权有势者或者有实力的人失去了自己的权势。谚语"强龙不压地头蛇"（吴承恩，2020，第 45 回）意为实力强大者也难对付当地的势力，龙映射有强大实力的人，蛇则映射实力稍弱的人。谚语"龙无云而不行"（吴承恩，2020，第 41 回），意为再专业、厉害的人，缺少必要条件也无法施展才干，"龙"同样映射有强大实力的人。上述有关"龙"的谚语中投了褒义意象，隐喻的凸显蕴涵为有权有势者或实力强大的人等。

究其根源，在中国古代社会，随着阶级的产生，神话传说中的"龙"逐渐为统治者所垄断，乃祥瑞之兆、皇权之象征。中国古代的帝王被称为"真龙天子",产生了"龙颜""龙体"等一系列词,"龙"成为皇权即最高权力的象征(葛星,2009)。所以,"龙"虽然是抽象动物,但人民群众对此并不陌生,"龙"即帝王,拥有强大的权力。人们对"龙"的识解,逐渐变成了在社会生活中对帝王的识解。"龙"在世俗社会中有了真实的指代,体现出当时社会人们对皇权的崇拜和敬畏,以及对美好生活的向往。从民间信仰的广泛性,到社会力量的拥戴,"龙"文化具有稳固的社会基础。

因而,上述谚语"龙"的隐喻突显蕴涵,体现了明显的阶级差异,中国历史上"龙"文化的鲜明政治性表现的"强大力量、至尊强者"这一语义是其他国家"龙"的含义中所没有的,表现出"龙"在中华民族独有的语义范畴。虽然"龙"在封建帝制时期被帝王垄断,成为王权和专制独裁的象征,但随着帝制的结束,"龙"便从帝王手中解放出来,恢复了它本来的形象特征,成为我们国家、民族和华人的图腾和象征(郭墨兰,2012)。认知主体受民族文化因素的影响,不仅我们的先祖炎帝、黄帝都与"龙"有着密切的联系,现在我们中国人更是自称"龙的传人"。直至当今,"龙"一直都是我们国人心目中的吉祥神物,影响着我们民族精神和社会生活的各个方面,已成为了中华民族文化的重要组成部分。

6 结语

《西游记》中有关"佛"的隐喻性谚语,将"佛"作为实体隐喻,"佛"成为可量化的、具体化的实体出现在谚语中,体现了佛教在世俗社会中的普及性。这些表现佛教思想的谚语广为流传,表明人们对佛教的情感投入,以及佛教在明代时期对人们日常生活的重要影响。另一方面,这些谚语在一定程度上也促进了佛教思想在世俗社会中的传播。《西游记》中有关"龙"的隐喻性谚语,以"龙"为喻体,将"龙"这种特殊抽象的动物作隐喻表达,显示出"龙"位高权贵、至尊强者的语义突显蕴涵,"龙"文化在中国历史上特有的鲜明政治性,体现出中国历史上人们对"龙"独特的识解方式，以及当时社会人们对皇权的崇拜和敬畏。《西游记》中的谚语承载着深厚的文化渊源和历史传统，有关"龙"和"佛"以外的其他隐喻性谚语及文化思想还有待研究，相信也会从中窥见人们受文化思想影响而产生的独特识解方式。

参考文献

[1] Lakoff, G. & M. Turner. 1989. More than Cool Reason—A Field Guide to Poetic Metaphor[M]. The University of Chicago Press.

[2] 方立天. 2004. 中国佛教哲学的现代价值[J]. 当代思潮，（4）：49-58.

[3] 葛星. 2009.《西游记》中"龙"形象的传统文化审视[J]. 齐鲁学刊，（5）：123-125.

[4] 郭墨兰. 2012. 中华龙凤文化缘起东方考略[J]. 山东社会科学，（7）：46-51.

[5] 李福印. 2008. 认知语言学概论[M]. 北京：北京大学出版社.

[6] 罗圣豪. 2003. 论汉语谚语[J]. 四川大学学报（哲学社会科学版），（1）：62-70.

[7] 乔治·莱考夫，马克·约翰逊. 2015. 我们赖以生存的隐喻[M]. 何文忠，译. 浙江：浙江大学出版社.

[8] 束定芳. 2000a. 隐喻学研究[M]. 上海：上海外语教育出版社.

[9] 束定芳. 2000b. 论隐喻的理解过程及其特点[J]. 外语教学与研究，（4）：253-259.

[10] 孙治平. 1984. 谚语两千条[M]. 上海：上海文艺出版社.

[11] 田同旭. 2004. 论《西游记》中俗语谚言[J]. 运城学院学报，（4）：19-25.

[12] 王守元，刘振前. 2003. 隐喻与文化教学[J]. 外语教学，（1）：21-35.

[13] 王玉姝，王树海. 2019.《西游记》人物和故事情节的佛教意蕴[J]. 明清小说研究，（3）：78-92.

[14] 吴承恩. 2020.《西游记》（第四版）[M]. 北京. 人民文学出

版社.

[15] 阎世斌. 2006. 从龙文化看民族精神[J]. 学术交流，（2）：30-34.

[16] 赵海燕. 2016. 汉语谚语中概念隐喻的认知语言学探析[J]. 长春大学学报，（7）：40-43.

汉日基本颜色词"青"的认知语义分析

北方工业大学　　薛萌

摘　要： 随着社会的发展，颜色词的语义除单一的自然意义外，同时也获得了某些社会文化意义。颜色词"青"的意义在汉日语中，既有共性，也有差异。本文以汉日语中的基本颜色词"青"为例，从认知语言学视角出发，以原型理论、隐喻和转喻为理论基础，对两种语言中颜色词"青"的语义结构进行比较，简要分析颜色词"青"的语义在汉语和日语中共性和差异形成的原因。

关键词： 青　认知语义分析　汉日对比

感知颜色是人类最基本的认知范畴之一，颜色词在语言中也有着非常重要的作用。颜色词用于描述自然界客观存在的五彩斑斓的万物，因为人类对于颜色的感知是一样的，所以颜色的自然意义也就有很多相同之处。然而，颜色一旦被用于社会语言之中，并且受不同时代、地域、民族和文化的影响，就会产生不同的含义，这就给颜色赋予了丰富的社会意义和文化意义。这种理解上的差异反映了不同社会文化环境中人们对事物的认知差异。

美国语言学家柏林和凯（Berlin B. 和 Kay P.）1969 年撰写的《基本颜色词：它们的分类和演变》（*Basic Color Terms: Their University and Evolution*）（University of California Press，1969）一书，打开了世界对于基本颜色认知研究的大门。此后国外对基本颜

色词的研究经久不衰。尽管有些问题还有待进一步研究和考证，但已取得了许多非常有价值的研究成果。目前国内对颜色词的研究多是站在社会文化角度进行分析，涉及颜色词的认知研究很少，对于汉日两种语言中具体的基本颜色词进行隐喻认知分析的则更少。

认知语义学强调人类在认知过程中与周围世界的相互作用，认为基本类概念和"图像—图式"是人类建立复杂认知模式的根本（张辉、王少林，1999）。隐喻是一种思维方式和认知手段，意象图式是隐喻的认知基础和心理基础。意象图式源于我们日常生活的基本经验，在概念域的映射中起着重要的作用。借助意象图式结构可以更清晰地说明各义项间的派生关系，可更清晰地对比汉日语中颜色词各义项使用的异同。

汉语受到阴阳五行学说的影响，"红""白""蓝""黄""黑"这五种颜色很早就被视为正统的颜色。提到颜色，中国人也会联想到"赤橙黄绿青蓝紫"的说法。而日本学界普遍认同的"四色学说"认定日本传统基本色彩为「赤」、「黑」、「白」、「青」。可见中日两国的基本颜色都有"青"，本文就以"青"为考察对象，对其进行认知语义分析。

1 本研究相关认知理据

1.1 隐喻

隐喻是人类基本的认知方式，是跨越范畴的认知过程。它通常由本体、喻体和喻底组成，包含分属不同范畴的两个认知域：目的域和源域。隐喻把不同范畴中的概念联系起来，通过跨越范畴的映射实现语义特征迁移，实现对目的域特征，即隐喻本体的重新认识、分类及概念化（张广林、薛亚红，2009）。莱考夫（Lakoff）和约翰逊（Johnson）认为，隐喻不仅是一种修辞手段，也是一种认知手段和思维方式，隐喻的实质就是通过另一类事物来理解和经历某一类事物（Lakoff、Johnson，1980）。

1.2 转喻

与隐喻相同，转喻也是一种认知方式，是人类认识客观世界与丰富语言表达的有效工具。转喻也是由三个部分组成：本体、喻体和喻底。但与隐喻不同的是，在转喻中，本体不出现，喻体就是喻底。本体和喻体之间是一种替代的关系。喻体之所以可以替代本体，是因为它代表了本体的某一特征（束定芳，2004）。

认知语言学认为，隐喻、转喻不仅是一种语言现象，更重要的是人类的基本认知机制；隐喻、转喻在人们的日常生活中无所不在（Lakoff、Johnson，1980）。

1.3 意象图式理论

认知语言学认为，语义的中心部分是意象图式，意象图式是最重要的语义结构。

意象图式由心理学上的"意象"和"图式"两个术语组合而成。1987 年，约翰逊在《心中之身》（*The body in the mind*）（The University of Chicago Press，1987）中第一个提出了"意象图式"这一概念。约翰逊（Johnson）将意象图式描述为在人们与外界互相感知、互相作用的过程中不断反复出现的、赋予我们经验一致性结构的动态性模式。莱考夫将意象图式定义为相对简单的、在我们的日常身体体验中反复出现的结构。兰盖克（Langacker）对意象图式的结构做了说明，认为意象图式主要由射体、界标和路径三部分组成，体现了射体与界标之间的某种不对称关系。意象图式源于我们对生活的体验与感知，是我们认知世界的心理基础，对认知基本空间概念和抽象概念有着重要的作用。

意象图式是空间认知域的基本子域，认知域是识解时的各种观察侧面或参照范围。从性质上说，意象图式相当于对认知域里的空间域进行还原解释所得到的一些基本子域。又由于人们在理解语义语用时会以视觉画面为辅助，因此空间域的基本子域就可以通过视觉画面的这种辅助效果而被隐喻映射到其他各种认知域里。也就是说，其他各种认知域也能通过这种隐喻映射关联而被隐喻地还原解释为空间认知域的基本子域即意象图式。于是，意象图式在性质上就相当于对各种认知域参数进行更深层还原解释的基本参数。

2 国内外对基本颜色词的研究现状

2.1 国外对基本颜色词的研究现状

国外对基本颜色词的研究取得了普遍的共识：颜色是不同语言所共有的，对颜色的认知是人类最基本的认知范畴之一。

1969 年，美国语言学家柏林和凯对世界上近 100 种语言中表达颜色的词进行了研究，提出了"基本颜色词（Basic Color Terms）"理论。他们从跨语言比较出发，揭示了色觉感知与色彩语码匹配之间存在的普遍原则和进化过程。心理学家罗施在 20 世纪 70 年代对焦点色做了进一步研究，证明焦点色源于前语言的认知（prelinguistic cognition），焦点色在感知——认知上的突显源于人类视觉器官对颜色的感知，从而为颜色范畴的形成和命名起到了定位的作用。

日本语言学界对日本传统基本色彩词汇研究较多，但是结合认知语言学的研究还比较少。

武井邦彦（1982）总结了日本各时期颜色词的演变。日本丝染纺织业历史悠久，发展迅速。上代时期几乎所有的颜色名称都是由染料（主要是植物染料）的名称产生的。平安时代染色文化尤其兴盛，这阶段出现了大量的染色名称。如"桑染"，指使用了桑树树皮煮出来的浆汁染出来的一种淡黄色；"茜色"指的是植物染料茜草的根煮出来的浆汁染出来的暗红色。这些染色名称成为具有日本风格的色彩词。到了江户时代，因受到民间丰富多彩、气象万千的祭祀活动影响，出现了各种具有个性的颜色名称。到了近代，特别是从明治时代开始，外来文化流入日本，对日语的颜色词也产生了很大的影响。

大野晋（1983）指出，日语中最初的颜色词是黑、白、红、蓝，分别以明、暗、显、漠与原义相对应。可以看出，日本人这种原始的色彩感觉是根据日出日落时光线的差异而区分的。

佐竹昭广（1995）从认知人类学的角度，明确了表示基础色彩词汇辨别的标准。佐竹还明确了日本的色名起源是明（赤）、暗（黑）、显（白）、晕（青）。即日本文化的原色中，明亮的颜色为赤，暗淡的颜色为黑，清晰可辨的颜色为白，暧昧的颜色为青。

伊原昭（1988）考察了日本文学作品中对于颜色词的使用：从上代到中古时期的文献和作品中看到的色彩用语，多以自然风物的名称命名。

大冈信（1983）从历史的视角对日本色彩词进行了考察，包括"色彩与文艺、文艺史""色彩文化史""世界色彩与日本色彩"三个部分。

小野文路（2010）指出，日本色彩学会在 2010 年发布的调查报告显示，现代日本人生活中颜色名称出现频率的前四位是红、白、蓝、黑。从这一结果可以看出，红、白、蓝、黑这四种日本学界普遍认可的日本传统基本色彩词在现代日本人日常生活中扮演着重要角色。

2.2 国内对基本颜色词的研究现状

姚小平（1988）主要对汉语基本色彩词的历史演变进行考察，根据文献调查，描述汉语基本色彩词的时代分布和变化。姚小平（1988）根据殷商、周秦、汉晋南北朝、唐宋元明清、现代（20 世纪以后）的时代划分，发现汉语基本颜色词的数量随着时代的变迁有所增长。

吴东平（2000）通过引用古典文献，详细阐述了白、红、蓝、黑等颜色在中国人生活中的作用，考察了从古至今中国传统基本颜色所包含的文化意义。

陈家旭、秦蕾（2003）认为，基本的色彩词是通过范畴化和隐喻来认知的。"最初人们描写颜色只是根据实物或把实物作为颜色的象征。后来人们逐步用明喻表达对颜色的认识，用'它看上去像×'这种结构描述（Wierzbicka，1990），然后发展到使用抽象颜色词，最后到使用颜色词进行隐喻化认知。"也就是说颜色词的语义拓展是从用物表示颜色，到颜色词语义抽象化、符号化的隐喻过程。

刘雨潇（2014）通过对中日对译语料库里汉语及日语作品中含"青"例句译文进行分析归类，找出二者指代的共性，并试比较二者象征意义的异同。

林墅（2009）以颜色词——中文"青"、日语「青」和「青い」为研究对象，从翻译的角度探讨了影响颜色词翻译的因素。

比较汉日语中"青"的意象图式研究比较少。国内汉日对比研究中对于"青"的研究多是对比分析其从原始语义到衍生语义的过程和产生原因，缺乏借助意象图式进一步说明的研究。

2.3 先行研究存在的问题

第一，从整体对颜色词的研究来看，国内对于颜色词的研究开始时间较早，大都从社会文化学角度入手分析，对具体颜色词进行认知语义分析的较少。

第二，国内认知语言学视角下的研究多数为汉英对比研究，汉日对比研究很少。

第三，国外的研究多关注颜色词的历史演变及背后的文化含义，但是结合认知语言学考察颜色词义项派生关系的研究还比较少。

第四，国内的先行研究中对日语颜色词"青"所表示的色彩范畴较窄，多数研究只选取"蓝色""绿色""黑色"进行研究，忽略了"青"还可以表示"白色"这一语义。本文也将举例补充这一点。

3 汉日语中基本颜色词"青"的认知语义分析

本节拟以"青"为例，探讨汉日语中的基本颜色词是如何在原型意义的基础上，经过隐喻和转喻等认知方式而生成其他语义的。
同时，通过考察汉语"青"的用法，分析日语和汉语中相同基本颜
色词如何受不同语言文化影响，产生不同认知方式，形成不同认知
语义。

3.1 汉语基本颜色词"青"的认知语义分析

"青"字始见于西周金文，《说文解字》（中华书局，2018 年）
解释道："东方色也。木生火，从生丹。丹青之信言象然。凡青之
属皆从青。"青色和绿色的矿物质都是铜矿，中国在夏末商初时期
就能进行青铜冶炼和铸造。可以说青色在古代中国与冶炼文化密切
相关。

中国传统文化中以五方、五色与五季相配，东方春位，其色
青。所以"青"在古代汉语中可指代东方。

汉语的青色，又称水绿色，其含义并没有统一的规定，泛指介
于绿色和蓝色之间的各种颜色，汉语中所指的"青"因时代、地域
等因素有较大的差异，通常主要指三种颜色——蓝、绿、黑（龙泽
筠，周金声，2014）。

汉语颜色词"青"的基本义用来表达色彩的概念，属于色彩
域。此外还可由色彩域映射到其他概念域上，从而产生各种概念
隐喻。

图 1 "青"的象形字

（1）青，生也，象物生时色也。（《释名·释采帛》）

（2）即日正是青黄不接之际，各处物斛涌贵。（《元典章·户

部·仓库》）

例句（1）中的"青"指的是青草和未成熟作物所特有的嫩绿色。例句（2）中的成语"青黄不接"，意为旧粮已经吃完，新粮尚未接上。此处"青"指田地里的青苗，隐喻作物还未成熟，是"青"由色彩域映射到状态域的表现。

人们由"青"的原型义即青草和未成熟作物所特有的嫩绿色，联想到了万物复苏、嫩草嫩芽生长出来的春天。因此，青色在我国古代文化中有生命的含义，也是春季的象征，可以表示"春天的气氛"，多用于古诗词中。"青"作为"春"的代称是"青"由色彩域映射到结果域的表现，是转喻的用法。由"青"最基础的色彩义联想到"刚长出来的嫩草嫩芽，万物复苏的春天"这一意义，是在"作物还未成熟"的意义上经隐喻认知后产生的。如"返青"表示植物返青期，指植物的幼苗移栽或越冬后，由黄色变为绿色，并恢复生长的一段时间。"青"在此处语义有了进一步的拓展。

（3）两个壮墩墩的汉子在台上拳来拳往，鼻青脸肿，还要打得越狠越好，最好把对方打趴下，看起来让人心惊肉跳。（北京大学中国语言学研究中心现代汉语语料库）

成语"鼻青脸肿"的"青"是由于面部受到创伤而产生的淤青，表示伤势严重的程度。

（4）这也不知比照哪一位尊神所塑的像，青面獠牙，眼睛瞪得像两枚铜铃，而且还熠熠发光。（古龙《圆月弯刀》）

"青面獠牙"里的"青面"有人理解为黑色的脸，这里可引申为恐怖的脸，是形容人面貌极其凶恶。另外，中医认为如果一个人受到惊吓，肝胆受到刺激，或是经常熬夜，肝脏无法排毒，其肝功能下降反映到脸色上就会有发灰黑、发暗的表现。这里的"青"是说此人气色不好，面部无血色，有灰黑的特点。

（5）她把约瑟芬包裹得很紧，婴儿因惊厌脸色发青。医院里的一位住院医生给这个婴儿开了静脉注射的镇静刻，婴儿才能安稳地睡眠了。（谢尔顿《镜子里的陌生人》）

人在跌打损伤时，皮肤下会出现"淤青"，"青"可引申为"不健康"。由全身皮肤的颜色到特指脸上皮肤的颜色，"脸色铁青"常形容人恐惧、盛怒或患病时脸部发青，带有夸张成分，具体意义需根据上下文和语境判断。"青"可以隐喻生气、胆怯、恐惧，这也是由色彩域映射到结果域的一种。"青"从人脸色的变化，进一步引申到情绪的变化，由此得知"青"可表示人愤怒的情绪。

《考工记》中记载古代中国冶炼工匠会通过观察炉中火焰的变化情况，来判断冶炼炉中的温度高低："凡铸金之状，金与锡，黑浊之气竭，黄白次之；黄白之气竭，青白次之；青白之气竭，青气次之，然而可铸也。"意为："观察冶铸金属的状态时，由铜和锡被冶炼出的黑浊气体销尽后，会出现黄白色的气体；黄白色的气体销尽后，会出现青白色的气体；青白色的气体销尽后，会出现青色的气体，然后就可用以铸造器物了。"古代道士炼丹时也认为只要炼丹炉里发出青色的火焰就算成功了，成语"炉火纯青"便由此而来，这里的"青"原指冶炼炉中气体或火焰的颜色，工匠或道士通过观察其颜色，对冶炼情况是否成功作出判断。该词现用来形容学问、技术或功夫到了纯熟完美的地步，"青"由此引申出"一流的、优秀的"的隐喻用法。

"青天"也称"青冥"，是指没有云遮挡的蔚蓝的天空。这里的"青"本意是"无遮碍"，进一步引申出"坦荡"之意。"青天"用于官场又有了转喻用法，"青天大老爷"成为为官清廉、大公无私官员的代名词，从自然属性上升到社会属性。如北宋清官包拯因其廉洁公正、心胸坦荡、不阿附权贵被百姓爱戴，故有"包青天"之名。

"青"由状态域到经验域的转变引起了词义的变化，指代青年，是转喻认知作用的结果。

（6）各级党的领导班子，实行老、中、青三结合的原则，既有老一辈的无产阶级革命者，又有中年和青年一代的优秀党员，还有来自工农和基层干部中的新生力量。（《人民日报》社论《我们党在朝气蓬勃地前进》）

如例句（6）所示，"老中青三代"一词，"老""中""青"分别指老年、中年、青年，也就是说有不同的年龄层。"青"在此指代青年这一群体。"青"从自然界的"青苗"，让人联想到万物复苏，一切都是崭新的、未成熟的春天。青年群体和"青苗"有相似性，初出茅庐，未来有着无限的可能性。"青"指代"青年"，从"植物的年轻"转变为"人的年轻"，是语义从自然领域到社会领域的发展。

据考证，青色在古代相对于其他颜色的获取较为便利。春秋战国时期之前，劳动人民就懂得把蓝草浸泡出汁用于蓝染。春秋战国之后蓝染工艺进一步发展，民众将蓝草制成泥状的蓝靛，待染色时用酒糟发酵，发酵的过程中产生的二氧化碳、氢气可将靛蓝还原成靛白，用靛白染成白布，经过空气氧化又可以呈现出蓝色。这就是荀子所说的"青取之于蓝而青于蓝"。从此青蓝色在民众服饰中的使用更为广泛。相比于其他从矿物、动物中提取的颜色，"青"由蓝草这样一种常见植物中提取，其成本更低廉，普及度更广。汉之后，因为地位低下者多穿青衣，如婢女、小童、侍从，所以"青衣"和"青衫"便表示无功名者之服饰，谓年迈而功名未就，在古汉语中常指代地位或身份不高的人。

（7）座中泣下谁最多？江州司马青衫湿。（白居易《琵琶行》）

例句（7）中白居易用"青衫"自嘲，自己在理应功成名就的年纪还仍是一个地位身份不高的、衣服也是"青色"的这样不成熟的小官吏罢了。"青衫"在此不仅指青色的衣服，更具有抽象意义，可以归为社会经验域。"青"从"身份不高"进一步引申为"官位不高"。

这条语义拓展路径和"青年"有所区别。首先，蓝草在自然中的广泛存在，导致蓝染工艺被广泛用于大众生活中。这是青色从自然界进入大众生产和生活中的表现。青色衣服比其他颜色衣服易得，发展出"青"表示"身份不高"，放在官场上又指"官位不高"，最终映射到了政治域。"青"成为了特定的身份地位的象征。

"青"也可以指黑色。这一含义是由其原型义引申出来的。蒋骥在《楚辞馀论》卷下写道："《大招》云'青色直眉'，青亦指黑。"

（8）君不见高堂明镜悲白发，朝如青丝暮成雪。（李白《将进酒》）

"青鬓"和"青丝"都可以表示乌黑的头发。"青衣"既可以指穿黑衣服的人，也可以指正旦。早年京剧演出古代戏，旦角都是梳大头，带"线尾子"，服装也多为黑色，所以正旦又称"青衣"。青衣年龄一般都是由青年到中年，没有老年，老年就变成老旦了。"青"在这里有了社会属性。中国传统戏曲中有五大行当："生旦净末丑"。"青衣"作为旦行中的"正旦"，指年轻端庄娴雅的女子。现在娱乐圈也流行把年轻有实力的女演员称为"小花旦"或"青衣"，这种从传统戏曲文化中拓展出来的语义是汉语里独有的。

"青"指黑色时，有"垂青"的用法。《晋书·阮籍传》记载：阮能为青白眼，对尊重喜爱之人，目光正视，眼珠在中间，为青眼；对鄙薄憎恶之人，目光向上或斜视，为白眼。"青眼相看"，表示尊重或喜爱。"青"由色彩域投射到了情感域。

（9）今日来投闯王帐下，过蒙垂青，只恨才疏学浅，无以为报。（姚雪垠《李自成》第二卷第四十三章）

古时黑眼珠叫"青眼"，"垂青"意为正眼相看，表示对一个人的赏识。此处的"青"有好感之意。

3.2 日语基本颜色词「青」的认知语义分析

《新明解国语辞典》中对"青"的释义是："青是天空的颜色、是草木新芽或嫩叶的颜色。青是三原色之一。"从《广辞苑》（第7版）对"青"的解释「古くは、目立てぬ色を表す语で、灰色をも含めていった。」可知，在古代，青色除了蓝色、绿色的基本义，还涵盖了灰色、灰白色等颜色。如例句（10）（11），此处「青」都表示灰白色、白色。

（10）その唇は震え、ただでさえ青い颜は、纸のように白くなっていた。（深谷忠記『津軽海峡+-の交叉』）

（11）その闇の中から見あげれば、天には冴えざえと青い月が出ている。（夢枕獏『陰陽師生成（なまな）り姫』）

在关于日语基本颜色词的四色学说中，四种基本颜色的确定和人对光的感觉有关。"青"表示光线的「漠」，「漠」是光线朦胧、模糊、含混不清的意思。所以"青"是"晕色，朦胧之色，不清晰可辨之色"。无论是字典里"不引人瞩目"的解释，还是四色学说里"朦胧、含混不清"的说法，"青"都是一个被边缘化的角色。

古代中国齐桓公好服紫，汉武帝把紫色定为天帝之色，唐代武则天赐日本高僧紫色袈裟，为赐僧紫衣之始。有学者认为古代日本受到中国影响，日本高僧被中国皇帝赐紫衣后，紫色在日本朝廷里便代表尊贵的颜色。可以看出，日本对色彩的认识受到了中国的影响。日本在圣德太子时代制定"冠位十二阶"，每个等级的官员服饰颜色皆不相同。紫色列首位，青色次于紫色。深紫色被称为"浓色"，比紫色略逊色（和汉语一样），没有紫色引人注目的青色才可供地位较低下的官员使用。可见"青"这种"不易引人注目""含混不清"的含义可以引申出"地位低下、缺少经验"的义项。

"青"可以由色彩域投射到经验域，隐喻青少年、还不成熟的人。如「青二才」（小毛孩子、黄口孺子）、「青臭い」（幼稚，青涩，不老练，乳臭未干）、「青白き」（白面书生，是嘲笑知识分子闭门不出而缺乏实际行动能力的说法）、「青女房」（年轻不懂事的身份低下的女官）、「青道心」（佛教用语，指初发心出家，而资历尚浅、修行未熟之修道者）等词中的「青」，都有「若い」、「未熟の」的意思。

（12）傲慢だ、青二才だ、と悪罵を投げつけているうちに、自分がいかに 師を愛しているか、深く信じているか。（山折哲雄《悪和往生》）

这里的「青二才」指代初出茅庐、涉世未深的毛头小子，汉语中也有类似的语义投射。

（13）そのへんの遊び好きな青女房を相手にされるのとはちがいますよ。（田辺聖子・『新源氏物語』）

「青女房」的「青」是「若い」的意思，指代年轻不懂事的身份低下的女官。

「青刈り」字面意思是收割了还未成熟的麦子，现在多用于指公司在优秀年轻人毕业前就与其签订劳务合同，此处的「青」的意义也源于「若い」。"青"在汉语中也可以指代年轻人的身份，但一是缺少日语中"优秀的"这层含义，二是缺少"毕业之前的"这个社会属性。

"青"投射到状态域时，指幸福的事情。

（14）なぜあのようなものが必要か、いまだに理解できない。結局、「幸福の青い鳥」と同じで、理想的なものは手近にあったのである。（野口悠紀雄）

（15）青い鳥みたいに、こんどはだれかを、幸せにしてあげたくなったのかもよ。（伊藤たかみ・『ミカ×ミカ!』）

在这里「青い鳥」指代"幸福的事情"，被用作"幸福"的代名词。该义项出自梅特林克的童话剧《青鸟》，两兄妹在梦中到处寻找幸福的使者青鸟，第二天早晨醒来他们在自己家的鸟笼里发现了青鸟，这才明白原来幸福就在身边。从此「青い鳥」常指就存在于自己身边但没被注意的幸福。例句（14）可以说明，"青鸟"在日本人的观念里是带来幸福的使者，提到青鸟就想到幸福。由此看出，日语中的"青"的语义变化还受到外来文化的影响。

需要区分的是，汉语中也有"青鸟"这个词。

汉语中"青鸟"多指以下两种含义：一为"青色的禽鸟"；二为神话传说中为西王母取食传信的神鸟，之后以"青鸟"为信使的代称。

（16）蓬山此去无多路，青鸟殷勤为探看。（李商隐《无题》）

（17）七月七日，上（汉武帝）于承华殿斋，正中，忽有一青鸟从西方来，集殿前。上问东方朔，朔曰："此西王母欲来也。"有顷，王母至，有两青鸟如乌，侠侍王母旁。（班固《汉武故事》）

可见在日语和汉语中，"青鸟"并无表达幸福、快乐的本义。作家冰心在《山中杂记·鸟兽不可与同群》中写道："西方人以青鸟为快乐的象征，我看最恰当不过。"说明"青"的该义项是东西方通用的。

（18）これが政府の描いた青写真ですが、そうはなりませんでした。（井上ひさし『コメの話』）

例句（18）中「青写真」一词意为蓝图，指对于未来的建设规划或计划。「青写真」（Blueprint）原本是指感光后变成蓝色的感光纸所制成的图纸，可见此处的"青"用的是表示蓝色的基本义。用青蓝色的图纸指代未来的计划，这是"青"的转喻用法，"青"引申出"未来的、未知的"义项。

类似的用法还有「ブルーオーシャン」（Blueocean），"蓝海"指未知的、不同于常规的市场空间，与之相对的是"红海"，指已知的、竞争相当激烈的市场空间。笔者推测「ブルーオーシャン」中的「ブルー」和「青写真」中的「青」用法有相似之处。在英语中像"Blueprint""Blueocean"中的"Blue"都表示"未知的"。

"青"可以表示红绿灯中的绿灯"青信号"，这时"青"就有通过、通行的意思。据考证，在信号灯刚刚引入日本时，是按照英文"green light"翻译为「緑色信号」，当时在日本法规上「緑色信号」才是正式说法，并不会说现在日本人普遍使用的「青信号」。有一种说法是由于日本传统上的「青」包含了绿的颜色，而且为了和红色（あか）押韵，并且青色的日语和红色都是两个音节（あか、あお），比起官方说法的四个音节（りょくしょくしんごう）更上口，因此一般大众和媒体都是用「青信号」来称呼绿灯，这一表述便在日本流行起来。

（19）青信号が消えて、ファイヤーの赤い目玉がともったしゅんかんでした。「青だ！でろ！」（福永令三『クレヨン王国なみだ物語』）

此处的"青"不单单指一种颜色，而是表示信号灯是绿色的一种状态。「青信号」中的「青」比我们日常生活中使用的颜色

「青」更具有抽象意义，由色彩域转化为状态域，发生语义的转变。

生活中我们常常能看到，"通过"或者"正确"的图标会用绿色的对勾或者圆圈来表示，"禁止"或者"错误"的图标会用红色的叉来表示，这说明人们普遍形成一种认知：绿色（"青"）表示确认、通过。这种感知是由"青信号"中"青"的含义引申过来的。

"青"可以由色彩域投射到状态域上，如：

（20）パソコンのデーターがすべて消えて、私は真っ青になった。（《大辞林》）

这里的「青」隐喻此人此时担心受怕的状态。同样投射到状态域的还有"指脆弱、一筹莫展的状态"这一语义。

在「青あざ」一词中，「青」指的是黑色。

（21）女の人の遺体は青痣だらけで歯も欠けてて、ひどかったんですって。（桐野夏生『OUT（上）』）

（22）左頬に殴られたような青あざができ、右目の眉の上が大きく腫れ上がっている。（垣根涼介『午前三時のルースター』）

在日语中，说到"人被打了"时，可以用"青"来表示创伤处的受伤程度。

如例句（21）（22）所示，「青痣」在日语中可表示被撞击、殴打后紫黑色的瘀斑，在用例语料库中检索后可发现「青痣」一词多与"遗体"搭配使用。这里的"青"可表示受伤严重的状态。

（23）国内企業が青息吐息の状態にある現在、日本には外国企業を優遇する余裕などない。（江戸雄介『情報スーパーハイウェイの脅威 日本情報産業壊滅の危機』）

（24）その男の子はある業病で死にかかり、彼の家庭では莫大な治療費を 捻出するために青息吐息の状態だった。（菊地秀行『トレジャー・ハンター2 エイリアン魔獣境 I』）

例句（23）（24）中的「青息吐息」常指愁得长吁短叹、一筹莫展的状态。这一语义是日语里独有的，汉语里未见类似语义表达。

通过对以上用例的的分析，可总结出汉日基本颜色词"青"从隐喻或转喻形成语义表达的异同点。相同点在于：从辞源学上讲，"青"在现代汉日语中都是指具体物体的颜色，即"青"的原型意义属于色彩域。"青"在汉语、日语的色彩域中，除基本义外，都有延伸义，可以转指绿色、蓝色、黑色。"青"可以指代身份地位低下的人群，如"青衫"或「青侍」。都可以在经验域上表示经验少、稚嫩、初出茅庐的状态，如"愣头青"或「青二才」。"青"也都可以表示植物生长未成熟的状态，都容易让人联想到生机勃勃、"生命"的意思。

每种语言都留有自己民族文化、历史、习俗、观念等的印记。受这些因素的影响，汉日语言中的基本颜色词"青"除了有以上各种语义共性外，还有不同的语义个性。其不同点在于：汉语中"青"有东方含义，其含义来自于阴阳五行学说；日本人说到「青い鳥」就会联系想到"幸福的事情"。笔者认为，汉语受中国古代传统宗教影响较多，历史渊源较长；而日语的用法多受外来文化影响，对外交流频繁使得外来词汇被广泛使用。同时汉语的颜色词"青"与"冶炼"关系密切，而日语中的「青」更多与"染色"相关。由此可知汉民族历史上发达的冶金文化一定程度上影响了汉语颜色词的语义拓展。同时综合对其他颜色词的考察可推测，染色文化对日本颜色词的发展影响程度更深。另外，在"青"这个颜色上，日本人会从颜色的光线明暗度来考察，这个角度是汉语里没有的。

"青"在汉日语中都可以用来形容脸色。不同的是，"青"在描述肤色时，汉语意为脸色灰黑，而日语指脸色苍白、没有血色。

"青"在汉日语中都可以用来形容眼睛的颜色。汉语中指的是黑眼珠，由"垂青"一词引申出"好感、赏识"等语义。日语中「青い目」特指眼珠颜色为蓝色的欧美人、白种人。汉语中用"金发碧眼"这样描述身体部位特征的词语来指代西方人这一群体。不是"金发青眼"，而是"金发碧眼"，可见在现代汉语里，"碧"分担了部分"青"的语义。

在古汉语中"青"表示绿色植物颜色的用法非常多。而在现代汉语中，除书面用语仍然少量沿用外，口语中基本被"绿"取代。与此相比，无论在古代日语还是现代日语，"青"作为表示绿色的色彩词语的用法一直较为固定，使用范围更广。

「青写真」一词本义为蓝色的图纸，后转喻为对未来的规划。可见这里的「青」指的是其基本色彩义蓝色，可写作"青＝蓝"。与「青写真」对应的汉语词却不能写作"青图"，"青＜蓝"说明"青"在现代汉语中语义范围变窄了。汉语不使用"青图"而是"蓝图"，说明日语"青"的一部分语义在汉语中由颜色词"蓝"替代。"青"和"蓝"有不同语义分担。

汉语中"青"没有表示白色、灰白色的语义，日语中却与之相反。笔者猜测现代汉语中"苍"分担了"青"的部分语义。

可以看出，虽然汉日语中基本颜色词"青"的隐喻与转喻具有一定的共性，但是汉日语对于"青"的概念隐喻也有一定的差别。"青"的隐喻在汉日语中存在共性的原因在于人类生理结构相同。色觉是人类认知的重要工具。视觉器官对外界的刺激反应是一致的，这是颜色词存在的生理基础。不同民族对色谱的切分大致相同，青色是基本颜色之一，处于视觉焦点的青色的物理特性对人类的刺激是相同的。中日两国同处东亚文化圈中，人民的基本认知体验具有普遍性；认识的差异性源于地域环境及各国具体文化的不同。

4 "青"部分认知语义结构

如上所述，汉日两种语言中的基本颜色词"青"在相同的原型意义基础上，经过隐喻或转喻可表示相同的语义，同时也受不同文化、历史、观念、习俗等的影响，又有不同的语义表达。可以将汉语基本颜色词"青"的部分认知语义结构表示为图 2，日语基本颜色词"青"的部分认知语义结构表示为图3。

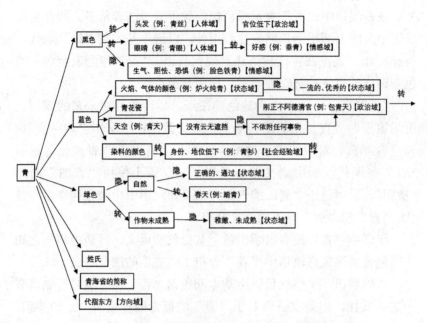

图 2 汉语基本颜色词"青"的部分认知语义结构

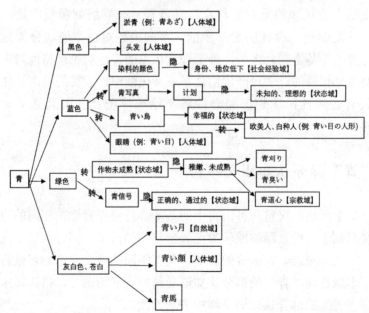

图 3 日语基本颜色词"青"的部分认知语义结构

由以上论述及图示可得知，汉日语言中基本颜色词"青"在其原型意义的基础上，经隐喻、转喻等认知方式语义发生了变化，并呈辐射状向外延伸。在汉日两种语言中，同一基本颜色词的语义扩展，有相同的一面，也有不同的一面。

5 结语

本文通过分析、举例及图示等，探讨了汉日语言中基本颜色词"青"的语义特征及结构。本文只选取了部分语义进行探讨，但以上探讨是对基本颜色词的代表性分析，它可以帮助我们理解如下观点：中日两国同处于东亚汉字文化圈，基于人类共同的认知机制，汉日语言中基本颜色词的原型意义基本相同；但受不同民族、地域、文化等因素的影响，"青"的语义由原来的色彩域经隐喻或转喻认知被投射到不同的目的域，完成了不同的语义拓展。本研究不仅有助于人们正确认识和理解汉日基本颜色词的语义特征和用法，还有助于人们在跨文化交流时更好地理解他国文化。

参考文献

［1］ Berlin, B. & P. Kay. 1969. *Basic Color Terms: Their Universal and Evolution*［M］. Berkeley: University of California Press.

［2］ Johnson M. 1987. *The body in the mind: The bodily basis of meaning, imagination and reason*［M］. Chicago: The University of Chicago Press.

［3］ Lakoff, G. & M. 1980. *Johnson. Metaphors We Live By*. Chicago: The University of Chicago Press.

［4］ Wierzbicka, A. 1990. The meaning of color terms: Semantic, culture, and cognition［J］. *Cognition Linguistics*, 1(1), 99-149.

［5］ 陈家旭，秦蕾. 2003. 汉语基本颜色的范畴化及隐喻化认知［J］. 河南师范大学学报（哲学社会科学版），02：75-77.

［6］ 大冈信. 1979. 日本の色［M］. 東京：朝日新聞社.

[7] 大野晋. 1983. 日本語の色名の起源について. 日本の色[M]. (大岡信編). 朝日新聞社，193-240.

[8] 林塈. 2009. 影响颜色词翻译的因素——以中日文学作品中的 "青"为例[J]. 日语学习与研究，(4): 72-80.

[9] 刘雨潇. 2014. 汉日颜色词"青"的含义及象征意义比较[J]. 科教导刊，(7): 165-167.

[10] 龙泽筠，周金声. 2014. 色彩词"青"的汉日语义对比[J]. 湖北工业大学学报，29 (3): 86-90.

[11] 束定芳. 2004. 隐喻与换喻的差别与联系[J]. 外国语，(3): 26-34.

[12] 吴东平. 2003. 古汉语颜色词刍议[J]. 孝感学院学报，(5): 52-55.

[13] 武井邦彦. 1991. 色彩と人間[M]. 時事通信社.

[14] 小野文路. 2010. 現代日本人を対象とした色彩語彙の調査と分析[J]. 日本色彩学会誌，34 (1).

[15] 姚小平. 1988. 基本颜色调理论述评——兼论汉语基本颜色词的演变史[J]. 外语教学与研究，(1): 19-28，80.

[16] 张广林，薛亚红. 2009. 隐喻的认知观与隐喻翻译策略[J]. 东北师大学报（哲学社会科学版），(4): 186.

[17] 张辉，王少林. 1999. 认知语义学述评[J]. 解放军外国语学院学报，22 (4): 33-35，71.

[18] 佐竹昭広. 2009. 古代日本語における色名の性格. 佐竹昭広集第二巻言語の深奥[M]. に再録. 東京：岩波書店，(1955) 年，85-107.

[19] 陈望道. 2001. 修辞学发凡[M]. 上海：上海教育出版社，73-78.

[20] 沖森紅美. 2010. 色彩語の史的研究[M]. おうふう.

[21] 戴永萍. 2013. 中日色彩語「青」に関する対照研究[D]. 苏州：苏州大学.

[22] 范素. 2019. 日本古典文学作品中的基本色彩词研究——以

"红""青""白""黑"为中心[D]. 长春：吉林大学.

[23] 洪艳. 2016. 认知语言学角度下日语色彩词的隐喻功能——以"青"为例[J]. 科教导刊（下旬），（2）：136-137.

[24] 井上京子. 2003. 意味の普遍性と相対性. 松本曜. 認知意味論とは何か. 認知意味論[M].（松本曜編）. 東京：大修館書店，251-292.

[25] 瀬戸賢一. 2007. メタファーと多義語の記述. メタファー研究の最前線[M].（楠見孝編）東京：株式会社ひつじ書房，31-61.

[26] 瀬戸賢一. 1997. 認識のレトリック[M]. 東京：研究社.

[27] 瀬戸賢一，山添秀剛，小田希望. 2007. 解いて学ぶ認知意味論[M]. 東京：大修館書店.

[28] 李洪杰. 2009. 汉语和日语中色彩词的对比研究[J]. 科技信息，32：28-29.

[29] 李晓坤. 2012. 日语色彩词的引申意义——以「赤」「青」「白」「黑」「黄」为例[J]. 安徽文学（下半月），10：109-11

[30] 陆娟. 2009. 日汉颜色隐喻认知比较[D]. 南京：南京农业大学.

[31] 籾山洋介・深田智. 2003. 多義性. 認知意味論[M]. 松本曜，編. 東京：大修館書店，135-182.

[32] 籾山洋介・深田智. 2003. 意味の拡張. 認知意味論[M]. 松本曜，編. 東京：大修館書店，71-130.

[33] 山梨正明. 2007. メタファーと認知のダイナミックス知のメカニズムの修辞的基盤. メタファー研究の最前線[M]. 楠見孝 ひつじ書房.

[34] 施明敏. 2011. 关于日语中色彩词的研究——以基本色彩词为中心[D]. 成都：西南交通大学.

[35] 辻幸夫. 新編認知言語学キーワード事典[M].

[36] 石青. 2010. 日汉颜色词对照研究[D]. 青岛：中国海洋大学.

[37] 束定芳. 2004. 隐喻与换喻的差别与联系[J]. 外国语,（3）：26-34.

[38] 蘇紅. 2013. 色彩語の日中対照研究——赤・黄・黒・白の四色として対照する場合——[J]. 日中語彙研究,3：47-62.

[39] 王正春. 2015. 日语颜色词的象征意义与文化[D]. 青岛：中国海洋大学.

[40] 文德红,曹金波. 2019. 试论中日提喻修辞格的文化差异[J]. 文化创新比较研究,18：98-100.

[41] 张连子. 2020. 从认知语言学角度看日语颜色词"青"的语义变化[J]. 青年文学家,14：187-188.

[42] 赵慧慧. 2019. 认知语言学角度下的日语"青"的语义分析[J]. 青年文学家,（2）：186.

《艾格尼斯·格雷》的女性主义叙事解读

北方工业大学　李姿毅

　　摘　要：本文对安妮·勃朗特的《艾格尼斯·格雷》进行女性主义叙事解读，提出了女主人公艾格尼斯·格雷所体现的新女性的女性主义意识，虽与夏洛蒂·勃朗特和艾米丽·勃朗特两位作家笔下的新女性形象有所不同，但也具有时代象征性。通过将女主人公的女性主义意识与其形成的时代背景和成因相结合，为作品分析提供一种新的视角，再次发掘安妮·勃朗特和《艾格尼斯·格雷》的社会价值。

　　关键词：安妮·勃朗特　《艾格尼斯·格雷》　女性主义

1 引言

　　随着维多利亚时代女性文学的兴起，女性自我意识开始觉醒，女性作家开始在文学领域发光，简·奥斯汀、勃朗特三姐妹、乔治·艾略特等女性作家相继登上历史舞台。作为勃朗特三姐妹之一的安妮·勃朗，特并没有像两位姐姐一样受到读者的关注，几乎与姐姐们的《简·爱》和《呼啸山庄》同一时期发表的《艾格尼斯·格雷》，也因前两部作品十分光彩夺目而显得黯然失色。在 20 世纪 80 年代的中国文学界，由杨静远主编的《勃朗特姐妹研究》

中提及到了安妮·勃朗特与《艾格尼斯·格雷》，但安妮却被杨静远评价为与两位姐姐相比才气较平，且其作品《艾格尼斯·格雷》也"只受到有礼貌的接待"（杨静远，1983：2）。从文中可以发现，安妮之所以被发现也是依靠两位姐姐的名气，众多学者对安妮及其作品研究不足且重视程度不够，但这并不代表《艾格尼斯·格雷》不足以被称为文学界的一部辉煌作品之一。"值得肯定的是安妮·勃朗特作品中的真实性、强烈的生活气息、温和而幽默的叙述风格，以及准确而细腻的人物心理描写，使得她的作品在三姊妹中彰显出独特的艺术魅力。"（杜苗苗，2012：5）从安妮平静的叙述中，读者不仅可以了解当时女性生活的背景，而且还能深刻感受到女性呼吁社会给予她们应有的尊重和关注，给她们一个展示自己的平台，从而实现自己的价值。

进入 20 世纪 80 年代以来，女性主义与后殖民主义、新历史主义等成为中国的外国文学界引进、介绍西方最新文论的几个具有标志性的理论流派。女性主义，又称妇女解放和性别平等，是指为结束性剥削、歧视和压迫而发起的社会理论和政治运动。北京大学张京媛教授主编的《当代女性主义文学批评》对女性主义的几个阶段、流派等进行了阐释，她认为"'女权主义'——是妇女为争取平等权利而进行的斗争"，"妇女的斗争包括反对法律、教育和文化生产中排斥妇女的看法"，"在文学领域中，它包括为争取大众听到妇女的声音而进行的努力，使妇女作家和妇女批评家能够发表作品和受到公众的阅读"。从那时起，女性主义的研究一直处于较旺盛的状态。具体到对安妮·勃朗特的研究，国内一些学者已经从女性主义角度切入了。南洋科技大学外语系的刘婷婷从叙事的角度对艾格尼斯·格雷的女性意识分析中充分展示了女性主义。康凤英（2009：51-53）认为安妮的小说"以客观现实的眼光注视不依赖家庭庇护的女性真实的生活道路，探索女性可悲的社会地位和生存价值，最终发现女性的自食其力，由经济独立而改变其生存价值和社会地位的自力自主之路"。王新春和张男（2013：123-124）肯定了艾格尼斯对事业和婚姻的积极态度和女权意识。刘婷婷（2009：

255-256）也展现了安妮"追求事业和爱情"、摆脱"男性依恋和陪衬"的女权主义思想。

在对《艾格尼斯·格雷》的研究进行调查后，我们可以看到大多数研究都是对小说中女主人公进行解析，赞美她作为"新女性"的事业观和婚姻观，对她呈现的女性主义意识进行叙事解读，而很少有研究将作品与时代背景和成因结合，通过作品探析背后的女性群体女性主义意识，因此无法详细体现《艾格尼斯·格雷》这部作品不可忽视的社会价值。故本文从女性主义叙事角度对《艾格尼斯·格雷》进行探析，运用文献研究法和归纳总结法，从内聚焦型视角深刻分析女主人公的女性主义意识、社会背景和女性主义形成的原因，充分体现安妮·勃朗特与《艾格尼斯·格雷》的社会价值，使作者与作品能够重新被大众审视并给予一定重视。

2 另一种"女性"：安妮·勃朗特与《艾格尼斯·格雷》

安妮·勃朗特是 19 世纪英国文学舞台上著名的女作家勃朗特姐妹之一。安妮出生在英国约克郡的一个普通牧师家庭，是勃朗特姐妹中最小的妹妹。她们的父亲帕特里克·勃朗特出身农民，但通过自己的努力被剑桥大学录取，安妮的母亲在她童年时死于肺癌，全家靠着父亲的低收入维持着艰难的生活。为了养家糊口和锻炼自己的能力，安妮在 19 岁的时候去米菲尔德当了 8 个月的家庭教师，1840 年到 1845 年间又在索普格林担任家庭教师工作。

因为从小没有母亲的关心和爱护，安妮·勃朗特性格安静而内向，然而，这并不意味着安妮没有思考的能力，相反，与她的两个姐姐相比，她对一些问题的思考更现实和谨慎，有自己独特的认知思维。提到勃朗特三姐妹，人们往往会想到夏洛蒂·勃朗特和艾米丽·勃朗特。夏洛蒂·勃朗特作为三姐妹中的大姐，其性格独立自主，不卑不亢，虽出身卑微，相貌平凡，却顽强而睿智。夏洛蒂以其自身经历为素材创作了《简·爱》这部旷世作品，女主人公简·爱也如夏洛蒂一样其貌不扬却充满智慧。二姐艾米丽·勃朗特则与夏洛蒂和安妮的性格都不相同，她性格孤僻，沉默寡言，热爱荒原，所以她笔下的《呼啸山庄》不同于其他两姐妹以自传形式表达女性主义意识，而是更多体现了女性霸权主义的思想。如果说大姐夏洛蒂通过《简·爱》来号召男女平等，二姐艾米丽通过《呼啸山庄》来宣扬女性霸权主义，那么小妹妹安妮则是通过《艾格尼斯·格雷》来表达女性主义启蒙。

安妮在她的作品《艾格尼斯·格雷》中，根据自己的经验塑造了家庭教师格雷小姐的形象。安妮的性格安静而内向，温柔而体贴，这使得她的作品不像她的两个姐妹那样淋漓尽致地宣泄激情。然而，她的描写真实恰当，语言简单易懂，故事情节发人深省。安妮的小说和她本人一样，给人一种宁静的感觉。她笔下的主人公都是追求独立和幸福的纯洁和勇敢的人，这也是安妮心灵的写照。由于文风的相似性且都是以第一人称为视角，安妮的《艾格尼斯·格雷》常常被拿来与夏洛蒂的《简·爱》相比较，更有学者评价《艾格尼斯·格雷》与《简·爱》相比黯然失色，而在读过全书后，前者的平静朴实感更容易拉近作者与读者之间的距离。对于家庭教师这一职业，安妮比夏洛蒂描述得更为详尽，使读者可以更深刻地体会到家庭教师这一行业的艰辛与委屈。小说中的艾格尼斯也如安妮一样隐忍、坚强。安妮的爱人突然去世，弟弟酗酒，同时，她又不得不忍受不断的疾病，但她从不抱怨，默默地以惊人的毅力忍受着精神和身体的痛苦。尽管她的家庭充满了维多利亚时代强烈的传统感，但她能够以脆弱的外表，敢于站起来向时代呐喊。

《艾格尼斯·格雷》是维多利亚时期一部很有深度的优秀的现实主义小说，全书围绕"爱"与"女性的自尊自强"为主题，以第一人称"我"为视角，以女主人公的经历为主线，是一部典型的内聚焦型视角的作品，它通过艾格尼斯的视角，向读者阐述一个又一个女主人公的经历。"内聚焦型的最大特点是能充分敞开人物的内心世界，淋漓尽致表达人物激烈的内心冲突和漫无边际的思绪"（胡亚敏，1998：28）。

《艾格尼斯·格雷》讲述了一个独立和自尊的年轻女孩艾格尼

斯的故事，她受家庭条件所迫做了一名家庭教师，在这期间，她发现遇到的绅士们表面上很优雅，说话很得体，但实际上他们精神贫乏，用讽刺和侮辱来逗自己开心。女主人不在乎孩子们的想法，只是一味放纵，使得孩子们被完全宠坏，不知道如何尊重别人，整天玩耍，虐待动物。艾格尼丝·格雷很难让孩子们专注于学习，她以极大的自我控制力控制自己的情绪，坚持善意地影响孩子，教孩子们善待动物，拒绝环境的坏影响。最终，艾格尼丝·格雷和学生们成为了朋友，并嫁给了同样优秀的牧师韦斯顿。小说的前半部分主要讲述了她两次作为家庭教师的痛苦感受，第二部分展示了她对爱情的追求，表达了她对真诚道德和幸福生活的强烈愿望，故事的结局是她获得了爱和幸福。这些也是作者安妮在现实中艰难生活的真实写照，也是她对理想幸福的渴望。19世纪上半叶对许多女性来说不是个好时代。毫无疑问，处于社会底层的女性必须在农场、家庭里工作，对于上层阶级的女性来说，工作也不是一种优先的选择，她们通过男性和家庭来维持自己的经济来源。通过描述当时女性家庭教师的屈辱生活，安妮·勃朗特深刻揭示了当时英国社会男性优越和女性自卑的严重现象，反映了女性对自尊、解放和独立的强烈渴望，同时也反映了当时女性主义的觉醒。

3《艾格尼斯·格雷》的女性叙事呈现

在叙事学中，叙事视角被分为内聚焦型视角和非聚焦型视角。内聚焦型视角指的是作品叙述者或人物的视角被严格限制在一个或者几个人物的感觉范围内，非聚焦型视角指的是作品叙述者或人物站在无所不知、任意位置的角度观察故事。安妮·勃朗特根据自己的经历写出了《艾格尼斯·格雷》，这篇小说可以算是典型的内聚焦型视角作品，它以艾格尼斯的视角和口吻向读者缓缓道来，作者退居幕后，全篇以第一人称"我"将读者带入书中，亲身体验安妮笔下的艾格尼丝·格雷的人生。这种"自叙体"模式使读者深入到主人公的内心世界中，可以深刻了解她的职业观和爱情观。

3.1 新女性的职业观

在《艾格尼斯·格雷》中，安妮以艾格尼斯的口吻向读者讲述她的两段工作历程。艾格尼斯一开始对家庭教师有着美好的憧憬和向往，她认为这份工作不仅可以提高她的能力，还可以补贴家用，减轻父母的经济负担。然而，现实并没有她想象得那么美好，她很快就发现家庭教师没有受到足够的重视和尊重，这一切都使她感到家庭教师生活的艰辛和痛苦。当时，很少有女性愿意通过工作获得经济独立，更不要提有女性能够在工作中获得乐趣了。

"尽管富裕的生活很诱人，但是，对于像我这样一个毫无人生经验的女孩子来说，贫困并不可怕。说实话，想到我们已陷入绝境，今后只能完全靠自己时，反倒使人精神振作起来。我只希望爸爸、妈妈、玛丽的心思都和我一样，大家都不要为已经发生的灾难而哀叹，而是高高兴兴地投入工作，以挽回这场大祸；困难越大、目前的生活越贫苦，我们越是应该以更加乐观的态度去应付贫苦，以更加饱满的精神去克服困难。"（安妮·勃朗特，2008：5）虽然艾格尼斯的家庭经济状况出现危机，但她仍然非常乐观，愿意通过自己的努力来减轻家庭的负担，以改变目前的困境。在那个时代的社会里，像艾格尼斯这样主动外出工作的女人少之又少。当时，女性仍然处于较低的地位，深受传统观念的影响，即女性不需要外出工作，嫁给一个富有的男人和作一个家庭主妇才是最重要的。艾格尼斯当时的想法不仅是挑战传统社会和刻板印象，也是代表有新思想的女性发出的呼吁，即女性应与男子享有平等地位，享有平等的工作权利，女性不仅要实现经济独立，还要实现思想独立，从而摆脱男性至上的传统观念。在小说中，安妮不仅客观地叙述了艾格尼斯对独立生活的追求，而且通过她的事迹探讨了女性的社会地位和价值。最后她发现，女性只有在自身经济独立的情况下，才能真正改变社会地位，提高社会价值。

3.2 新女性的爱情观

艾格尼斯的女性主义意识不仅反映在她的职业生涯中，也反映在她的爱情中。她的爱情观很大程度受其母亲的影响。艾格尼斯出生在一个牧师家庭，虽然她的家庭贫穷而朴素，但她从不感到自卑。艾格尼斯的母亲原本是一个富裕家庭的女儿，而她的父亲是一位贫穷的牧师。所以父母二人的婚姻遭到了母亲家人的反对。为了嫁给自己心爱的男人，艾格尼斯的母亲最终选择放弃舒适的生活，"永远地'失去了马车，侍女和贵夫人拥有的豪华用品'"（田福斌和张世梅，2006：74-76）。"住宅奢华、庭院宽敞固然不容藐视，然而，她宁愿伴随查理德·格雷在一座乡间小屋里栖身，也不愿和别的人一起住进宫殿。"（安妮·勃朗特，2008：1）母亲认为和所爱的人在一起才是世界上最幸福的事情，所以生活充满了爱和幸福。这位伟大的母亲也成为年轻的艾格尼斯的榜样，充满爱的家庭环境也使她的内心生活非常充实，并相信人类的爱是伟大的。"女性习惯于在父权社会中以优雅的举止、体面的社会地位和令人钦佩的婚姻来表达。"（Li Mengying，2019：182-183）艾格尼斯认为女人的幸福不能用金钱和地位来交换，她们不从属于男人，而是独立的个体。婚姻和家庭生活只有建立在相互尊重和爱的基础上才能幸福。在艾格尼斯看来，幸福的婚姻不取决于金钱和地位，最重要的是配偶的道德品行，双方志同道合，彼此互爱互敬，才能获得真正的幸福。传统观念认为女性应该找到嫁入富裕家庭的途径，而艾格尼斯的思想无疑是对传统社会在不平等婚姻问题上的强烈反抗。

在艾格尼斯的视角下出现了一个与她想法相悖的女性人物，那就是傲慢的默里小姐，她不认真对待人际关系，而是把男人看作生活的乐趣。"她之所以不愿马上结婚，主要是因为她想趁自己还没有失去从事这类恶作剧的资格，好尽量去媚惑她所认识的那些年轻绅士。"（安妮·勃朗特，2008：153）默里小姐把感情当作玩物，最终成为父权制的受害者。而对于爱情，艾格尼斯有自己的想法，因此，她深深地被牧师韦斯顿吸引。韦斯顿善良开朗，礼貌待人。

这样的品质使艾格尼斯深深地爱上了他。经历了一些波折之后，两人终于表达了对彼此的爱意。与当时的大多数夫妇不同，艾格尼丝和韦斯顿的相爱不是因为金钱或地位，而是因为爱情。尽管生活中有种种障碍，他们仍然彼此忠诚。同时，安妮还通过艾格尼斯之口表达了自己的爱情观：不依附金钱和权力，自由追求真爱。在维多利亚时期，安妮和艾格尼斯的爱情观是女性主义意识崛起的强烈表现之一。

4 安妮·勃朗特女性意识的思想因素

4.1 时代与社会因素

从文艺复兴到 18 世纪末，资产阶级经历了第一次工业革命，很快在欧洲大陆、北美乃至整个世界开始扩张。"此时在英国，已经崛起的工商业资产阶级正如安妮·勃朗特在《艾格尼斯·格雷》中所描绘的那样，'一切生物都是为了我们的利益而创造的'般贪婪，唯利是图的本性暴露无遗"（张勤等，2011：143-144）。安妮通过描写资产阶级残酷无情的虚伪，分析了资产阶级与无产阶级之间的冲突。虽然资产阶级积累了大量的物质财富，获得了很高的社会地位和权力，但他们的精神生活极其贫乏。默里先生除了喝酒发誓什么也不做，罗布森叔叔性格非常古怪，沉迷于杀死动物和羞辱别人，阿什比爵士酗酒、赌博，即使是赫菲尔德牧师也只是一个表面绅士，当他追求默里小姐没有成功时，他便无理地威胁她。处于下层阶级的艾格尼斯与他们形成了鲜明的对比，她的内心生活非常充实，坚持原则，她总是相信爱是伟大的。安妮·勃朗特在作品中反映了不公正的等级制度以及下层阶级悲惨的命运，深刻地揭示了资产阶级和无产阶级之间的矛盾，对维多利亚时代的父权社会制度进行批评和讽刺，并产生了一定的影响。

随着经济的发展，越来越多的女性认识到自己的不平等地位，要求平等的权利。随着这一思潮的出现，越来越多的女作家开始在这一时期发声。她们在作品中表达了男女平等的思想，并对社会不公正现象提出了批评。这是一个伟大的行为，女性敢于挑战父权社会，争取自己的权利。维多利亚时代，社会仍然由男性主导，女性无权说话。男性优越和女性自卑是社会等级僵化、女性社会地位低下所产生的普遍现象。然而，由于 18 世纪末女性意识的觉醒，女性的思想也开始发生变化。"众所周知，性别不平等问题的根源在于女性生来就不如人。"（Ma Mengtian, Liang Siyuan, 2020: 195-197）19 世纪初，随着社会工业化程度的提高，女性开始厌倦了过去的生活。同时，大多数女性的女权意识从最初的追求性别平等上升到追求人权和女性解放，女作家在文学中变得活跃起来。勃朗特姐妹是这一时期女性主义写作的代表，她们在作品中赋予了女性人物强烈的独立女性意识，有反抗的勇气，不仅追求男女平等，而且追求自己的事业和爱情，颠覆了女性对男性依赖的刻板印象。她们认识到，只有在自力更生、自强、自尊、自爱的前提下，女性才能在经济、政治和社会地位上获得独立，享受真正的解放。和她的两个姐姐一样，安妮·勃朗特谴责了当时女性受压迫的社会现象，她积极勇敢地为女性独立而斗争。并与大男子主义作斗争。正是在这样的社会背景下，艾格尼斯作为安妮·勃朗特作品中女性形象的代表，反映了女性主义早期形成的特点，强调了女性权利和男性权利的平等。小说在揭示维多利亚时代社会不公正和不理性的同时，也反映了社会的发展、女性主义的逐渐形成和女性地位的逐渐提高。

4.2 女性群体因素

在父权制时代，男人被认为是社会和家庭的主导者。在当时人们的观念中，女人必须依靠男人才能生存。作为一个性别群体，女性一直处于被评判的历史环境中。伟大的思想家恩格斯曾经说过，"妇女解放是人类解放的尺度"，人类的解放将是两性经过斗争摆脱异化后的再和谐，这一观点为女性解放运动指明了方向。也就是说，男女之间的斗争不是女人战胜男人或男人战胜女人，而是分工、合作、相互吸引与和谐的共同解放。小说《艾格尼斯·格雷》

中女性主义的形成有两个原因。

第一个原因是工业革命带来的社会经济发展为女性提供了新的出路。18 世纪末和 19 世纪初是第一次工业革命的高峰，给英国带来了快速的经济发展，使英国成为世界上最富裕的国家之一。然而，即使经济的快速发展也不能改变当时女性的低下地位，特别是女性在经济中缺乏必要的权利。例如，在当时的英国，如果一个女人有一个兄弟或表兄弟，她就没有继承权。此外，根据当时的法律，即使一个女人继承了财产，一旦她结婚，她的财产所有权就会转移给她的丈夫。尽管社会经济发展迅速，但是女性的社会地位仍然没有得到改善，女性仍然无权享有平等权利。因此，在这种不平等的情况下，她们内心的压抑迫使她们寻求新的出路，写作成为她们谋生的手段之一。女性主义者认为，如果男女平等，女性的经济独立尤其重要。随着生产力的提高，许多女性摆脱了家庭的束缚，走出家门参与社会竞争。通过做一份工作，不仅锻炼了自己的意志，看到了自己的人生价值，培养了自己的自尊、自信和自强，而且开阔了眼界，增长了见识。在《艾格尼斯·格雷》中，艾格尼斯是女性解放的典型。作为一名家庭教师，她实现了自我价值，为自己的经济独立而奋斗。

第二个原因是女性意识的觉醒。有些新女性意识到自己的价值，不再愿意屈从命运和男人。她们勇敢地打破旧习俗，拿起笔来表达自己。玛丽·沃尔斯顿克拉夫特受到法国革命的影响，于 1791 年撰写了《捍卫女性权利》一书，为女性权利提出了有力的论证。她不仅捍卫了法国革命代表的原则，而且抨击了卢梭等启蒙思想家对女性的偏见。玛丽·沃尔斯顿克拉夫特以女性自己的声音向世界提出了女性权利的要求。随着女性意识的觉醒，她们开始敢于为自己的权利而战。由于女性主义运动的发展，女性逐渐享有各种权利，如受教育权、选举权、个人财产权等等。英国议会颁布了一系列保护女性权益的法律。这些法律和条例确立了女性在社会和家庭中的地位，确保女性与男性平等，女性建立起自信，并看到生活的曙光。19 世纪英国女性文学的空前发展也为女性提供了施展才华的机会。这些女作家改变了以男性为主导的传统文学环境，用女性特有的柔美细腻的写作风格为文学注入了新鲜血液。女作家借助作品大胆地表达内心的声音，打破男性文学的格局。在《艾格尼斯·格雷》中，我们可以看到安妮的女性主义观点。安妮·勃朗特与她的姐姐艾米丽·勃朗特的女性霸权思想不同，她呼吁社会尊重女性，为女性提供更多的权利和机会，尽可能消除对女性的偏见；也呼吁女性独立，勇敢地追求自己梦想的工作、爱情和生活。

5 结语

在维多利亚时代，社会的经济发展和女权运动的影响等都成为女性意识觉醒的助推器，随着女性意识的觉醒，越来越多的女作家出现在历史舞台上。作为女作家的代表，勃朗特姐妹塑造了许多打破传统的形象。

安妮虽与夏洛蒂和艾米丽在文学才华上并驾齐驱，但社会给予两位姐姐的关注度远远超过小妹妹安妮，对其作品《艾格尼斯·格雷》的评价也远远不如对其两位姐姐的作品评价，而安妮·勃朗特和《艾格尼斯·格雷》就真的如大家所说的那样平凡吗？作为最小的妹妹，安妮·勃朗特文静而温柔，她的风格简单、安静、优雅、自然、真诚，虽然与姐姐相比，她的作品略显平淡，但是真实感人。在维多利亚时代，父权统治阴影下的女性群体无法像男性一样自由地选择职业，更多初入社会的女性选择了家庭教师这一职业，《艾格尼斯·格雷》中对家庭教师这一职业大量的细节描写，更能充分映射出当时绝大多数人的经历，更能引起女家庭教师这一群体的共鸣。虽然夏洛蒂的《简·爱》也是以家庭教师为职业背景，但并不是所有女性都如同简·爱一般在职业上十分顺利，这也是《艾格尼斯·格雷》具有社会价值的所在。艾格尼斯仿佛是当时时代中绝大多数女性的缩影，面对困难乐观向上、坚强隐忍，面对爱情内向懦弱但又坚持原则。在时代更新的背景下，女性意识逐渐崛起，但绝大多数女性的思想意识并不能像简·爱和凯瑟琳一样一马当先，更多的则是如同艾格尼斯一般处于萌芽阶段，在父权制的传统下隐忍而又倔强地实现自身价值。安妮运用内聚焦型视角，以艾格尼斯的视角讲述整篇故事，而她退居幕后，成为一个"戏剧化的叙述者"。女主角艾格尼斯以她的毅力和乐观精神深深触动了读者的心。读者不仅同情她的贫穷家庭和在工作中遭受的各种委屈，而且钦佩这位敢于为事业和爱情而战的坚强女人，因为在父权制时代，女性要捍卫自己的权利和反对封建思想是不容易的。《艾格尼斯·格雷》虽不像另两部作品一样故事内容丰富，情节跌宕起伏，但正是这种平平淡淡的文字却显得格外真实，因此应对这部作品及其社会价值进行重新审视并给予重视。

本文从女性主义叙事角度分析了《艾格尼斯·格雷》中女性追求经济独立和爱情中性别平等的观点，以及女性意识形成的社会背景和原因，旨在浅析作品的同时再次发掘安妮·勃朗特与其作品《艾格尼斯·格雷》的价值，加深对作品的认识，为作品分析提供一种新的视角。

参考文献

[1] Li Mengying. 2019. *Pride and Prejudice: The Feminine Traits*[J]. Overseas English, (9): 182-183.

[2] Ma Mengtian, Liang Siyuan. 2020. *Androgyny: Feminism in Orlando*[J]. Overseas English, (1): 195-197.

[3] （英）安妮·勃朗特. 2008.《阿格尼丝·格雷》[M]. 薛鸿时，译. 重庆：重庆出版社.

[4] 杜苗苗. 2012. 论勃朗特三姊妹小说中的女性形象[D]. 兰州：西北师范大学.

[5] 胡亚敏. 1998. 叙事学[M]. 武汉：华中师范大学出版社.

[6] 康凤英. 2009. 妇女独立的宣言——安妮·勃朗特的《阿格尼丝·格雷》[J]. 辽宁师专学报（社会科学版），(6)：51-53.

[7] 刘婷婷. 2009.《阿格尼斯·格雷》的女性意识探析[J]. 科教文汇（上旬刊），(11)：255-256.

[8] 刘婷婷. 2009.《阿格尼斯·格雷》的叙事解读[J]. 北京青年政治学院学报，（4）：63-67.

[9] 田祥斌，张世梅. 2006. 论勃朗特三姐妹的女权观[J]. 三峡大学学报（人文社会科学版），（1）：74-76.

[10] 王新春，张男. 2013.《阿格尼斯·格雷》中主人公的女性主义意识[J]. 黑龙江教育学院学报，32（3）：123-124.

[11] 杨静远. 1983. 勃朗特姐妹研究[M]. 北京：中国社会科学出版社.

[12] 张京媛. 1992. 当代女性主义文学批评[M]. 北京：北京大学出版社.

[13] 张勤，赵静，欧光安. 2011. 安妮·勃朗特的创作背景及其自传性研究[J]. 湖北函授大学学报，24（10）：143-144.

试论日本汉诗如何受容中国古代诗歌

北方工业大学　　杨卫娉

摘　要：日本汉诗是日本人用汉字写成的中国古代诗歌式的诗，是以唐诗为代表的中国古代诗歌影响并繁衍到海外的最大一脉分支，并且还是中日两国人民友好情谊的见证。本文从意象、典故、诗语和诗魂等方面研究日本汉诗对中国古代诗歌的吸收和借鉴，寻找两者之间的关联性，以增加对中日两国历史文化的了解。

关键词：日本汉诗　意象　典故　诗语　诗魂

1 引言

江村北海《日本诗史》卷四云："夫诗，汉土声音也。我邦人，不学诗则已。苟学之也，不能不承顺汉土也。"与属于日本民间本土文学的和歌不同，日本汉诗以中国为源。虽然后来日本汉诗逐渐成熟，渐渐形成自己的风格和体系，但不可否认，正是由于日本汉诗从起源之初便向中国诗歌不断学习、吸收和借鉴，才有了后来日本诗歌的繁荣和璀璨。本文从日本汉诗对中国诗歌的受容着笔，探寻日本汉诗与中国古代诗歌之间的关联性，在增进对日本汉诗了解的同时，也加深对中国历史文化的了解。

2 意象与典故的受容

美学家朱光潜曾言，诗歌的意境是"意象与情趣的契合"。他说："在凝神注视梅花时，你可以把全副精神专注在它本身的形象，如同注视一幅梅花画似的，无暇思索它的意义或是它与其他事物的关系。这时你仍有所觉，就是梅花本身形象（form）在你心中所体现的'意象'（image）。"典故即为典例和故事，相较于意象则更好理解其含义。典故有成语典故、历史典故、文学典故、文化典故等多种类别。

意象和典故是诗歌中不可或缺的重要部分，唐诗经过历史的沉淀，其意象和典故运用早已自成一体。随着日本汉诗对中国诗歌的借鉴和吸收，自然而然也受容了中国诗歌中的一些意象和典故。对中国人来说，很容易理解诗人想要通过这些意象和典故来表达何种思想或抒发何种情感。

菅原道真（845—903）《疏竹》诗云：

> 此君何处种，闲在子猷篱。
>
> 不谢寒霜苦，唯充送日资。
>
> 杀青书已倦，生白室相宜。
>
> 可爱孤从意，贞心我早知。

此诗首联即引用王徽之种竹"何可一日无此君"的典故，颔联、颈联和尾联也在中国诗歌中有相应的出处。苏轼《竹》诗云："宁可食无肉，不可居无竹。"有"君子"之称的竹，不仅深受中国文人喜爱，在日本汉诗中也经常出现，以表诗人坚贞不屈的气节。

市河宽斋《东坡赤壁图》诗云：

> 孤舟月上水云长，崖树秋寒古战场。
>
> 一自风流属坡老，功名不复画周郎。

此诗由苏轼《赤壁赋》而来，苏轼咏三国史而怀古，市河宽斋则既咏二国又咏苏轼；苏轼以周郎为典，市河宽斋则既以周郎为典又以苏轼为典，不禁令人感叹历史之妙不可言。

柏木如亭《杂兴》（选一）诗云：

欲归归去欲来来，久在途中不足衰。

即有高峰可登者，未曾当做望乡台。

子曰："君子登必赋，小子愿者何？"登临诗在中国诗歌中自成一系，且多为慷慨凄凉之句。此诗便抒发了诗人壮志难酬、怀才不遇的惆怅之情。

新井白石（1657—1725）《辞绿后答山东故人》诗云：

幽丛秋发桂花枝，应有山中招我诗。

海上长风吹不断，白云明月寄相思。

李白《闻王昌龄左迁龙标遥有此寄》诗云："我寄愁心与明月，随风直到夜郎西。"古人望月，大多感怀寄情，此诗亦是如此。月的意象在中国诗歌中有多种含义，有思乡怀人之月，亦有惆怅失意之月；有咏史哲理之月，亦有抒怀寄情之月。在此只选其一，仅作日本汉诗对月意象的受容之例，不再一一举例。

秋山玉山《咏史三首》（选一）诗云：

昨日割一县，今日割一城。

割到壮士胆，萧萧易水鸣。

祇园南海《咏怀七首》（选一）诗云：

少小远游才气雄，青袍白马醉关中。

美人舞罢邯郸月，壮士歌寒易水风。

一掷千金惟有胆，百年五尺敢言躬。

书生未必老糟粕，请看剑华冲白虹。

此二诗皆引用"荆轲易水"的典故："风萧萧兮易水寒，壮士一去兮不复还！"（语出刘向《战国策·荆轲刺秦王》）此外，在咏史诗中，中日诗歌中却经常出现"秦王""孙刘""项王""周郎"等历史典故，不再一一细举。

村上佛山《席上咏夏后竹夫人》诗云：

凄冷秋风拂翠裳，谁怜零落倚空墙。

含愁不耐躯逾瘦，受妒元因节刚强。

离别经年若牛女，归宁无路向潇湘。

从今多少闺中事，付与汤婆专主张。

此诗为咏物诗。中国古代诗人常常托物言志，以物言情。此诗也效仿中国古代诗人，表面咏竹，实为言己。同时，诗中出现了"牛郎织女""潇湘""孟婆"等典故。与此诗相似的还有一首村上佛山的《野马》：

无衔无辔一身轻，原上春风随意行。

碧草清泉腹常饱，虽逢伯乐不曾鸣。

此诗表面写野马，实为写诗人自己乐于"野"之中，同时还引用了"伯乐相马"的典故。此类托物言志诗代表了日本汉诗对中国诗歌中咏物诗的受容。除了前文列举的意象和典故之外，日本汉诗中还有许多我们熟悉的意象和典故，如"离觞酌尽客将行，忽起阳关三叠声"（大槻磐溪《西归纪行》（选一））中的"阳关"，"无端赚得深宫女，瘦损腰肢又一春。"（森春涛《杨柳枝词》（二首））中的"细腰"，"主应知骏骨，众自妒蛾眉"（高野兰亭《寄子祥》）中的"妒蛾眉"等等，不胜枚举。这些例子切实证明了中日诗歌的交流与往来。

3 诗语的受容

诗语的受容，通常是最为初级的受容形式。与"意象"不同，此处我们所说的"诗语"，是指人们普遍首肯其"专利"的烙上了作者印记的特殊的诗语——或一个比喻，或一个夸张，或一个联想；或一句景语，或一句情语，或一句理语；少只一字一词，多至一句两句，并没有什么定式。但一个好的诗语，往往代表着诗人的独特风格。也正因如此，对一位诗人个性化诗语的受容，有时也反映出对这位诗人个性化风格的向往。

3.1 日本汉诗对李白诗歌的受容

"礼乐传来启我民，当年最重入唐人。"（广濑淡窗《咏史四首·其一》）诚如所言，唐诗在日本汉诗的发展中扮演了不可或缺的角色。但与国人一提起唐诗首先想到的就是"李杜"不同，虽然日本汉诗中有"万古奇才李青莲"（冈本黄石《半谪仙人歌赠古梅》）、"豪情应似青莲李"（伊藤东涯《南山词伯抱病退隐于洛市顷和拙韵见寄再和谢之》）这样的诗句，但其实李白的诗歌在日本一开始并没有那么盛行。日本汉诗最初学习模仿的是六朝和初唐诗歌，而后是学习白居易、苏黄。进入江户时期以后，李杜诗风才真正盛行起来。

在日本汉诗对李白诗语的受容中，最受瞩目的当属"白发三千丈"了。

村上醒石（1819—1868）《题醉李白图》诗云：

仙乐飘扬骊宫开，不知渔阳起尘埃。

哲妇倾国岂忍见，终日頽然举酒杯。

文章无人得比偶，未审少陵相敌否？

魏巍高冠谪仙人，唯有明月堪其友。

何羡紫绶与金章，大醉如泥是君乡。

请看此中未肯忘社稷——白发缘愁如箇长！

此诗句尾"白发缘愁如箇长"化用李白《秋浦歌（其十五）》中的名句"白发三千丈，缘愁似个长"。前诗言道，李白谪仙人也，文章佳句，明月为友，并且与《梦游天姥吟留别》中的"安能摧眉折腰事权贵，使我不得开心颜"及《将进酒》"与尔同销万古愁"相呼应，极言李白豪情之盛。句尾妙用"白发三千丈"，由豪情转为哀愁，一点也不显得突兀，将李白豪情万丈中的社稷忧思表达得淋漓尽致。

释六如（1737—1801）《李太白观瀑图》诗云：

才卧匡庐又夜郎，尘颜洗尽奈愁肠。

银河空挂三千尺，十倍输他白发长！

此诗首句"匡庐"和"夜郎"都曾在李白诗中出现过。"匡庐"指庐山，语出《望庐山瀑布》。"夜郎"语出《闻王昌龄左迁龙标遥有此寄》"我寄愁心与明月，随风直到夜郎西"。从庐山到夜郎，极言李白才情之深。第三句"银河"语出李白《望庐山瀑布》

"飞流直下三千尺，疑是银河落九天"。结尾两句将"银河三千尺"与"白发三千丈"巧妙地对比并列，尽言愁肠之深，可以说是将李白的这三首名作化用得极其巧妙了。

藤森弘庵《送中村得之西游》诗云：

西游羡汝得先鞭，况是春光骀荡天。

离酒桃花潭上雨，征帆杨柳渡头烟。

青山古驿堪题句，白发高堂应欠眠。

寄语京华风月地，才情莫漫拟樊川。

此诗颔联"桃花潭"化用了李白《赠汪伦》中"桃花潭水深千尺"之句，与"离酒"相应，极言惜别情深。颈联"白发高堂"化用李白《将进酒》中"高堂明镜悲白发"，言愁意之深。

此外，日本汉诗中也出现了对其他李白诗歌的诗语受容。例如，田边莲舟《九秋咏其三之秋影》中的"天边雁度黑排字，镜里人悲白满头"，也化用了《将进酒》中的"高堂明镜悲白发"。茂吕源藏《正月十四夜看月寄友人》诗云"日暮半沉林园暗，海神捧出白玉盘"，此中"白玉盘"化用李白《古朗月行》"小时不识月，呼作白玉盘"。广濑旭庄（1807—1863）《访甲原玄寿》中的"如此厚情何以谢？汪伦许送别时舟"，袭自李白《赠汪伦》。诸如此例，不胜枚举，暂且不表。

3.2 日本汉诗对陶渊明诗歌的受容

菊花作为"梅兰竹菊"四君子之一，自古以来在中国文学史上便具有举足轻重的地位。提起菊花，人们便不由得想起东晋诗人陶渊明。陶渊明的一句"采菊东篱下，悠然见南山"，为菊花的文化意义赋予了浓重的一笔，菊花由此成为隐逸之花，陶渊明也成为追求隐士之悠然的代表诗人。

一直汲取中国文化营养的日本汉诗，在奈良时代陶渊明的诗歌传入日本之后，受容渊明诗歌的诗作也不在少数。渊明文学之所以能跨越近 1600 多年的时间和数千里的空间，打动日本读者的心，究其根本是因为产生了情感的共鸣——隐逸悠然之情。

森春涛《野菊》诗云：

野菊依篱下，篱颓卧路旁。

自扶还自倒，也自吐幽香。

"菊"与"篱"，初看此二字，读过"采菊东篱下"的读者定会想起陶渊明的《饮酒（其五）》。第一句与题目相应，野菊依篱而生。第二句转为描写篱笆的倾颓之势。据常理而言，依附篱笆而生的菊花也本应倾颓，但第三、四句三个"自"字，却生动地刻画了野菊坚韧不屈的形象。此诗之"野菊"，既为隐逸之菊，又为"柔质冲寒香若簌"的坚韧之菊。"自吐幽香"，读来颇有找到"此中有真意"的"真意"之感。

村上佛山《十日菊》诗云：

折插乌巾摘浮酒，东篱昨日小繁华。

今朝始得全真性，寂寞秋风寂寞花。

此诗句尾的"花"便指题目中的"十日菊"。中国两汉的薛莹和唐末的郑谷都曾写过以《十日菊》为题的诗歌，且两首诗中皆把菊花之前受人追捧的盛况和之后被人冷落的惨淡境地作对比，言尽世态炎凉。

从此诗看，虽诗中诗人的"东篱"由繁华熙攘转为寂寞冷清，颇有些类同薛莹和郑谷感叹世态炎凉的讽刺和悲凉之感，但从第三句一个"始得"便知，隐逸东篱的诗人虽觉得"今朝"的境地有些冷清，却得到了渊明《饮酒（其五）》中的"真意"，即"真性"，颇有几分怡然自得的味道，将诗人心向隐逸、怡然自乐之情表达得淋漓尽致。

此外，室鸠巢的《秋兴八首和杜老韵其三》中也出现了"樽中绿酒香新熟，欲傍东篱摘菊花"这样的诗句。不难看出前句化用白居易《问刘十九》的"绿蚁新醅酒，红泥小火炉"，后句化用陶渊明《饮酒（其五）》的"采菊东篱下，悠然见南山"。两相结合，亦是表达对隐逸悠然生活的向往之情。诸如此例不再一一细数。

4 诗魂的受容

魂者，精气也。人有人的灵魂，诗也有诗歌的"诗魂"。与形式方面的"诗语"不同，在比较两首诗的时候，即使通读全诗无一相同字眼，但若诗魂相同，那么给人的感受和体会便是一致的。在日本汉诗中，屡现佳作的当属以杜甫的"忧国忧民"和王维"幽玄"为诗魂的诗了。

4.1 对杜甫忧国忧民诗魂的受容

"穷年忧黎元，叹息肠内热。"（杜甫《自京赴奉先县咏怀五百字》）《新唐书》卷二〇一云："至甫，浑涵汪茫，千汇万状，兼古今而有之。他人不足，甫乃厌余，残膏剩馥，沾丐后人多矣。"杜甫实为中华诗坛中一位伟大诗人，然而其沾溉的又岂止中华诗坛。

在日本汉诗发展的王朝时期和五山时期，虽然杜诗已经传入，但由于杜甫的诗歌大多沉郁悲怆，且与政治相关，所以当时并未引起日本读者的共鸣。到了江户时代，尤其是江户时代末、明治时代初，日本深受西方资本主义国家侵扰，且国内阶级矛盾加剧，百姓日益陷于贫困。在这种内忧外患的情况下，杜甫的忧国忧民之情引起日本读者的共鸣，杜诗的诗魂才真正为日本汉诗所受容。

伊藤东涯（1670—1736）《读杜工部诗》诗云：

> 一篇诗史笔，今古浣花翁。
>
> 剩馥沾来者，妙词夺化工。
>
> 慷慨忧国泪，烂醉古狂风。
>
> 千古草堂在，蜀山万点中。

伊藤东涯为江户中期的儒学家。江户时代之后日本才开始真正受容杜甫的诗魂，由此诗可以佐证一二。

此诗为伊藤东涯读杜诗有感而作。首联与颔联即称赞杜甫"诗史"之名，"浣花翁"为杜甫别称，因家居浣花溪畔而来。颈联尾联则是表达对杜甫忧国忧民之心的赞扬与肯定。由此，诗人对杜甫忧国忧民这种诗魂的肯定与共情也就不言而喻了。

藤森弘庵（1799—1862）诗云：

奔乌不可系，飘忽岁云阑。三日风用壮，万物自悲酸。
天地吁老矣，阳和为功难。王母瑶池宴，那知天下寒。
暖响随歌扇，瑞烟焚椒兰。云锦蒙玉质，修蛾争新欢。
玼瑁丽宝障，凤胎荐银盘。醉乡长日月，金穴雨露溥。
豪华传贵胄，流风延市阛。垣墉与阶砌，缘饰裂绮纨。
劳劳机上女，短褐常不完。贪酷夸吏能，追剥及悍鳏。
以充其所欲，长官为破颜。皋夔盈廊庙，岂不怀民瘼？
谋谟不敢施，束手立鹭班。况闻夷虏丑，出没沧波间。
威胁又利诱，时来逞凶奸。海路苟梗塞，百万粒食难。
清氏有覆辙，岂得付等闲？天门如天远，无由叩九关。
书生例迂拙，感慨万虑攒。生忧无益世，死愧同草菅。
寒灯吊孤影，中宵泪不干。忍饥呵龟冻，草策手屡删。
敢忘填沟壑，唯欲沥心肝。妻孥苦相谏，君何不自宽！
构厦足良材，草莽岂可干？一朝触宪网，何唯取谤讪？
徇外而忘己，兼爱实异端。平生排墨翟，今翻扬其澜！
听言发深省，搔首自长叹。东方既渐白，排窗望云峦。

读罢此诗，只觉此诗不仅诗形极似《自京赴奉先县咏怀五百字》，且其中忧国忧民之情也深得杜诗之魂。小野湖山评曰："忧国忧民，一齐皆到。其人其诗，俱老杜风格。"此言极是。《自京赴奉先县咏怀五百字》（为便于对比，后文简称"杜诗"）中有"当今廊庙具，构厦岂云缺"，此诗便以"构厦足良材，草莽岂可干"相应；杜诗有"瑶池气郁律，羽林相摩戛"，此诗便以"王母瑶池宴，那知天下寒"相应；杜诗有"彤庭所分帛，本自寒女出"，此诗便有"劳劳机上女，短褐常不完"相应。诸如此类，不胜枚举。与其说藤森弘庵在此诗中大量化用杜诗诗语、单纯读后有感而作，不如说是当时日本内忧外患，百姓生活凄苦，藤森弘庵已经深刻体会到杜甫忧国忧民的情感，遂能与其共情而作。不止藤森弘庵一位诗人，江户之后亦有许多诗人真正理解了杜甫的忧国情怀，日本汉诗也可以说从那之后才真正受容了杜甫的诗魂。

4.2 对王维幽玄的诗魂的受容

清末外交官黄遵宪有诗言："几人汉魏溯根源，唐宋以还格尚存。难怪鸡林争贾市，白香山外数随园。"日本汉诗诗人早期偏爱白居易的诗歌不是没有原因的。白诗较少涉及政治，多为山水风光，且多为秀句，自然深受喜爱自然风光的日本人的喜爱。与此相似的水墨山水画派的王维，其"诗中有画，画中有诗"的幽玄风格，自然也容易被日本汉诗受容和日本诗人喜爱。

对于王维诗歌的幽玄风格，根据前人所言，最妙的诗例有七首，且皆为五言。

其一《孟城坳》：

新家孟城口，古木余衰柳。

来者复为谁？空悲昔人有。

其二《华子冈》：

飞鸟去不穷，连山复秋色。

上下华子冈，惆怅情何极。

其三《茱萸沜》：

结实红且绿，复如花更开。

山中傥留客，置此茱萸杯。

其四《辛夷坞》：

木末芙蓉花，山中发红萼。

涧户寂无人，纷纷开且落。

其五《鹿柴》：

空山不见人，但闻人语响。

返景入深林，复照青苔上。

其六《竹里馆》：

独坐幽篁里，弹琴复长啸。

深林人不知，明月来相照。

其七《鸟鸣涧》：

人闲桂花落，夜静春山空。

月出惊山鸟，时鸣春涧中。

静而空，静则生幽，空则入玄，故曰"幽玄"。所选七首诗中，前六首皆出自《辋川集》。日本汉诗中五言绝句与七言律诗成就最高，五言绝句中最显著的特色便是幽玄。

菊池溪琴《读王孟韦柳诗》四首其一诗云：

手把辋川集，顿忘风尘情。

此时夕雨歇，一禽隔花鸣。

幽事无人妨，坐见溪月升。

由"手把辋川集"可知，此诗是"王孟韦柳"中的"王维"。此诗颇得王维幽玄风格真传，"此时夕雨歇，一禽隔花鸣"与"坐见溪月升"句若单论诗风，颇似《辋川集》中的诗篇。对于热爱自然的日本诗人来说，体会王维的幽玄风格且能引起共情，并不是多么困难的事情。由此，日本汉诗五言绝句中的幽玄之诗也就极多了。例如：

释大含《即目》诗云：

东山天欲暮，大字火初明。

倾城人仰望，倏灭寂无声。

室鸠巢《野寺钟鸣》诗云：

香刹钟初动，声声撞破云。

余音犹未尽，落叶乱纷纷。

菅茶山《村翁秣马图》诗云：

岁晏输租税，昏黄始出城。

归村先饲马，积雪夜檐明。

这些诗诗中有画，画中有诗，幽微玄远，空灵寂静，深得《辋川集》幽玄之风。如前文所言，"不学诗则已，苟学之也，不能不承顺汉土也。"王维的诗歌对于喜爱自然的日本诗人来说，很容易引起共情。且随着佛教在日本的盛行，日本兴建了众多幽静的寺庙，这种幽静的环境更易与王维诗歌的幽玄之意产生共鸣。可以说，王维的幽玄之魂为日本五言汉诗注入了新的、旺盛的生命力。

5 结语

日本汉诗虽然源于中国，吸收了许多中国诗歌的意象、典故、题材、形式、韵律等，但其名称之所以有"日本"二字，便是因为日本汉诗吸收了日本当地的民俗风情，逐渐衍生出自己独特的色彩与风格，成为日本文学中一支独特的文学体系。唐诗是我国古代文学史上一颗璀璨的明珠，日本汉诗可以说是唐诗繁衍到海外的极其重要的一脉。

在强调"文化自信""文化自强"和"走出去"的现代中国，想真正做到这三点，首先需要真正地了解自己本国的历史文化。研究日本汉诗不仅能反过来增进对本国历史文化的了解，还能增进对中日历史文化交流的理解，对于今后中日两国和平发展也具有重要意义。

参考文献

[1] 曹颖. 2008. 唐诗远播扶桑时——从意象"竹"分析唐诗对于日本文学的影响[J]. 社会科学论坛，（16）：149-153.

[2] 李莹. 2015. 陶渊明诗在日本的传播与接收——以新井白石《陶情诗集》为例[J]. 江西社会科学，（10）：111-116.

[3] 马歌东. 2011. 日本汉诗溯源比较研究 [M]. 北京：商务印书馆.

[4] 温祖荫. 1990. 论日本的汉诗——兼及与中华文化之关系[J]. 国外文学，（Z1）：17-34.